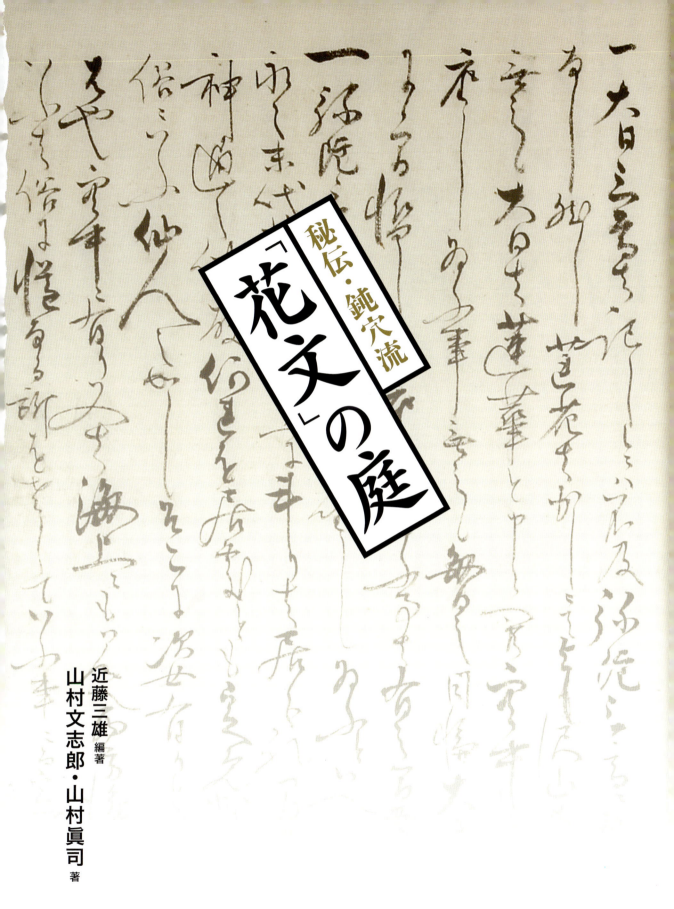

秘伝・鈍穴流
「花文」の庭

近藤三雄 編著
山村文志郎・山村眞司 著

誠文堂新光社

はじめに ― 本書の刊行にあたって ―

　私は、慶応元(1865)年、滋賀県近江の地に産声を上げた造園業、鈍穴流「花文」の五代目です。

　今から150年以上前、既に造園業を営んでいた私の生家でもある初代山村文七郎の家へ茶道「遠州流」の中興の立役者として名高い辻宗範の直弟子で、彼の死後、各地を歴訪し、求めに応じて庭造りにいそしんでいた鈍穴こと勝元宗益先生が、医師の杉原玄孝先生の紹介で当家に逗留しました。亡くなるまでの22年間、起居をともにしながら初代・二代目山村文七郎に鈍穴流の庭造りの極意を授けられました。当家には、勝元宗益先生の残した作庭の秘伝書等、数々の貴重な資料も数多く残されています。

　当家はその後も代々が鈍穴流の庭造りを継承しながら、明治、大正、昭和、平成と営々と造園業を営んできました。幸いなことに明治から昭和の初期にかけては、100指に余る「近江商人」の方々にご贔屓(ひいき)を賜り、その邸宅や別荘等の庭造りのお仕事をさせて頂きました。ある意味、近江商人の皆様のお陰で、庭づくりの技術を練磨することができたといえます。当家には当時、作庭にあたってどのような種類、値段の庭石、燈籠、植木を使用したのかということが克明に記録されている「大福帳」の類も数多く残されています。

　私は父である先代が早逝したこともあり、昭和61年、38歳の若さで五代目を継承致しました。その頃は、造園界は個人庭よりも都市公園、公共造園が主力の時代、つまり造園事業も大きく変化していきました。

　家業の舵取りも難しかった訳ですが、それだからこそ、一つの節目として、これまでの「花文」代々の業績である庭造りの作品集をまとめあげたいという思いに強くかられるようになりました。折好く、鈍穴流の庭造りに興味を抱いて下さった庭園史家(滋賀県文化財保護審議会委員・京都大学非常勤講師)の村岡正先生とお近づきになることができました。村岡先生に作品集制作のご指導をお願いしたところ幸運にもご快諾をいただきました。しかしながら非常に残念なことに、その後間もなく先生は急逝され、作品集の話は立ち消えとなりました。

　時が経ち、平成19年、滋賀県立大学の村上修一先生より勝元宗益の作庭に関する秘伝書の解析を研究対象にしたい旨のお申し出がありました。秘伝書を公開することには正直、思い惑(まど)いましたが、熱心なご要請により提供させて頂くことにしました。その成果は(公社)日本造園学会の学会誌に2編の研究論文として掲載されています。

　平成28年には、多くの関係者のお陰をもちまして、図らずも「黄綬褒章」の栄に浴することができました。

はじめに ― 刊行にあたって ―

　改めて、この度の褒賞の授与は、鈍穴流始祖勝元宗益先生の教えの下、時代の荒波に立ち向かいながら営々と造園業を営んできた先祖、ならびにその家業を長年支え続けて頂いた数多くの職人、社員の方々、さらには創業時から現在に至るまで、庭造りの機会を与えて頂いたお得意様、あるいは取引先の皆々様のお陰の賜物だと正直思いました。

　多くの方々の大恩に報いるためには、今、私に何ができる、柄にもなく熟慮致しました。ふつふつと沸いてきました答えは、35年前に断念せざるをえなかった「花文の庭園作品集」の刊行を改めて決断すべきということでした。それも単なる庭園作品集にとどめることなく、当家に所蔵されている全ての文書の類を洗い出し、150有余年の間、積層された造園業「花文」の足跡・業績を全て網羅した内容としたいという思いでした。そのことによって一部の関係者の方々だけにしか認知されていなかった「鈍穴流の作庭の奥義」を広く世間に知って頂きたいという、鈍穴流の継承者としての正直な思いもありました。

　150有余年の間の歴史を1冊の本にまとめ上げるのは容易なことではない、どうすれば良いか思案致しました。幸いにも褒章受賞を祝う会にも出席して頂いた私の大学（東京農業大学造園学科）時代の同級生である近藤三雄氏（現東京農業大学名誉教授）からも期せずして、ほぼ同様な企画の提案を頂きました。まさに同級生のよしみということで御無理を申し、企画・制作の一切をお願いすることにしました。また、私には2歳年下の東京農業大学造園学科卒業で、長らく私の片腕として「花文」を支えてくれた弟の山村眞司（花文造園土木株式会社専務取締役）がおり、今回の図書刊行に際しても、蔵に保管されている数多くの資料の調査・整理・執筆と奮闘してくれました。2人のお陰でようやく1冊の本としての体裁が整い、今般の発刊にこぎつけた次第です。

　本書を、「花文」の長い歴史の中でお世話になった多くの方々へのお礼として献じたいと思います。また、造園業「花文」の足跡につきまして、ほとんど承知されていなかった方々には、本書によって、その歩みの一端をご理解頂き、より造園に関心を抱いて頂ければ幸いに思います。

　さらに本書が、歴史の闇に埋もれた近代庭園史の一端に光明をともすことに少しでもお役に立てれば、鈍穴流「花文」五代目として望外の喜びであります。

2019年4月（勝元宗益先生没後130年の節目の年に）

鈍穴流「花文」五代目
花文造園土木株式会社 代表取締役　　山村　文志郎

本書のねらいと内容

　本書は、名実ともに京都に次ぐ庭園都市、滋賀の中核「近江」の地で、江戸末期の作庭家であり、多芸に長じた勝元宗益の起こした「鈍穴流」を継承し、慶応元(1865)年に創業し、代々、文七郎(花文)を名乗り、今に至るまで153年、五代にわたり、脈々と造園業を営む「花文造園土木株式会社」の足跡をとりまとめたものである。

　鈍穴流の継承者であり、「花文」の五代目の当主である山村文志郎氏も節目の70歳を迎えた。平成28年には、長年に及ぶ造園業界の健全な発展と振興に尽力してきた功績が認められ、黄綬褒章の栄に浴した。記憶が鮮明な内に先祖の偉業について、今の時代に生きる自らの責務として、所蔵する勝元宗益から伝授された鈍穴流の極意を記した秘伝書の類や「花文」代々が庭園の作事に関して几帳面に書き残した大福帳(会計帳簿)等の膨大な歴史資料を基に、鈍穴流の奥義や「花文」代々が営々と築き上げてきた伝統技術、さらにはそれらを生かし、作庭された数々の庭園作品を一括し、いうならば作庭を生業とする「花文」の家譜を1冊の図書としてまとめあげたいという氏の切なる願いを形にしたものが本書である。

　また、五代目は、社会全体における造園建設業の縮減による厳しい企業経営環境の中、伝統的な造園業を守り、持続性のある安定経営を担保することや社員の健全で良好な雇用環境の整備にも腐心する嗅覚の鋭い近代的企業経営者の顔を持つ。そのことを体現するため、代表取締役に就任した翌年の昭和62(1987)年には、庭園空間にとどまらず、あらゆるエクステリア、インテリア空間の整備に活用できる石材を扱う別会社「(株)東洋石創」を立ち上げた。さらに近年では「鈍穴・花文」の石組の伝統技術を生かしながら新たな潮流でもあるグリーンインフラ時代の到来をにらみ、「低環境負荷型花文式環濠雨水貯留工法」を提案・実践するなどチャレンジフルな事業に取り組み、家業を時代に即応させ、進化させている時流にさとい最先端の技術者でもある。

　本書ではこれらの活動内容も盛り込み、「花文」の過去から現代、さらには近未来への胎動を広く伝えることを意図とした。

　本書は、よく世にある社史ではない。庭園作品集でもない。本書はこれまで多くの造園関係者が知っている氷山の一角にも相当する斯界における花文造園土木株式会社の業績をとりまとめたものでもない。その下に眠る153年の長きにわたって積層された花文の膨大な物語の一端を掘り起こし、滋賀県近江の地で、幕末から明治、大正、昭和、平成と造園業として生きてきた証を綴った叙事詩である。

鈍穴流ならびに「花文」の作庭の業績については、研究対象としてこれまでも庭園史家の故村岡正氏（京都大学　平成2年逝去・享年64歳）をはじめ、最近では滋賀県立大学の村上修一教授等多くの研究者も注目し取り上げ、その研究成果を公表している。このことからも学術的価値の高さも伺える。なお村岡正氏が急逝されなければ、勝元宗益や「花文」代々の庭園作品の数々の解析が克明になされていたはずである。何とも残念でならない。

　なお、本書の制作の過程で、近代造園（庭園）史上の新たな発見、通説を覆す知見など興味深い事実が次々と判明した。それらについては関係する単元（章）で、その旨詳しく論述したが、本書の13章「本書の成果とそこから展望できる今後の造園界が取り組むべき課題」で再度、一括して示した。本書の刊行の企画がなければ、歴史の闇に埋もれ、日の目を見ることがなく終わってしまった歴史的事実が発掘できたことは大変意義深いものであったと考えている。

　特に、本書の企画当初は「花文」という存在は、滋賀県東近江市で古くから造園業を営む企業という程度の認識しか持っていなかった。本書の執筆・編集作業が全て終わり、「花文」のこれまでの足跡の真実が明らかになった今、確信を持って言えることは、**「鈍穴流・花文は開祖が明らかで、流儀の秘伝書も存在し、五代150年にわたり現在まで脈々と継承されている日本で唯一の作庭流派である。」**という見解である。

　なお、「花文」代々の事業や庭園作品の誕生にあたっては、それを支える技芸に秀でた多くの職人等のスタッフの協力があったはずである。この点にも焦点を当てたいと当初考えたが、記録に残る資料が見当たらず目的を果たせなかった。また、五代目文志郎氏には2歳年下の弟、眞司氏が居り、兄と同様、東京農業大学農学部造園学科で学び、京都の井上造園設計事務所で修業した後、実家に戻り、長きにわたり花文を支え続けてきた。本書の編集全般にわたって、氏の陰の力に負うところが大であった。

　最後に編者は、五代目文志郎氏とは大学の同級生であり、18歳の春、農大のキャンパスで最初に会話を交わした間柄である。その後はほとんど疎遠であったが、文志郎氏の黄綬褒章の祝いの席で50年振りに邂逅を果たし、どちらともなく本書の刊行の企画を語りあった。編者の専門は「都市緑化」「造園植栽学」で、庭園史、作庭に関しては自他ともに認める門外漢である。本書の編集を手がけるにはいかにも力不足。同級生のよしみで安易に大役を引受けた。結果として、記述内容については極力、誤記のないように努めたつもりであるが、個々の記述に関しては考証・考察が不十分、あるいは解釈が甘いと読者が感じる箇所が少なからずあると思う。この点に関しては、すべからく編者の学識・知恵のなさに帰結する。事情ご賢察の上、何卒ご海容のほどをお願いしたい。

東京農業大学名誉教授　造園伝道師　**近藤 三雄**

目次

はじめに──本書の刊行にあたって……2

本書のねらいと内容……4

1章 「花文」が誕生した滋賀・近江は庭園の宝庫……11

2章 「花文」の由来と系譜……15
(1) 屋号「花文」の由来……16
(2) 「花文」の系譜……19
(3) 「花文」歴代の人物像と逸話……22
Column.1 二代目文七郎を支えた弟2人の存在……27
Column.2 手先が器用であった四代目文七郎(勇治郎)……28

3章 鈍穴流開祖・勝元宗益……29
(1) 勝元宗益(鈍穴)の人物像と業績……30
(2) 勝元宗益の自叙伝……37
(3) 勝元宗益『庭造図絵秘伝』等三巻に見る「鈍穴流」の奥義……40
① 庭造秘伝書……40
② 『庭造図絵秘伝 上』……41
③ 『茶室囲庭造秘伝記 中』……46
④ 『神道庭造並席囲寸法録 下』……51
⑤ 五代目が語る勝元宗益著『庭造図絵秘伝』等三巻の特徴……54
(4) 勝元宗益直筆の「庭景図」……56
① 勝元宗益の残した「庭景図」は現存する最古の部類の庭園設計図……56
② 5枚の「庭景図」の概要……57
(5) 勝元宗益が残した「和歌三首」「折形(おりがた)」「戯画」「都から長浜への紀行文」……60
① 勝元宗益の残した和歌三首……60
② 勝元宗益の自作の「折形」……61
③ 勝元宗益の描いた戯画……62
④ 勝元宗益直筆の「都から長浜への紀行文」……63
(6) 小堀遠州と辻宗範・勝元宗益とを結ぶ点と線
──文化的万能天才の系譜──……64
(7) 庭園史家村岡正の「鈍穴流」作庭の特徴と評価……66

4章 「花文」代々が書き記した「山村家文書」の全容……71
「大福帳」等が「花文」の庭造りの歴史の闇の扉を開けた……72

5章 鈍穴の庭、歴代「花文」の代表的庭園作品選 ── 75

(1) 勝元宗益から「花文」五代目までの庭園作品一覧 ── 76
(2) 代表的庭園作品（39選）の概要 ── 85

① 宗益作 辻市左衛門邸 ── 86
② 宗益作 旧藤野喜兵衛邸（又十屋敷）現・豊会館 ── 90
③ 宗益作 杉原玄孝邸（杉原氏庭園）── 94
④ 宗益作 弘誓寺 ── 98
⑤ 宗益作 沙沙貴神社 ── 102
⑥ 宗益、二代目、三代目作 中江勝治郎邸 ── 106
⑦ 初代、二代目作 旧中村治郎兵衛邸（現・川添邸）── 110
⑧ 初代、二代目作 外村宇兵衛邸（現・近江商人屋敷 外村宇兵衛邸）── 114
⑨ 二代目、三代目作 旧外村宇兵衛南禅寺別荘 ── 122
⑩ 二代目、三代目作 旧外村宇兵衛嵯峨別荘（現・宝厳院「獅子吼の庭」の一部）── 132
⑪ 二代目、三代目作 外村市郎兵衛邸 ── 138
⑫ 二代目作 外村吉太郎邸（現・近江商人屋敷 外村繁邸）── 144
⑬ 二代目作 旧田附新兵衛邸 ── 148
⑭ 二代目作 若林乙吉邸 ── 152
⑮ 二代目作 初代伊藤忠兵衛旧邸 ── 156
⑯ 二代目作 旧市田太郎兵衛邸 ── 160
⑰ 二代目、三代目作 小泉重助邸 ── 162
⑱ 三代目作 西澤吉太郎邸 ── 166
⑲ 三代目作 中江準五郎邸（現・近江商人屋敷 中江準五郎邸）── 172
⑳ 三代目作 大城神社境内石垣 ── 176
㉑ 三代目作 西村久次郎邸 ── 184
㉒ 三代目作 小江神社 ── 188
㉓ 三代目作、五代目修復 金堂まちなみ保存交流館（旧中江富十郎邸）── 190
㉔ 三代目作 くれない園 ── 194
㉕ 三代目作 旧豊郷尋常高等小学校校庭 ── 196
㉖ 三代目作 犬上合資会社庭園 ── 202
㉗ 三代目作 成宮道太郎邸 ── 206
㉘ 三代目作 百済寺喜見院庭園 ── 216
㉙ 四代目作 西村賢治邸 ── 228
㉚ 四代目作 西村彦五郎邸 ── 232
㉛ 四代目作 プラッサ・シガ（滋賀公園）── 234
㉜ 四代目作 西應寺（西応寺）── 236
㉝ 五代目作 （有）東洋興産庭園 ── 246
㉞ 五代目作 中川清視邸 ── 252
㉟ 五代目作 寶得寺 ── 254
㊱ 五代目作 西澤義男邸 ── 256

目次

　　　㊲五代目作　太田酒造本社 …… 258
　　　㊳五代目作　苑友會舘（旧松居久左衛門邸）…… 260
　　　㊴五代目作　陽明園（中国式庭園）…… 268
　　（3）代表的庭園作品から解る鈍穴流庭園の流儀の特徴 …… 272

6章　近江商人によって育まれた「花文」の庭園業 …… 277

　　①「花文」の得意先で光彩を放った近江商人 …… 278
　　②近江商人の経営理念「三方よし」「お助け普請」「陰徳善事」と庭造り …… 278
　　③近江商人と庭造りの特徴を通しての長い付き合いと奉公 …… 279
　　④近江商人が庭の作事にかけた経費 …… 279
　　⑤近江商人が庭の葉刈りにかけた手間と経費 …… 280
　　⑥近江商人の事業の発展に伴い、「花文」の出張所も各地に展開 …… 280

7章　近代から現代に継承される作庭の流派としての「鈍穴流」の評価と価値 …… 289

　　①作庭流派「鈍穴流」の認知度 …… 290
　　②日本庭園の流派の起源と展開 …… 290
　　③「花文」が継承した「鈍穴流」は由緒ある作庭の流派として認められるか …… 291

8章　鈍穴流「花文」の作庭を支えた伝統工法や道具類 …… 293

　　（1）石組や鉢前、飛石の打ち様 …… 294
　　（2）「花文」が作庭に際し、重量物の運搬、据え付け等に使用してきた道具類 …… 299
　　（3）「葉刈り」の技術とその得意先 …… 308
　　Column.3　葉刈りの高所作業時に身を守る、腰なわ・肩なわ・引きなわ …… 312
　　Column.4　剪定鋏の「きりばし（切箸）」と「蕨手（わらびて、輪鋏）」 …… 313
　　（4）大木の移植技術 …… 314
　　（5）「花文」独自の棕櫚縄の化粧結び …… 318

9章　庭園に使用した材料から見た鈍穴流作庭の特徴について …… 319

　　（1）植木（庭木）…… 320
　　（2）下草（低木・地被）…… 321

(3) 庭石・沓脱石・飛石 …… 322
　　(4) 燈籠 …… 323

10章 「山村家文書」に見る近代の庭仕事の手間賃ならびに庭園材料の値段と仕入れ先 …… 325

　　(1) 近代の庭園作業・材料の単価を検証する意義 …… 326
　　(2) 「花文」の職人の庭造り・葉刈りの手間賃 …… 327
　　(3) 幕末から昭和の初期にかけて「花文」代々が使用した庭園材料（石材）とその価格 …… 329
　　(4) 幕末から昭和の初期にかけて「花文」代々が使用した植木の種類と価格 …… 337
　　(5) 庭園材料の仕入れ先 …… 343

11章 「花文」の歩みを彩る歴史秘話 …… 347

　　(1) 「花文」独特の植木屋（職人）用語 …… 348
　　Column.5　自転車に颯爽と乗る姿が職人の自慢 …… 351
　　(2) 「山村家文書」に見る作庭に使用した植木の種類と名称 …… 352
　　(3) 「花文」歴代が重用した植木「あて、アテ、档」とは …… 355
　　Column.6　「花文」の職人の仕事と生活 …… 356
　　(4) 二代目文七郎の日誌に見る明治期の庭師職人の生活史 …… 357
　　(5) 「花文」が担った滋賀等における工場庭園の先駆け …… 374
　　(6) 山村家代々の副業　蕎麦、うどん、罫紙、あられの製造 …… 377
　　(7) 昭和の造園界と「花文」、著名造園家との協働 …… 379
　　　①戦前の造園に関する学協会の動向と「花文」 …… 379
　　　②昭和を代表する著名造園家との接点と協働 …… 380
　　(8) 美しい歴史的風土「五個荘金堂」の形成に「花文」の果たした役割 …… 385

12章 「花文」を守り育てるための新たな挑戦 …… 389

　　(1) 建材事業・景観事業への挑戦「(株)東洋石創」の設立 …… 390
　　(2) 五代目が韓国に設立した石材会社 …… 391
　　(3) 「グリーンインフラ」時代をにらんだ新たな挑戦
　　　　——伝統技法を生かした低環境負荷型「花文」式環濠雨水貯留工法の実践—— …… 392

目次

13章 本書の成果とそこから展望できる今後の造園界が取り組むべき課題 …… 395
本書の成果と今後の造園界が取り組むべき課題 …… 396

おわりに──五代目が語る継承した鈍穴流作庭の奥義とは── …… 398

付表
(1)「花文」の略年表 …… 402
(2) 公開され、現在見学できる鈍穴流「花文」の庭一覧 …… 405

謝辞 …… 406
引用ならびに参考文献 …… 407

1章

「花文」が誕生した滋賀・近江は庭園の宝庫

「花文」が誕生した
滋賀・近江は庭園の宝庫

　昭和60（1985）年に京都新聞滋賀本社が企画編集した『滋賀の美　庭』の中の一節、「近江の庭と人──遠州と鈍穴──」で、村岡正は、滋賀県は京都に次ぐ庭園の宝庫であるという書き出しで、その根拠を以下のように述べている。
「昭和五十九年十月現在、国が名勝に指定した庭園は全国で百四十五件あるが（ほかに未告示のもの二件）、うち京都府が四十五庭を占め、滋賀県はこれにつづいて十三庭を数える。すなわち、円満院・光浄院・善法院・浄信寺・大通寺含山軒および蘭亭・青岸寺・故宮神社社務所・多賀神社奥書院・旧秀隣寺・玄宮楽々園・兵主神社・福田寺・居初氏（天然図画亭）の各庭園である（指定年月日順）。
　次いで県指定の名勝庭園として、阿自岐神社・孤篷庵・盛安寺・聖衆来迎寺・旧和中散本舗（大角家※）・安養寺・福寿寺・妙感寺・金剛輪寺明寿院※・西明寺本坊※ジルシの各庭園が選ばれている（著者注：※印の３件は現在、国の名勝）。これらの諸庭園もまた、歴史的にも景観的にも価値の高いもので、国指定と共に滋賀県を代表する庭園といえる。
　これらを含めて、一体、本県には、今日、どれくらいの庭があるのであろうか。その実態をつかむため、県の文化財保護課が、昭和五十五年から、未指定庭園の調査を行った。五十五年十月、大津市域から始めて、湖南、湖東、湖北、湖西と一巡し、五十九年八月には一応の調査を終えたが、実際には次々と件数が増えて、最終的には四百二十一庭となった。
　これは全国的にみても大へんな数で、本県の庭園文化の層の厚さを物語る。もっともこの中には大正・昭和の庭も随分と含まれており、近年の新しい作庭も見受けられたが、先方の都合により調査出来なかったものもあるので、明治以前に限っても相当な数が推定できる。まだ全体の整理が出来ていないが、ともかく江戸時代の庭が、少なくとも二百五十は伝えられていることが分かった。
（中略）
　ともあれ数多くの庭が、地域的には若干の差はあるものの、全県的に分布しているのも一つの特色といえる。ちなみに京都府では、京都市域に古庭園の多数が集中している。例えば国の名勝指定四十五庭のうち、市外にあるのは平等院（宇治市）・酬恩庵（田辺市）・浄瑠璃寺（加茂町）・照福寺（綾部市）の四庭にすぎない。京都市内では歴史的な未指定庭園がおびただしく拾い出せるが、郡部では現在までの調査をみても格段に少ない。理由はいろいろあろうが、こうした比較からも、滋賀県下の庭園がくまなく分布していることが特筆される。」
　また、滋賀県が庭園の宝庫となった理由として、『庭・別冊⑯滋賀すまいの庭、建築資料研究社、1980』の中で、中野楚溪は「近江の林泉（庭園）」と題し、その理由を述べている。その概要を紹介すると「湖国近江の地が京都に次ぐ庭園国となった理由を考えてみると、第１に奈良に遷都されるまでの43年間、大津に都がおかれ、この期間に

仏教文化が向上し、造寺造園が行われたこと。第2に伝教大師の天台開教で宏大なる天台伽藍が随所に建立され、これと共に伽藍や境地の荘厳のために林泉が築造されたこと。これらは織田信長の兵火に見舞われ、伽藍も庭園も灰燼に帰したが、その後、豊臣氏や徳川氏によって浄土宗や禅宗の寺院に復興された。その頃、湖北出身で、我国造庭の中興、小堀遠州によって湖北一帯では、寺といわず民家といわず遠州流の観賞式池泉が築造された。以上の政治や宗教、作庭家によって近江の庭園は向上したが、もう1つ重要な素因として地理的要因がある。それは近江の地が京都に隣接していたことがこの地の庭園発達に重大な刺激と影響を受けたこと、さらに近江の天然の風光、すなわち比叡、比良、伊吹の山容と琵琶湖によって陶冶された人々の美的情操が育まれたことである。」と指摘されている。

同様の指摘が、『特定非営利活動法人まちづくり役場ながはまの庭プロジェクト、ながはまのお庭（2011）』の中の一節「湖北で育まれた庭園文化」の中でされている。その内容は**「清く美しい琵琶湖と緑豊かな山々にめぐまれた湖北では自然を愛で、いつくしむ感性が人々に広く共有されてきた。それは庭園文化として結実し、洗練された庭園が作られる背景となっている。湖北が作庭の名手、小堀遠州の誕生の地であることは決して偶然ではないだろう。庭園文化を育む土壌は遠州のちも辻宗範、その弟子の勝元宗益（鈍穴）の2人の傑出した作庭家を輩出していることに示される。」**とまとめられている。

また、他章で詳しく触れるが、近代になり、近江は庭園の宝庫といわれる状況を不動のものとしたが、当時、優れた商才と人徳によって一世を風靡した数多くの「近江商人」の本宅の庭園群であったことも忘れてはならない。

以上のような歴史的経緯、背景に支えられ、近江の地に勝元宗益の「鈍穴流」を脈々と受け継ぐ造園業「花文造園土木」の今があると言って過言ではない。

2章

「花文」の由来と系譜

（1）屋号「花文」の由来

　初代山村文七郎（二代目助三郎）は、慶応元（1865）年に「花屋助三郎」として庭園業を始める。明治になり山村文七郎と改名して「花屋文七郎」を名乗り、「花文」が屋号となる。

　先代（初代助三郎）までは農業を専業とし、二代目助三郎（初代山村文七郎）は農業を継ぎ、当初は農業の合間に庭造りも行う農間余業に過ぎなかった庭造りを専業としたものと考えられる。

　初代山村文七郎は何故、庭園業を始めるにあたり、「植木屋」ではなく「花屋」と名乗ったのか。当時の「花屋」の意味あいは、地域によっては現代でいう「切り花を売る店、つまり花屋」とは異なり、「植木屋」とほぼ同義であり、庭園業あるいは植木業を意味している。

　このことに関係して、前島康彦氏がその著『樹芸百五十年、(株)富士植木、1986』で次のように述べている。「植木屋の呼名を更にさぐってみよう。庭作（にわつくり）、種樹、種樹家、花屋、樹芸家、木商、花園、樹斎、樹木屋、花戸、芸戸、栽戸、栽種戸、樹家、地木師、盆栽師、鉢物師、替物師、山師、芸植家、売樹人。これら沢山の名称はいずれも植木屋とよんでいたものであり、すべて文献に根拠をもつ文字である。これらの多数の呼称のうち、説明を要するものがいくつかある。花屋・花戸・芸戸は草花を売る店ではない。庭木・花木類を主として扱っていた植木屋をさすのである。中でも花屋と特称するのは、江戸の染井村の植木屋群だけに対する名称であることは、有名な植木屋増田金太の著した『草木奇品家雅見』に見えている。染井の植木屋は数多い江戸の植木屋の中でも群をぬいて規模が大きく、広大な植木溜をもち手広く商品を御し、又多くの職人を抱えて御得意先の庭作りの御用も達していたので、尊敬して花屋と言ったというのである。従って、花園とか樹斎というのは、染井の植木屋の如く一万坪もの植木溜を開放して来客の縦覧にまかせて商売をしていたからの名称である。いわば小植物園のごときものをいうのである。」としている。平野恵もその著『十九世紀日本の園芸文化、思文閣出版、2006』の中で「花屋というのは、染井の植木屋のみに適用された語句である」と同様の指摘をしている。併せて「なぜ、染井のみ花屋と名乗ったのか理由は定かでない」としている。

　なお、『草木奇品家雅見（そうもくきひんかがみ・文政10〈1827〉年）』の表紙を見ると、撰輯・青山種樹家金太、補助・染井花屋源二とある。小笠原左衛門尉亮軒はその著『江戸の花競べ　園芸文化の到来、青幻舎、2008』の中で、『草木奇品家雅見』の内容とその著者にあたる両者を紹介するにあたって、種樹家、花屋もいずれも「うえきや」というルビを振っている。また飛田範夫はその著『江戸の庭園、将軍から庶民まで、京都大学学術出版会、2009』の中で「植木屋と花屋の区別は不可能に近い」と述べている。

　以上のことから「植木屋」も「花屋」もほぼ同義とみなせる。

　では一体、初代山村文七郎は庭園業を起こすにあたり、何故「植木屋」ではなく「花屋」を名乗っ

たのか、大変興味深い。このことに関して「花文」の五代目によれば戦前の滋賀県では、湖東地域と「花文」からのれん分けしたものは「花○」を名乗り、京都の影響の強い大津地域や彦根と長浜は「植○」と名乗っていたという。

一方京都では代々続く植木屋の多くはそのまま「植木屋」を名乗り、その代表的なのが「植治」である。

この「花文」の屋号に関して興味深い話がある。三代目文七郎の話で、近江商人外村宇兵衛家の南禅寺別荘の作庭の依頼を受け、庭造りに取りかかった時（筆者注；この話も５章「鈍穴の庭、歴代『花文』の代表的庭園作品選」で詳述する、七代目小川治兵衛作と流布される料理旅館「菊水」の庭園は明治43年に「花文」が作庭したことを傍証する事実の１つと言えなくもない。）に、「花文」の職人が近隣の人々に好奇の目で見られたようである。その訳は「花文」の印半纏にあった。先にも述べたように、当時京都では現在と同様に植木屋や庭師の屋号は「植○」というように頭に「植」がつくのが一般的であった。切り花や鉢物を扱う業者は「○○園」という屋号が多かった。

また葬儀の花を専門に扱う業者は頭に「花」がつく「花○」と名乗っていたらしい。それ故に、「花文」の印半纏を見て、葬儀屋が庭造りをするのかと驚きとともに不審の目で眺められたという。「花文」はそれ以来、京都で仕事をする際には「花文」の印半纏を羽織らなかったようである（図-2-1）。

なお、明治29年に書かれた二代目文七郎の日誌の記名の箇所には「植木商　山村文七郎」とあることから屋号とは別に、この時代職種としては「植木商」と自認していたようである（図-2-2）。

さらに職種表現に関しては、勝元宗益は後述する「秘伝書」の中で「勿論庭造人も聊も穢たる事なく、身を政て庭造すべき事也、委細口傳ニてしるへし（筆者注；勿論、庭造人もいささかもけがれたる事なく、身をただして庭造りするべきなり、委細口伝にて知るべし）」と「庭造人」という言葉を１度だけ使っていることは大変興味深い。勝元宗益が「庭造人」という言葉をどういう意図で使ったか知る由もない。当時、関係者の間で職種を表す言葉として一般的に使われていたのか、あるいは勝元宗益が「庭を造る人」という意味合いで何気なく使ったのか不明である（図-2-3）。

大正８年頃　小樽市に於いて

明治10年控帳裏表紙「湖東金堂 花文」

図-2-1:昭和初期の「花文」の印半纏

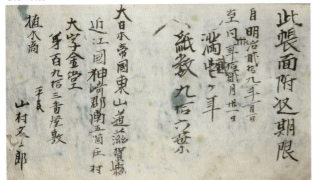

図-2-2:植木商と記名のある明治29年の二代目文七郎の日誌

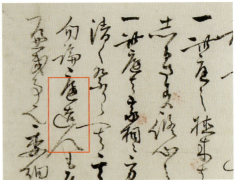

図-2-3:『茶室囲庭造秘伝記 中』で使用されている「庭造人」という言葉

書抜帳(慶応2年)の裏の「花屋助三郎」の表記

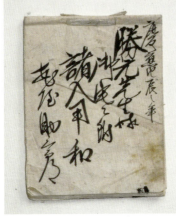

諸入用扣「花屋助三郎」(慶応4年)

庭物売上手間受負(明治14年)の「花屋文七郎」の表記

（2）花文の系譜

　本稿では、「花文」歴代の主要業績とその足跡を簡単に記す。歴代は、それぞれ器量、個性ならびに生きてきた時代背景も異なる中で、生計を支えるため懸命に造園業を営んできた。山村家に残されてきた資料（山村家文書）から垣間見られるそれぞれの人物像を次項で紹介する。

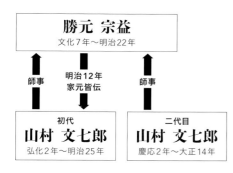

初代文七郎

弘化2（1845）年〜明治25（1892）年

　助三郎（文化2年〜明治9年）の長男与惣吉（後に二代目助三郎）は、慶応元年「花屋助三郎」として金堂村で庭園業を始める。明治になり山村文七郎と改名して「花屋文七郎」を名のり「花文」が屋号となる。慶応年間から勝元宗益と共に庭造りに携わっているが、明治の初め杉原玄孝の紹介で当地を訪れた宗益は終に杖を留める。文七郎は宗益が亡くなる明治22年まで自宅に逗留させ、宗益に師事した。明治12年10月には、宗益より鈍穴流の家元皆伝を授けられる。

　栗田村（現．滋賀県愛荘町）の珠玖清左衛門家などの珠玖家一統、下八木村（現．滋賀県愛荘町）の小杉佐兵衛家、西黒田村（現．長浜市鳥羽上町）の柴田源左衛門家など明治初期の近江商人の邸宅の庭を多く作庭している。

二代目文七郎

慶応2（1866）年〜大正14（1925）年

　初代文七郎の長男与市は、明治12年金堂村の明新学校卒業後家業に従事し、宗益に師事する。明治16年親戚である神崎郡伊庭村の今堀家を相続し、一時今堀義智や山村義智を名のり、戸主を初代文七郎の三男である実弟の文三郎に譲る。その後、与市は明治22年の宗益葬儀の時期には、文七郎を名のり、初代文七郎は以前の名である助三郎を名のっているので、この頃二代目文七郎を襲名したものと思われる。明治25年3月には父

助三郎の死去に伴い、文三郎に代わって戸主となる。明治から大正にかけて、数多くの近江商人の邸宅の庭を手がけている。金堂の外村与左衛門家、外村市郎兵衛家、外村宇兵衛家などの外村家一統、中江勝治郎の中江家一統、能登川の阿部市郎兵衛家、阿部億次郎家、阿部喜兵衛家などの阿部家一統、五峰村（鍛冶屋村）の田附太郎兵衛家、田附政治郎家、田附新兵衛家などの田附家一統、豊郷の伊藤長兵衛家・伊藤忠兵衛家、川瀬村の若林又右衛門家、若林乙吉家などの若林家一統など、作庭は相当数に及ぶ。

三代目文七郎

明治26（1893）年〜昭和45（1970）年

　二代目文七郎の長男助市は明治39年金堂尋常高等小学校卒業後、家業の造園業に携わる。大正14年に父文七郎の死去に伴い、三代目文七郎を襲名する。昭和の初めに南五個荘村金堂（現．東近江市五個荘金堂町）の「三中井」こと中江勝治郎家の庭改修、東五個荘村山本（現．東近江市五個荘山本町）の小泉重助家をはじめとする小泉家一統、北海道小樽市の犬上慶五郎率いる犬上合資会社、川瀬村（現．彦根市犬方町）の若林乙吉率いる若林製糸場の各工場、豊郷村（現．豊郷町）の豊郷尋常高等小学校、伊藤忠兵衛のくれない園など多くの庭を作庭している。戦後、昭和39年から43年の5年掛かりで、愛東村（現．東近江市）の百済寺に池泉回遊式庭園を完成させ、湖東三山の観光化に尽力する。また、同時期に10数年の歳月をかけ愛知川町（現．愛荘町）の代々医家である成宮道太郎家の庭の大部分を完成させている。

四代目文七郎

大正9（1920）年〜昭和61（1986）年

　二代目文七郎の長女の子である勇治郎は、大正13年叔父にあたる三代目山村文七郎の養子となり、滋賀県立栗太農学校を病気のため2年で中退後、家業に従事する。太平洋戦争ではビルマ戦線に参戦し、敗戦後およそ2年間は抑留生活を送る。復員後は家業や農業に従事し、戦後の苦難の時代を乗り切る。三代目文七郎が亡くなった昭和45年以降は、個人の住宅庭園を数多く手掛ける。昭和51年に法人に改組、花文造園土木株式会社を設立し代表取締役に就き、後に四代目文七郎を襲名する。昭和58年には、滋賀県と姉妹県州であるブラジルのリオ・グランデ・ド・スール州（ポルトアレグレ市）の日本庭園「プラッサ・シガ（滋賀公園）」の工事に参画する。昭和60年には1年半をかけて完成させた、甲西町菩提寺（現．湖南市）の西應寺客殿書院の庭園は遺作となる。

五代目文志郎

昭和23（1948）年〜

　四代目文七郎（勇治郎）の長男で昭和46年東京農業大学造園学科卒業後、家業の造園業に従事する。昭和61年に父文七郎の死去に伴い花文造園土木株式会社の代表取締役に就任する。昭和62年に石材の輸入・販売の株式会社東洋石創を設立。平成2年彦根城跡埋木舎の庭園整備、平成3年安曇川町（現．高島市安曇川町）の陽明園（中国庭園）を完成。平成元年から平成9年に掛けて、二代目と三代目が手がけた五個荘町金堂（現．東近江市五個荘金堂町）の近江商人屋敷3館（外村繁邸、外村宇兵衛邸、中江準五郎邸）の庭園修復を行う。平成6年には甲西町（現．湖南市）の西應寺山門参道周辺の庭園工事で西應寺庭園を完成させる。また、一般社団法人滋賀県造園協会会長として平成22年5月から平成28年5月までの6年間、県内業者をまとめ上げ、技能や知識の向上を図った。平成28年11月には永年にわたる造園業界の発展に尽力した功績によって「黄綬褒章」受章。

写-2-1：大正11年頃の写真。中央が二代目文七郎。後右側が助市（三代目）。前の子供が勇治郎（四代目）の3代が珍しく写真に収まっている。

(3)「花文」歴代の人物像と逸話

花文を創業初代文七郎（二代目助三郎）

初代の父親は、助二郎（文化2年生まれ）、祖父は助左衛門（文政10年没）、曾祖父も助左衛門（文化6年没）を名のっていることから、代々助左衛門や助三郎の名前が継がれている。「花文」には慶応元（1865）年以前の生業をうかがい知る確たる文書は残されていないが、三代目文七郎が昭和17年に京都府知事に提出した「労務供給事業許可申請書」では、履歴の欄に「造園建築業ハ祖父傳来ノ営業ニシテ文久年間ヨリ始リ…」とある。このことから言えば、「花文」の創業は数年早まることになる。

至高の庭師二代目文七郎

二代目は父である初代が数え年48歳で亡くなったこともあり、相当苦労したと思いきや、明治16年に記した「諸覚」（小遣い帳や宗益の教えを記した日誌）や後で述べる明治29年に記した「日誌」（明治29年1月1日から30年8月7日までの日記）で、その豪快な性格や日々の多彩な暮らしぶりがうかがい知れる。明治16年の日誌では「宗益の教え」や当時上得意先であった栗田村の珠玖清左衛門家や能登川村の阿部市郎兵衛家、下八木村の小杉佐兵衛家などの、葉刈りの「手間控」のほか、「植木買物控」、当時17歳の与市の小遣い帳が大半であるが、明治期の青年の遊び事や買い物の値段も記されおり、八日市（現東近江市八日市）の遊郭らしき名が頻繁に表れる。「六十銭　八日市　京安」、「八十五銭　花源」、「鳥久」や、「五銭　エノ川芝居行」、「五銭　芝居木戸せん」、食べ物では「十五銭　八日市かしハ」、「三銭六厘　玉子弐ツ」、「壱銭五厘　リンゴ三ツ」、「三銭　まん中代」、ほかに、「八銭五厘　キセル」、「壱銭八厘　ハミガキコ」、「二銭五厘　ちょんがれ（浪花節の前身といわれている）」などの記述がある。この他、面白いことが発見できそうな日誌だが、虫食いが進んでいるのが惜しまれる。

また、二代目文七郎が明治17年、18歳の時にしたためた覚帳も残されている。この覚帳は罫紙を束ねた小さな手帳のようなもので、そこには仕事の係る、まさに「覚え書き」がしたためられている。その一部を示すと、当時の得意先であった外村市郎兵衛、外村宇兵衛宅の袖垣寸法控が記されている。現場に携行したものと思われる。

さらに31歳となり、所帯を持ち3歳の息子も居る明治29年から30年にかけての1年8ヶ月にわたる日誌は、まさに当時の庭師職人の生活史ともいうべき興味ある内容が盛り沢山綴られており、11章の「(4) 二代目文七郎の日誌に見る明治期の庭師職人の生活史」で詳しく紹介する。

このような文七郎であるが、「五個荘町史　第三巻史料I」大字金堂規則（金堂区有文書）　明治31（1898）年では、伍長37名のうちの一人として「東組伍長山村文七郎」の名がある。

孫二人を寵愛した三代目文七郎

　庭造りの仕事や家庭では、庭師として家長として威厳を保っていた三代目文七郎だが、跡取りとして望みを託したのか定かでないが、二人の孫を可愛がりその世話をした。戦後の物資のない、日々の食べ物の調達にも苦労する時代なので、高価な物を買い与える現代のような可愛がり方ではなかった。お菓子など何もない時代に祖父の部屋に行くと、金平糖や有平糖など甘いお菓子がもらえたのも、孫の文志郎（五代目）達は子供心に覚えている。文七郎は幼い二人を、庭造りの現地をはじめ、得意先に所用がある時、寺院の参拝や滋賀に限らず京都にもよく連れて行っている。文志郎（花文五代目）が数え年13歳の時には、京都嵐山の「法輪寺の十三参り」に連れて行き孫の無事の成長を祈願している。琵琶湖の西岸の近江舞子（夏は水泳場になる）では急遽、漁師と交渉し漁船に乗せてもらうなど、また昭和41年には文志郎の高校野球夏の滋賀大会を、一人で彦根球場まで応援に行ったり、同じ年の高校の体育祭では、本部テントに来賓でもないのに陣取っていたり、70歳で自動車の運転免許を取得するなど、その自由奔放さに驚かされる。

　孫をこよなく愛しんだ三代目文七郎であるが、職人としての威厳やプライドは強く持っていた。また戦時中は警棒団長として出兵される若者の世話やその家族の相談にものっていたようである。一方、息子（四代目）には厳しく、戦後の困難期には三代目と四代目が経営の方法や資金繰りなどの話が原因だと思われるが、晩の食卓では二人の口論が絶えなかった。四代目のコップ酒を厳しく戒めたり、自分の盃をニワ（土間）に投げ怒ったりすることもあった。経営の仕方について意見が食い違ったこともあると思うが、それ以上に職人としての伝統や習慣、礼儀作法を大切にする姿勢を教えたかったのであろう。

　家庭に電気炊飯器が普及した昭和35年頃、頑として炊飯器の飯は食べないと言い張り、亡くなるまで自分一人分だけ小さい釜で炊かせた。このような頑固なところもある一面、一人だけで自宅の前栽（庭）を眺めながら食事をする、風流なところもあった。このような事柄から、庭造りの感性が研ぎ澄まされていったのではないかと思われる。

　「花文」に明治期の文書がたくさん残されたのは、表装や裏打ちなど保管にも注意を払った、几帳面な性格の三代目文七郎によるところが多い。

65歳で逝く四代目文七郎

　平成15年頃、三代目の時代からの得意先の方から祖父（三代目）と父（四代目）について「お父さんはおじいさんよりも、土木的なことをよく御存知でした」と聞かされたことがある。農学校を2年で中退している四代目であるが、学校で使っていたと思われる製図器や木製の三角定規が残されていたことから、若い時から多少、図面が引け、コンクリートの擁壁や庭造りでは重要となる排水工事、勾配や高低測量などの技量も当時の職人としては十分なものを持ち合わせていたものと思われる。

　昭和45年以降は、会社経営者や事業家の庭園のみならず工場、ホテル、農家や一般の住宅の庭園、また今までの得意先の新家（分家）など、滋賀県内において、相当数の庭を作庭している。当時は休日もなく、雨が降れば仕事が休みになることもあるのが造園業であった。因みに花文五代目もこの時期に四代目の下で厳しい修行を積み、技術の習得に励んでいる。四代目が庭の構想を練るのも必然的に夜間となり、寝床に入って方眼紙を広げ庭の設計をしている姿をよく見かけた。

　子供の頃から病弱で、滋賀県立栗太農学校を2年で辞めざるを得なかった四代目は、自身が学業を中途で断念したことや、若くして造園業界で活躍している京都の井上卓之氏や大阪池田の荒木芳邦氏の姿を見て、2人が学んだ東京農業大学造園学科に行かせる費用のことは別にして、息子を進学させたかったようである。三代目文七郎も孫の文志郎を子供の頃から将来期待し、庭造りの場

にたびたび連れて行っていったように、四代目も息子に家業を継いで欲しい思いは強かったのであろうし、少しは期待もしていたと思われる。筋委縮側索硬化症（ALS）の病が自身の身体を蝕み、65歳で死を覚悟しなければいけない状況は心残りで悔やみきれなかったであろう。

造園を選んだ花文五代目

花文五代目文志郎は、小学生から野球をはじめ中学、高校と野球漬けの毎日であった。高校では四番でセンターを任されていた。東京農業大学造園学科に入学し、構内に球場があり東都大学野球の名門でもある野球部に入部するかと思われたが、長男であることや家業を継ぐ責任から子供の頃から好きだった野球を諦め造園一筋の大学生活を選んだと思われる。ただし高校時代には遠投でスタンドまでボールが届くほど肩が強かったので大学入学間もない時の体育のソフトボールの遠投の授業で70数mを投げ、翌日、すぐさま野球部が入部の勧誘に来たというエピソードもある。

いまだに休日には会社の厚生施設である「花文倶楽部」のスポーツジムで健康維持のために身体を鍛えている。70歳の現在でも高い木に上がり、社員に枝の切り方を直接指導する厳しい親方の一面も持っている。

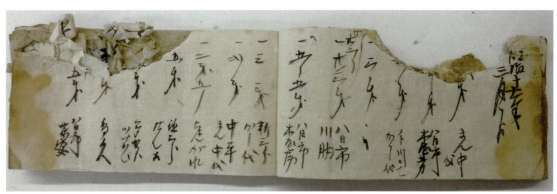

図-2-4：二代目文七郎が明治16年に記した「諸覚」の明治17年の記述

写-2-2：滋賀県立栗太農学校時代。昭和9（1934）年頃。勇治郎（四代目文七郎）

写-2-3：六方石の石組の様子。平成26（2014）年。五代目

図-2-5：初代文七郎（与惣吉）が嘉永6年〜安政元年に使った寺小屋の手本（平成30年修復）

図-2-6：二代目文七郎（与市）が使った金堂村小学校の手本（明治6年）

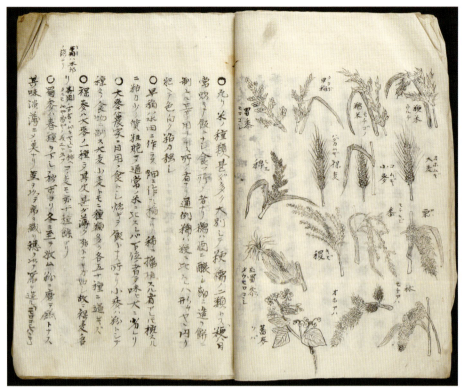

図-2-7：二代目文七郎（与市）が明新学校下等小学第一級卒業後、明治13年3月に模写した「博物図巻之一」

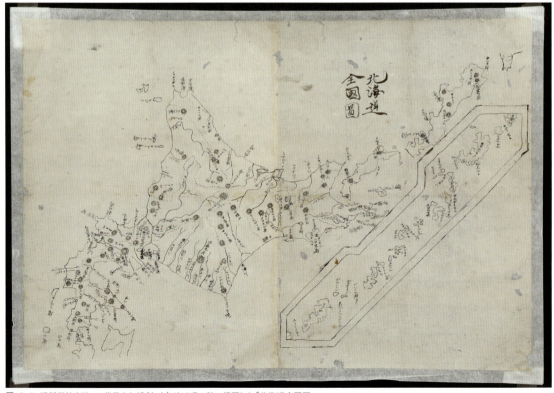

図-2-8：明新学校当時、二代目文七郎（与市）が13歳の時に模写した「北海道全国図」

Column.1

二代目文七郎を支えた弟2人の存在

　初代文七郎（二代目助三郎、幼名与惣吉）には、長男の与市（後の二代目文七郎）のほかに、竜田村の松居家の養子となった明治6年生まれの次男末治郎と明治8年生まれの三男文三郎の兄弟がおり、ともに家業を支えていた。この二人の弟の協力が無ければ、後述する5章「鈍穴の庭・歴代『花文』の代表的庭園作品選」で一覧したように、二代目文七郎作の庭は確認できているものだけでも約100箇所に及ぶが、これほど多くの庭を造ることも出来なかった。また庭園業も生業として成り立たなかったのではないかと推察される。

　末弟山村文三郎が28歳の時（明治36（1903）年）に記した「諸事控（山村家文書）」が残されている。記述されている内容は、伊藤忠兵衛家や長浜の宇堅丈文家、同じく長浜の松木藤十郎家の作庭と思われる手間控えの他に、竹垣や袖垣の寸法控えと使用した材料の控えを数多く書き留めている。南五個荘村金堂の外村市郎兵衛家や外村宇兵衛家などの建仁寺垣、萩垣、袖垣についても取り付け場所ごとに詳しく寸法が記されている。また竹垣作りは夜間の仕事になり、その手間の控えも見受けられる。文三郎は二代目文七郎の片腕となり家業を支えていたことを裏付けるものである（図-2-9～12）。

図-2-9：二代目文七郎の末弟山村文三郎の記した袖垣略図

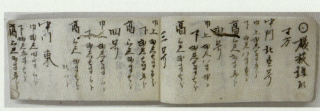

図-2-10：二代目文七郎の末弟山村文三郎の記した外村宇兵衛家の取り付け場所ごとの萩垣寸法控

図-2-11：外村市郎兵衛家の建仁寺垣寸法控

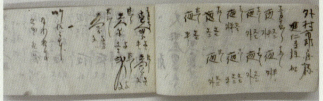

図-2-12：外村市郎兵衛家の建仁寺垣手間控。夜業で文七や文三の名も記されている

Column.2
手先が器用であった四代目文七郎（勇治郎）

　滋賀県立栗太農学校を2年で中退している勇治郎（のちの四代目文七郎）は、若いころ身体が弱く、兵役も甲種合格ではなかった。太平洋戦争ではビルマ戦線に参戦し、終戦になりアーロン収容所で捕虜の生活を送っている。脚に銃の弾がかすめた傷があった勇治郎は、戦争の話を聞くとその悲惨さを話してくれた。泥水の川の中で顔だけ出して一日潜んでいたとか、収容所では食べる物が無いので、夜にイギリス軍の倉庫に潜り込み、缶詰を失敬した話や、復員の時に内地に米が無いことを聞かされ、背嚢に米を入れ帰ってきたら、内地には米があったという話など数えきれない。勇治郎が亡くなる少し前に、会田雄次著の「アーロン収容所」の本を見せたことがある。収容所の建物のイラストなどを見て、感慨深い様子であった。

　勇治郎は戦闘機の残骸で作ったという、ジュラルミンの煙草入れ持ち帰っている。二十歳過ぎで作っているのだから、結構器用であったようである。タバコが飛び出すようになっているが、今ではタバコのサイズが合わずシガレットケースとしては使えない。ケースの表面には、パゴダ、ヤシの木、荷車を引く牛、水の入った器を頭上に歩く女性の四つ絵が刻まれている。デザインセンスもなかなかのものである。裏面には、「シャンブルース」の歌詞が刻まれている（図-2-13・14）。

シャンブルース
緬甸
一、野行き山行き
南の果てに
来たぞ高原シャンの町
お花畑に松風吹けば
桜吹雪の春の宵

二、旅の黄昏
パゴダの丘に
鐘がなります虹の森
けぶるタウンジ　路白々と
遠いロイコの夜の雨

図-2-13：四代目文七郎が収容所で作ったジュラルミン製の煙草入れ（表）

図-2-14：四代目文七郎が収容所で作ったジュラルミン製の煙草入れ（裏）

3章

鈍穴流開祖・勝元宗益

（1）勝元宗益（鈍穴）の人物像と業績

　滋賀県長浜市は、昭和25年の文化の日（11月3日）を記念して、「温故知新　長浜市の科学的郷土研究の一助として、又これからの時代に飛躍しようとする青少年や一般成人に、郷土の発展に貢献しようとする意欲をたかめさせ、延いてはこの地域に住む人々の心の荒廃を防ぎ、道義の啓発に役立たしめ、自治完成の一端ともなればと念じ」、市民の推薦を得た30余名の先人中、郷土先人顕彰委員によって11名を選定し、その遺品、遺墨等の展覧会を行い、さらにその資料の一環として、11名の業績をまとめた『長浜先人誌　第一輯』を刊行した（図-3-1）。

　選定された11名の内、「豊臣秀吉（1536～1598年）」「石田三成（1560～1600年）」は本稿で紹介するまでもない誰でも知っている歴史上の大人物であり、その他には過去から現代に至るまで、作庭家として最も名高い「小堀遠州（1579～1647年）」が名を連ね、さらにその中の1人として「勝元宗益（1810～1889年）」の名がある。因みに他の7名は、国友一貫斎（御用鉄砲師　1778～1840年）、成田思斎（養蚕製糸業　江戸末期）、桐山元中（書道家　1806～1869年）、江馬天江（儒学者　1825～1901年）、中川耕斎（画家　1838～1922年）、吉田作平（新聞販売業　1863～1925年）、杉本鳩荘（画家　1879～1933年）である。

　『長浜先人誌』に揚げられた勝元宗益の業績については以下の通りである。「名は源吾、字は子接、蘭谷、無時庵と号し、鈍穴と称した。文化7年6月15日長浜市勝町に生る。国友町辻宗範（1758～1840年、遠州流茶道を今に伝えた茶匠、遠州流茶道の中興の立役者として知られ、茶道をはじめとして華道、書道、礼法、和歌、俳句、南画、造園などの分野でも才能を発揮した）の門人で、性格は淡磊落、人格高潔で俳句、和歌、狂歌、茶道、華道、礼法、南画、築庭から医術に至るまで諸道に通じ、その豊かな芸術的天分をよく発揮した。而して茶道では宗益、南画では蘭谷、築庭では鈍穴をその号とした。その築く所の庭は「鈍穴の庭」と俗称し、埋石深く、脱俗味豊かな名園である。しかもその足跡は、東は常陸、西は丹波、南は河内、北は金沢にまで及び、その数、実に527箇所の多きに達し、造庭数の記録は将に斯界に冠たるものがある。その非凡な才能は近衛篤麿（1863～1904年、公爵、政治家・貴族院議長；筆者注；年代が合わず、近衛篤麿ではなく、その祖父近衛忠熙〈ただひろ、1808～1898年、関白〉ではなかったかと推察される。）のみとむ所となり、その寵を受けたという。慶応3年版『平安人物志』（筆者注：近世京都で活躍した文化人を紹介した紳士録的なもの）にその名が上梓（勝元宗益　字子接　号無時庵　江州坂田郡勝邑　勝元玄之丞）せられている。30歳の時、家を出て各地を歴遊していたが、晩年、神崎郡南五個荘村金堂に定住。明治22年4月9日没す。時に80歳の高齢であった。終生妻帯せなかったので子孫は絶えたが、その養成した門弟は実に数千に及び、その著である『造庭伝』三巻は斯界に於ける貴重な文献とされてい

る。宗益築庭中異色あり、かつ今日なおその原形のよく保存されているものは、野口元光（長浜市山階町）、横田原二（長浜市平方町）、辻市左衛門（神崎郡南五個荘村金堂）、弘誓寺（神崎郡南五個荘村金堂）、圓勝寺（神崎郡永源寺村山上）、安養寺（神崎郡永源寺村山上）、沙々貴神社（蒲生郡安土村）、杉原玄孝（蒲生郡老蘇村）諸氏の庭園であろう。」とされている。

以上の『長浜先人誌』の記述は『坂田郡教育委員会編、近江國坂田郡志、1941』の中で紹介された勝元宗益に関する以下の記述「勝元宗益、字は子接、無時菴と號す。名は玄之丞。六莊村大字勝の人なり。國友の辻宗範の門人にして、性格は快活にして磊落、俳句・茶道・南畫・築庭何れも是れを善くす。而して茶道にては宗益、南畫にては蘭岳、築庭にては呑月を其の號とす。呑月を俗にドンケツと言ひ、其の築く庭をドンケツの庭と俗稱し、多くは埋石深く、脱俗味有るを特徵とせり。六莊村大字勝福永弘之、大字平方横田久太・神照村大字國友杉屋吉田喜平等の庭は呑月の築造にして、今に原形を崩さず。大字勝の福永平一郎方には、垂柳の圖を描きし六曲屏風半双を所藏せり。明治二十年ころ殁せしが、其の終焉の地定かならず。終生妻帶せざりしを以って子孫絶ゆ。慶應三年版平安人物志に其の名上梓せらる。」を参考にしたものと思われる。

なお、昭和25年11月4日から8日にかけて長浜市公会堂で開催された「郷土先人顕彰展覧会」において展示された勝元宗益の業績資料（出品目録）は次の通りである（表-3-1）。

表-3-1 「郷土先人顕彰展覧会」で展示された勝元宗益の業績

業績名	点数	所有者名
鈍穴流庭造秘傳（上・中・下）	三冊	山村 文七郎
繪畫	一幅	青木 吉藏
拓本（和歌）	一枚	山村 文七郎
紀行文	一冊	西村 久七
和歌 短冊	四枚	辻 市左ヱ門
同 同	一枚	野村 壽二郎
自叙傳	一幅	山村 文七郎
澤庵語錄 写	一幅	西村 久七
傳記 記錄等	十冊	山村 文七郎外
庭園設計圖	七枚	山村 文七郎

勝元宗益（鈍穴）の人物像や業績については、故村岡正氏（庭園文化研究所、京都大学農学部講師、滋賀県文化財保護審議会委員）が、昭和60（1985）年に京都新聞滋賀本社が企画編集した『滋賀の美　庭』の中の一節、「近江の庭と人――遠州と鈍穴――」の中でも紹介している。その内容は「本名を勝元源吾といい、文化七年（1810）、坂田郡六荘村大字勝（現、長浜市勝町）で生まれた。長じて新照寺村国友（現、長浜市国友町）に在住の茶人辻宗範の門人となって遠州流の茶を学び、宗益と号した。彼はまた芸術的天分にめぐまれ、俳句・和歌・狂歌・華道・礼法・南画、そして作庭に通じ、南画では蘭谷（ただし坂田郡志では蘭岳とある）、築庭では鈍穴（これも坂田郡志には呑月と記し、俗にドンケツと言うとある）を号とした。ほかに子接とか無時庵とも称している。医術も勉強したというから、大へんな人である。性格は快活にして豪放、人格は高潔で、非凡な才能

は多くの人々に認められ、親しまれた。ことに近衛篤麿公（筆者注：先述した通り、その祖父近衛忠熙と思われる）の知遇を得、度々京都へ呼ばれたという。京都から長浜に至る道筋の名所古跡を綴った達筆の紀行文が残っていて、文才がうかがわれる。作庭については近江の国のみにとどまらず、東は常陸（茨城県）、西は丹波、南は河内、北は金沢にまで及び、生涯に五百二十七ヵ所もの庭を作ったと超人的な数が記録されているが、その根拠は不明で、現在、県下でも鈍穴作とされる庭は十庭余りしかみいだせず、他国での実績は全く分からない。妻帯せず、三十歳のとき家を出て各地を歴遊し、庭を作ったようだが、晩年、神崎郡南五箇荘村大字金堂（現、五個荘町金堂）に定住し、明治二十二年、八十歳の天寿を全うした。」であり、概ね『改訂近江國坂田郡志』や『長浜先人誌』で紹介されていたものと同様の内容であり、それらをベースにまとめられたものと思われる。

さらに口伝等により、その人物像を詳しく述べると、各地を歴遊後、逗留したのは既に庭園業を営んでいた「花文」（山村文七郎）宅であった。山村家に逗留を始めたのは、二代目文七郎が書き留めた書状によると、明治の初めに杉原玄孝（近江八幡市安土町東老蘇村の有徳の医者であり、村長も務め、その庭を勝元宗益が作庭）の紹介によるものである。なお、慶応3（1867）年の「注文請取帳（山村家文書）」の中に宗益に関する記述があることから逗留する以前の慶応年間から既に「花文」を従えて庭造りをしていたと推測される。宗益の髪形は総髪で着物に袴の町医者風の姿で、茶を教え、酒を嗜み、常々一升瓶を傍らに置き縁に腰掛け、するめを肴に酒を飲みながら、職人に石組の指図をして作庭にあたり、速い時は2,3日で1つの庭を作ったと言われる。宗益の描いた戯画（P.62）の添え書きに「茶であらひ酒で清むる腹なれば心のちりの置処なし」と言うのがあるが、豪放磊落な性格、生き方を如実に表したものといえる。山村文七郎（初代）は宗益に師事し、明治12年10月宗益70歳の時に庭造図絵秘伝等により鈍穴流の家元皆伝を授けられている。

明治22年4月9日老衰にて物故。宗益享年80歳。庭造りだけではなく、諸学を修め、芸術に秀でた宗益に敬慕の念を抱く人々の手により神式で葬儀が執り行われ、石馬寺にある金堂村の墓地に埋葬された。その後、廟所は昭和31年4月に宗益先生遺徳顕彰会によって埋葬された墓地に建立された。現在も山村家により守り続けられている（写-3-1）。

写-3-1：石馬寺に建立された勝元宗益の廟

因みに、昭和31年3月に、三代目文七郎が企図者として、とりまとめた「故勝元宗益先生遺徳顕彰会趣旨書」(図-3-9)の全文を以下に示す。

「江州が生んだ近江の先哲、宗益先生は長浜市勝町の出身で、名は玄之亟と称し、少年時代より性温厚にして学を好み崇高なる温容は一身一家をかえりみず、従って研究の範囲も極めて広く、その主なるものは医術、書画、和歌、俳句、茶華道、築庭等に及ぶ数々の芸術感覚を深められたことは多くの雅号によってもわかる如く、細微な感情への発展として自らを捨て、他を思う心が厚くなっておられたことが能く窺い察せられる。慈照の願望はあらゆる面に徹し、中年時には各国々を行脚し殊に築庭の如きは其数五百有餘の美芸を遺せし上に、医術の極めて乏しい時代に於て数多い難民を救い、晩年、聖身を由緒の縁、浅からぬ当五個荘金堂によせられること慶応の始めより明治22年4月9日黄泉の客となられし約20数年間をば第二の故郷のように滞留せられたことは実に因縁の深いものがあります。

これ郷土の誇りでありますまいか、戦後平和と文化を国是とする我国更生の途上に於て、道義の上に尚思想界の渾乱に際し、これが予防と善化のために先哲の香りを断つことなく、茲に微力ながら先代の遺志を継ぎ、故先生の慰霊と郷土の発展のため、石馬寺辺りの墓地に埋葬せる墓地に（故宗益先生）宝篋院塔を一基建立させて頂き、尚、先生御在居中ゆかりのある西村乙三郎氏の宅地の一部をして史跡顕彰計画を企図し、金堂の発展と民風向上の基盤と致したいのですが、何分にも無学非才の者でありますがために今後に於て温い皆々様の御理解と御協力により実現致したく、恰も本年は不肖先代を継ぎ現鈍穴流（宗益先生）を身につけ就職発足以来満五十年に相当致しおり、既に建碑の準備を整へ来る本年4月9日の故宗益先生の祥月命日迄建完成致したい所存で何卒格別の御思召を以て御賛同左記御芳名蘭へ御署名賜りますよう御願い致します。」

以上の趣意書の内容からも勝元宗益は単に築庭等の芸道に秀でただけではなく、医術も身につけており、そのことにより逗留した五個荘金堂の地でも多くの村民を病から救ったことが伺える。

図-3-1：長浜先人誌 第一輯（昭和25年）①

図-3-1：長浜先人誌 第一輯②

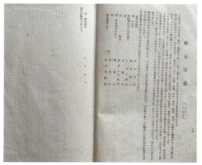
図-3-1：長浜先人誌 第一輯③

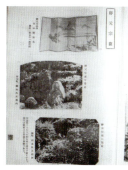
図-3-1：長浜先人誌 第一輯④

図-3-2：惣勘定覚帳（慶応4年）「諸入用扣（P.18）」と内容が重複しており、清書したものと思われる。日雇覚や諸入用覚の記述があり、宗益の指示で買い付けた材料、酒や豆腐、美濃紙などを買っていたことが書き留められている

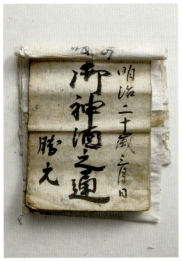

図-3-3：御神酒之通（明治20年）

図-3-4：葬儀の買物帳と受納帳（明治22年4月9日）宗益享年80歳。縁者も少なかったため、逗留先の山村文七郎宅で、地域の人々の手により神式で葬儀が執り行われた

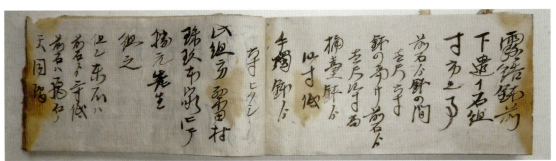

図-3-5：二代目「諸覚」の中の鉢前の記述　後述する二代目文七郎の明治16年の日誌（諸覚）は遊興から仕事まで諸々のことが書かれているが、その中で江戸末期から明治の中期まで「花文」の上得意先の1つであった栗田村（現・滋賀県愛荘町）の珠玖清左衛門家における庭造りで、勝元宗益の口伝を親（初代文七郎）から教わり、そのことを日誌に記し庭造り（ここでは鉢前）の手本としていた

図-3-6：建碑篤志簿（明治23年）　亡くなった翌年に、その遺徳を顕彰するために石碑の建立が計画された。篤志簿の発起人には山村助三郎（初代）と宗益の親族である下司浅太郎、賛成人には宗益が庭を手がけた金堂村の中江勝治郎や勝村（現・長浜市）の福永藤助の名もある。しかし、石碑の建立は諸事情で実現しなかった

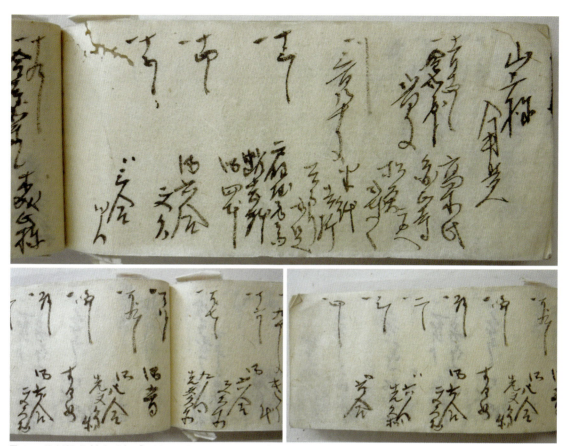

図-3-7：注文請取帳（慶応3年）の「山上様入用覚」。山上道場象正寺（現在の円勝寺）作庭時の旅館扇屋宿泊の覚え。「11月20日　扇屋酒八合　先文和」の記述。「先」は勝元先生、「文」は文七郎

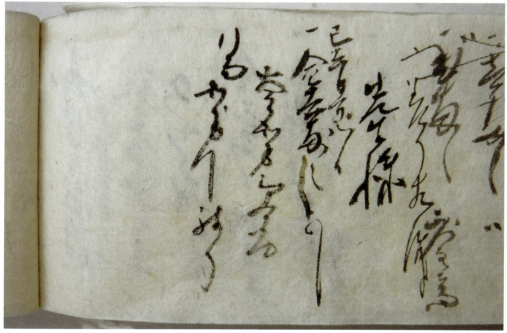

図-3-8：注文請取帳（慶応3年）の明治2年1月、勝元先生に壱両渡した記述

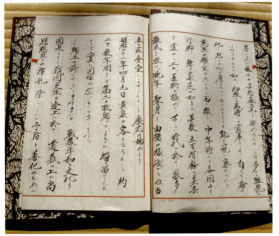

図-3-9：遺徳顕彰会趣旨書②

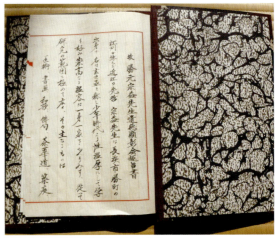

図-3-9：遺徳顕彰会趣旨書（昭和31年）①

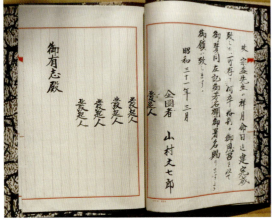

図-3-9：遺徳顕彰会趣旨書④

図-3-9：遺徳顕彰会趣旨書③

図-3-10：平安人物誌 慶応三年 第九版（国際日本文化研究センター 平安人物史データベースより転載）

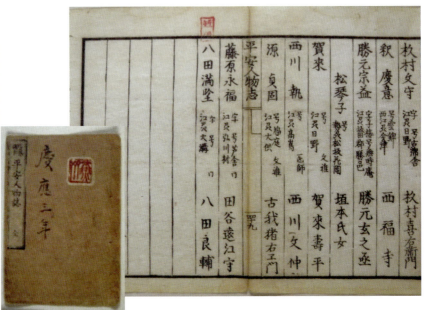

（2）勝元宗益の自叙伝

　山村家には、勝元宗益が66歳（緑寿）の長寿の祝いの折にしたためたと思われる自叙伝（自分の生い立ち、経歴などをありのままに自分で書いたもの）が軸に装丁され、残されている（図-3-11①・②）。

　豊かな芸術的天分に恵まれた勝元宗益ならではの麗筆であり、その翻刻（崩し字で書かれたものを楷書に直して一般に読める形式にすること）を以下に示す。

印「蘭穴」

おのれ三十歳あまりにして遊暦に出そめてより後耳痛ミ追々出世してかな聾となり其徳に八雷もならずはた虫の音鶯のうたふ声の聞ゑざるもうらやましとも思ハず佛を見ても有がたし嬉しともおもハずさすれば念仏も唱ず極楽とやらへいかうとも思はず地獄へ行たゐともおもハず朝二日輪を拝禮し先祖代々を拝ミ申之時刻一杯やらかすより外に業なし　花紅葉月之雪よの詠ゑ三も瓢子ひとつに友ぞあまれる　寒ければ夏でも布子着るあつければ冬でもはだかでくらす気楽なる　事此上やなかならむ　我まゝな禮義もしらず雲助のはだかくらしと人のいふらむ　さハい位司なる人の前ニ八聾のやうなる顔して居ても何處やむつかし

学文なければふミみても聞えずといへども節季に市人の書出しもて来りぬれバ身におぼゑ有るから酒豆腐小肴の積ミ八下るこれも雷のやうに聞えつれハよゐと是非なく

有合少々つゝは払多ハ断　渋柿は喰ねと呑し酒ばちか節季々につまる鈍穴　おろかなる事はかり傳りていつしか年寄こそ可笑けれ風雅のみちもとうして行がよいやら夫もしらず

老ぬればうき世も尻に敷しまの茶にことたりて腰折の友　たらちをの譲りの庭をつくり辻宗範翁の傳へられし茶湯は老てもわすれぬこそ嬉しけれ其余は孫郎に学文手習情盍といふより外何もしらずいやはや一向の鈍穴聾々と笑ゝ茶であらひ酒で清むる腹なればこゝろの塵の置處もなし

　君が代はなにゝたとゑむ朝なくすみのぼる日のかげにつけても

宗益　印「蘭谷」「宗益」

六十六翁

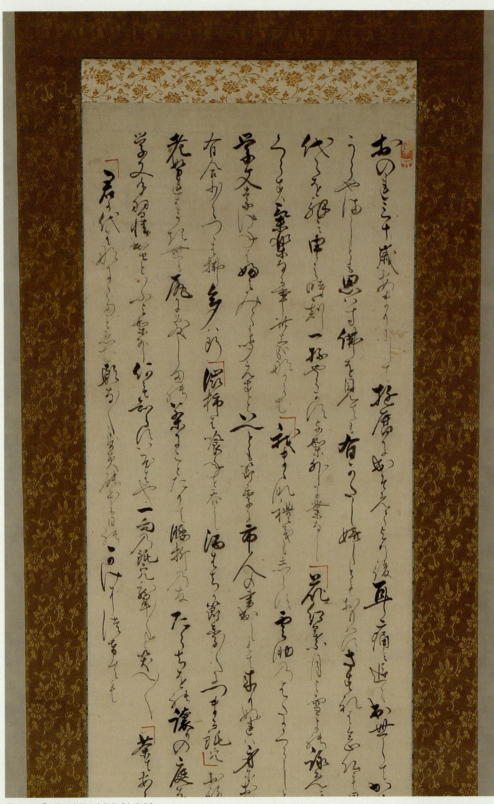

図-3-11①：勝元宗益の自叙伝（上半分）

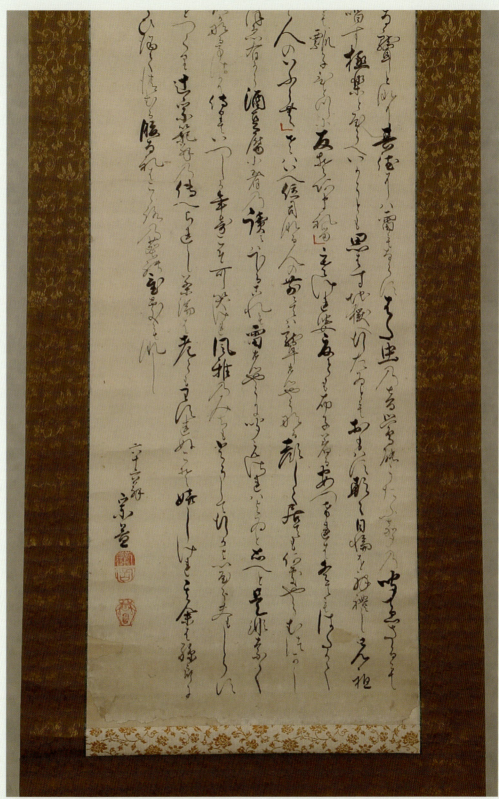

図-3-11②：勝元宗益の自叙伝（下半分）。P.70に全体の写真を掲載

（3）勝元宗益『庭造図絵秘伝』等三巻に見る「鈍穴流」の奥義

①庭造秘伝書

　山村家には、「鈍穴流」の始祖、勝元宗益の自筆の石組を主体とする山水の庭に関する『庭造図絵秘伝　上』、茶庭に関する『茶室囲庭造秘伝記　中』、神道の庭と茶庭に関する『神道庭造並席囲寸法録　下』の秘伝三巻が残されている。いずれも宗益ならではの流麗な草書体で書かれ、墨書の図も添付されている。巻別に和装組綴、布表紙に墨書の表題が付されている。この装丁は、三代目山村文七郎が行っている。

　これらの「庭造図絵秘伝」等三巻は世にいう「造庭秘伝書」の類と考えてよい。下巻の最後、奥書に「明治12年10月日、家元皆伝、70翁、勝元宗益」と記されている。明治12年は勝元宗益が山村家に逗留してから15年近く経ち、その間、初代山村文七郎と共に庭造りにいそしみ、作事を通じて自らが会得した「鈍穴流」の流儀を教えこみ、この時点で初代山村文七郎の技量が「鈍穴流」の継承者にふさわしいと判断し、免許皆伝の証としてしたためたものと思われる。この時、初代山村文七郎は34歳であった。

　因みに、芸道や武道各分野において、それを伝承するための手段として「秘伝書」なるものが作成され、流行ったのは、庭園史家の龍居松之助氏の『造庭秘伝書解説、日本造園士2巻1号、昭和14年1月号』によれば、江戸初期から中期にかけてであり、庭造りに関しても同様であったとしている。また氏は「どうしても秘伝ということを言わないと値打ちがないように考えたらしい」と指摘する様に単に流儀を相伝するための手段だけではなく、ある種、権威付け的な意味合いもあった様に思われる。

　庭造りの秘伝書として著名なものに『山水並野之図』『作庭記』『築山庭造伝の前編』『築山山水伝』『嵯峨流庭古法秘伝之書』など数多くのものがある。これら造庭秘伝書にしたためられている内容は、現代流に言えば「庭造りの設計・施工の要領」が図入りで解説されているものである。僧侶がしたためたもの、あるいはそれらの写しや参考にしたものの中には仏法めいた解説も加えられている。

　山村家に残されている「庭造図絵秘伝」等三巻の内容も基本的には、他の造庭秘伝書とほぼ同様な体裁をとっている。他と異なる点を特記するとなれば、上巻を見ると、「能々図を見て考えるべし」「能々口傳にしかして習うべき事」など、口伝を基によくよく考えよという教えや橋杭石の組み方では寸法まで示している。またあらまし記した山水図では、「別に秘伝傳という義も無候得共、必ず他見ゆるすべからず」の記述もある。中巻には「慎みて家元よりの傳授間違うことなかれ、庭造り修心に付皆え傳え致すものなり」の伝授への強い思いが記述されている。また、「極秘傳といえども修心に付皆傳えせしむべきものなり、慎みて請けるべし、必ず他見ゆるすべからず」や、「庭造人もいささかも、穢れたることなく、身をただして庭造りすべき事なり、委細口傳にてしるべき」

の口傳も記されている。下巻では「如何様の事ありこれ候共、他見他言許すことなかれ、秘すべし秘すべし」の記述もあること等が指摘できる。

なお、これまで「庭造図絵秘伝」等三巻については、相伝した山村家代々以外、その中の記述を見ることはできなかった。五代目の時代に入り、「鈍穴の庭」を専門家として初めて高い評価を下した庭園史家の村岡正氏に、「鈍穴流」の奥義をより深く理解してもらうため、昭和56年に閲覧に供した。また平成19年に滋賀県立大学の村上修一助教授（現教授）の求めに応じて研究資料として閲覧の便宜を図った。ただし、これら以外の部外者には、その所在そのものについては明らかにしていたが、その内容を公開したことはなかった。

今般、本書の刊行にあたり、五代目が、その内容の全てを公開することの英断を下した理由としては、近江の地で花開いた「鈍穴流の庭づくりの奥義」や今に伝わる「造庭秘伝書」がいかなる内容のものなのかを造園に携わっている多くの方々に知って頂きたい思いがあったからである。

以下、三巻の紹介にあたっては、勝元宗益自筆の流麗な草書体の原文と、そのままでは多くの人が読みこなせないため、滋賀県立大学の村上教授らが論文を作成する際、現東近江市近江商人博物館の学芸員の協力を得て草書体から楷書体に変換したものを、許可を得て添付した。

②『庭造図絵秘伝 上』

『庭造図絵秘傳　上』

1.

庭造図絵巻之上

一　山水之庭造者、何流と申義者無之候へ共、石之陰陽五行表裏を能わきまえて　組合す事也、山辺に者陽石澤山、水辺に者陰石澤山と心得候事也、是山者陽、水者陰なるか故也、能々図を見て考へし

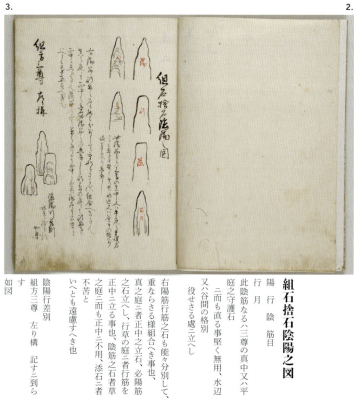

組石捨石陰陽之図

陽　行　陰　筋目

行　月

此陰筋なる八三尊の真中又八平
庭之守護石
二而も直る事堅く無用、水辺
又ハ谷間の格別
役せさる處ニ立ヘし

真之庭三者正中之立石、必陽筋
之石立ヘし、行草の庭三者行筋
正中ニ立る事也、陰筋之石者草
之庭二而も正中三不用、添石三者
不苦と
いへとも遠慮すへき也

右陽筋行筋之石も能々分別して、
重ならさる様組合ヘき事也、

陰陽行差別
組方三尊　左り構　記すニ到ら
す　如図

但陽之尊　左構

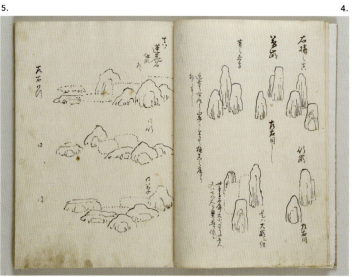

右構之真

行崩　左右同
草崩　左右同し　是ハ大崩シ組

此三尊石、庭ノ大小ニヨリ四五尺
昔之直方　又八七八尺も奥三直
テ、低シ
近世者、右様之正直之三尊者、
極真之庭ヨリ
外ニなし

真ノ蓮華石　組形

同行　同草
左り
左右同断　同　同

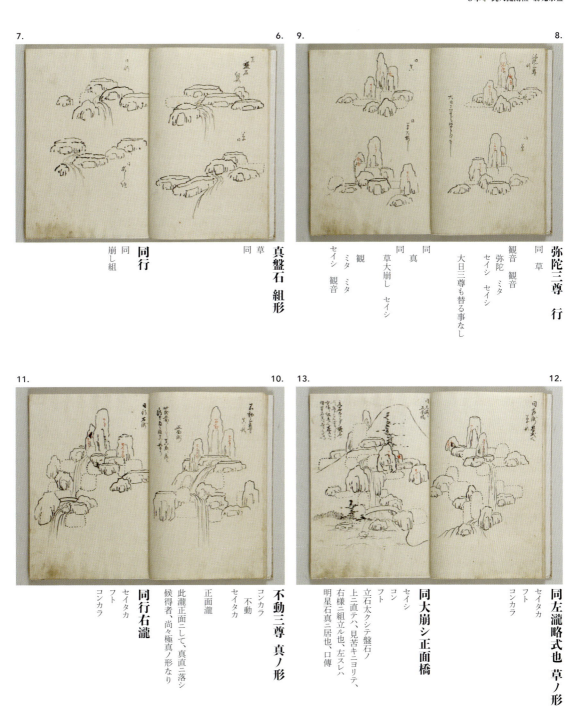

8.
弥陀三尊　行
同　草
観音　観音
弥陀　ミタ
セイシ　セイシ
大日三尊も替る事なし

9.
同　真
同
草大崩し
観
セイシ　観音
ミタ　ミタ
セイシ　観音

6.
真盤石　組形
同　草
同
崩し組

7.
同行

12.
同左瀧略式也　草ノ形
セイタカ
フト
コンカラ

13.
同大崩シ正面橋
セイシ
コン
フト
立石太クシテ盤石ノ
上ニ直テハ、見苦キニヨリテ、
右様ニ組立ル也、左スレハ
明星石真三居也、口傳

10.
不動三尊　真ノ形
コンカラ
不動
セイタカ
正面瀧
此瀧正面ニシて、真直ニ落シ
候得者、尚々極真ノ形なり

11.
同行右瀧
セイタカ
フト
コンカラ

右崩組之義者、立石脊低くして、上段直して八不格好三相成候故、盤石を上三直て下に直候事、不動三尊上に直候事ハ、立石口傳二而習ふべき事ニ候

一弥陀三尊ニ蓮花石習ふべき事ニ候
事ハ無之候、不動三尊斗ニ候
一如何様ニ崩候ても、盤石の上より瀧口者出不申候、水者盤石の下より外者出不申候
一不動三尊ニせずして、谷造りといふ者盤石なし、然し水者陰ものゆへ、出口か又者其辺に陽石を立べし、陽石なくして八水者出不申候
一大日三尊者記し候ニ不及、弥陀三尊ニ替る事なし、然し蓮華者加候ニてよし、沢山直る事無之候、大日者蓮華と申候へ共、空中ニて座し給ふ事無之候、毎日之日輪大日如来に候間、暫しも座し給ふ事者有之間敷候、弥陀三尊も蓮華之上に座し給ふといへとも、神通末代之佛故、何れを居處とも定めかたく、永々蓮華之上に斗り者居られ間敷、はや空中に有り、又者海上ニも見へ、西方浄土といふ者俗に謂かなるところをさしていふ事ニ而定りなし

古ぶ仙人之如し、そこに姿有りといへ者俗

真ノ草

真 嶺九ヶ所 嶌三ヶ所

行造 峯七ヶ所 左瀧口傳

草之奥 客谷正面橋 嶺三ヶ処 草山

瀧川橋 入江橋 里ノ橋　　草造 嶺五ヶ所 五段瀧

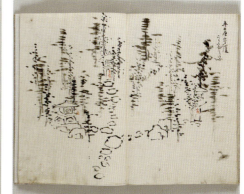

平庭守護客之家

一谷崩之作為者山三者石なし、谷さなから崩たる様に
石澤山奥ニつくるへし、逆三落たるやくの石も有之
一岬山者峯平ニして尾長く造る也、若山一ツニして
尾を長く引時者、小頂キを造る也、山数三ツ三合へし
一真山者峯随分尖ニして尾か短く、何れ一方者石組ニて
留め〈き事也、両方組石留者悪く
一真山者真岬之中を取、嶺丸くして尾も程よくすへし
真行草之心得者人之気の付さる處ニあり
一行山者谷之橋者くち木之物、乍去野面もよし
其所之組石同様三而すへし、必作り橋掛へからす
一瀧川又谷之橋者くち木之物なり、必作り橋掛へからす
一入江橋者柴橋之もの也、然し丸木もよしといへり
 里近き處川下等者土橋なり、里より山路二通ふ處ハ
土はし也、是も野面ニも用る事也
一手摺付之作りはしハ軒近き所隠居又者席へ
通ふやうの處ニ作すへし
一橋杭石者四方ニ有之候へ共、向之方、前之方、陽石を
立て、其方ッハ上より植木類ニてかくし可申事也、四方
見るやう三直たる事ハ古代之作意ニて辺屈三相成候、然し木之
杭ても都合能致候事、作者之上手也
一橋杭と二神と兼而直る事有、是ハ橋より四五寸
又者壱尺も間を除て直るへし、口傳也此橋者
露地江近キ處ニある故、直なしと二神と兼封ニして
直申候

入江岡山造 飛石無し 山之外奥砂

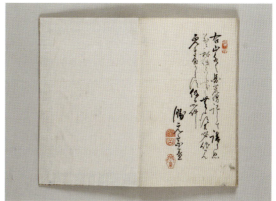

右山水之図、荒増記して講しぬ
別に秘傳といふ義も無候得共、必他
見
免すへからす、仍而如件
勝元宗益

③『茶室囲庭造秘伝記 中』

『茶室囲庭造秘伝記 中』

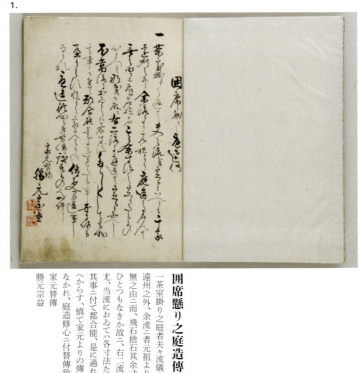

囲席懸り之庭造傳

一茶室掛り之庭者夫々流儀定るといへとも、千家遠州之外、余流ニ者元祖より庭造之名人者無之由ニ而、飛石捨石其余寸法之定りたるものひとつもなきか故ニ、右ニ流ニ庭造者定ると知へし尤、当流におゐて八各寸法たたしくして、其物其事ニ付て都合能、是ニ過れたる事世にあへからす、慎て家元よりの傳受間違事なかれ、庭造修心ニ付替傳致すもの也、如件

家元替傳
勝元宗益

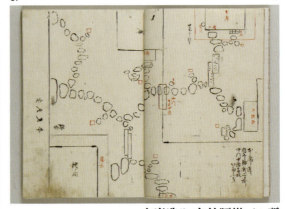

3. 囲ノ庭 四畳半大目

2.

5.

4. 本席造り 内外腰掛二ヶ所
中門中潜屋根 かやふき

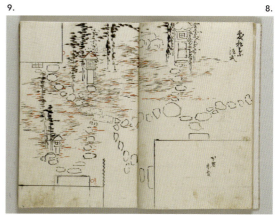

築山 亭造ノ席

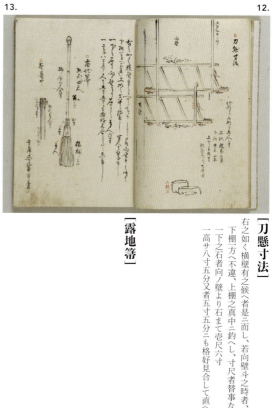

敷松葉 法式

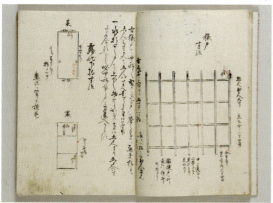

[露地下駄寸法]

[猿戸寸法]

右猿戸者中括り之替りニ用る戸より脊之高キ八悪敷、柱も五尺三寸又者五尺八寸也、是より高キ八不用一水打口之戸者上下之柄空も出す、高サ八五尺より五尺六寸迄見合ニすへし、必中括り替之戸と間違へからす

[露地箒]

[刀懸寸法]

右之如く横壁有之候へ者是三而し、若向壁斗之時者、下棚ニ方へ不違、上棚之真中ニ釣へし、寸尺者替事なし一下之石者向ノ壁より石まて壱尺六寸一高サ八寸五分又者五寸五分三も格好見合して直へし

（3）勝元宗益『庭造図絵秘伝』等三巻に見る「鈍穴流」の奥義　　47

一露地門近キ處之手燭者飛石高サ三寸五分四寸も有之候ハ、
手燭石高サ一寸五分位三寸位ノ飛石ニ相成候ハ、手燭八分宛一寸
迄知ルヘシ、若飛石上之巾ノ位三相成候ハ、手燭地面一杯也
一沓石上之間、敷ノ上巾マテ六寸、中ノ間七寸二分、下ノ間八寸宛、是ヨリ
下各八寸又壱尺マノ見合
一沓石ノ高さ一寸、高リ六寸、ハ、き板と石之間四寸、床之高サ
二尺なき時者其席相応ニ三飛石並マテ見合
一蹲口者水打オ、外之沓石鉢前之石者水打て露を拭取
此石□者水打オ、外之露地口之戸マテ水打て拭へし
一飛石高サ公家寡者五寸、民家四寸ヨリ四寸五分マテ、平人者
二寸五分ヨリ三寸九分マテ
一手水鉢之柄杓者四月朔日ヨリ陰ニ渡して九月晦日マテ也、
又十月朔日ヨリ来陽三月晦日マテ陽ニ渡し置事也
右陰之時節者陽也、陽之時節者陰と心得置へし
一柄杓仰向ク中者手あふ火鉢出す事なし、うつ
むける中者手启火鉢も真盆も出す也
飛石之傳

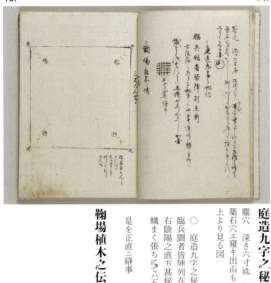

庭造九字之秘傳

塵六 深さ六寸底、指渡も六寸 三ツ割壱分壁之下かける有、左様之時者
築石穴ヱ窺キ出而もよし、然しソより出来さる席ニ者致すへからす

○ 庭造九字之秘伝
臨兵闘者皆陣列在前
右陰陽之直方甚秘事也、十字ニ造ルル時ハ勝ノ字加ルル也
幟まく張ちにして八五横四立と知ルヘし、如図
是を正直二縒事

鞠場植木之伝

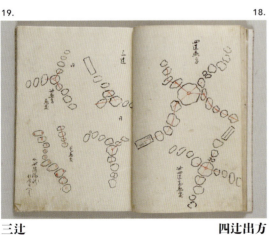

三辻　　　　四辻出方

九字捨石組　草崩

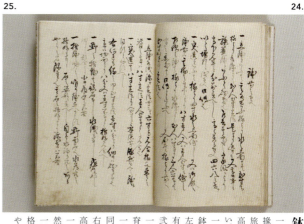

鉢前之事

一立鉢といふ者其水遣ふ縁より水之上面まで弐寸、高さより水際まで弐尺弐寸定法、是より近キも又高キ事も旅籠鉢といふて賤敷鉢也、乍去其處之家風より高下見斗ヒ分別すへし、四六八之音ヲいて増引致事、口傳也

一突這といふ者縁より四寸水之上面に低し、又壱尺弐寸より水際まで弐尺八寸より三尺六寸まて有之、委敷者口傳ていふへし、又屈石も縁より前へ弐寸出る事定法也

一立鉢水洩深サ定法四寸ヨリ六寸迄見合、橋杭鉢ニて脊之高キハ八寸定法壱尺弐寸まて見合也

一突這者八寸定法壱尺弐寸迄、雪隠前腰懸先之鉢尺寸出る者口傳也

右何れも縁の巾弐寸定法、壱寸八分より細キ賤き事也、高サハ地面より八分又八壱寸二分まて格好見合へし

一捨鉢者役石なし、水洩もなし、飛石もなし然し都合より小キ飛石者不苦

一捨鉢ニ必ス作り鉢直へからす、野面石也、水洩穴之やうノ石ノ姿形ニすへし、自ら水泊り穴のある格好もなし、石之姿形ニすへし、自ら水泊り穴之ある格好なり、石之珍重也、其石之格ニより添石壱ツハ不苦

同 十字ノ真

右十字九字之庭秘伝極秘傳といへとも、修心ニ付替傳せしむへきもの也、慎て請へし、必他見免すへからす、尚祭文之唱、神酒祓之義者筆紙難尽、口傳ニて講すへく稽古々々へし

一此庭之植木甚秘たるもの二候間委ニ者略きてしるさす、修心之上傳受へし

一此庭者家相三方位ニ悪敷處三ても、九字十字之石組して清く祭り候へ者、其家之却而吉事となる事故、其家者勿論、庭造人も聊たる事なく、身を政て庭造すへき事也、委細口傳ニてしるへし

立鉢三尺トシ尺寸割合　　突這二尺割合

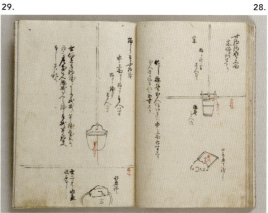

此釣釣水の上面窓縁ヨリ弐寸下リ右何れも釣鉢ニ者手拭掛ノ竿鉢近キ處ニ釣也、座敷先腰掛先之鉢ニ手拭竿釣事なし、失礼也

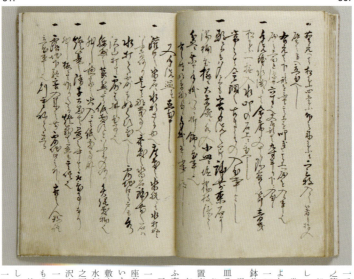

塵穴へ者松葉四五葉、外之木
葉も二三枚入て、箸も指入
堅之方へ立置へし
右穴者者松葉水洩二者会席又者珍客
之節、青き
松葉ニ撫入、水叩の石上に置へ
よし
一手水鉢ニ者金銅の古きもの入置事
砂之上面迄深サ六寸也、夫故
形者九寸斗り下ニ入置候
叩き、其上へ砂を入る事也、
一手水鉢水洩ニ者会席又者珍客
之節、青き

一朝ニ而もタニ而も客手洗之節、
鉢前束石に
湯桶置、楊枝添て
皿ニ塩、楊枝添
盆ニ乗せ、手拭八ツニ折、飾り
置事也
有之時明り者掛置候、手拭遣
ふ事なし
一手洗塩も直置申候
一蹲口之沓石ニ水打さるゆえ、
座敷之沓脱ニも水打ぬ
いふ者あり、是者なき事也、座
敷之沓石、鉢前之石ハ
水打て露をぬくひ置へし、露地口
之戸も水
打て、露者掛置事也
一腰懸之真盆ニ者紙敷すといふ
もの有り、矢張り敷物也、
然し穂家之火ニ入ニ者紙敷事な
し
一燈篭之障子土器者昼之中者
取置事なり、
然し、板にて作りたる燈籠者
昼も其侭也
一露地下駄、客入来之前、露地
口之外ニ客之人数程
立置事也、則重ねて立

一たて二者笠も客之数程掛置へし、
天気能時者
掛事なし、失礼也
一客も下駄笠有之候を、自身之
内より着用したる
下駄笠其侭ニて露地へ入事、甚失
礼也
手洗之水掛て参らする事、貴
人同輩之差別
書置候難く、口傳にて知るへし
右茶庭掛りあらまし記しぬ 茶
湯会席
庭前心得之義者下巻ニ講りぬへし

④『神道庭造並席囲寸法録 下』

『神道庭造並席囲寸法録 下』

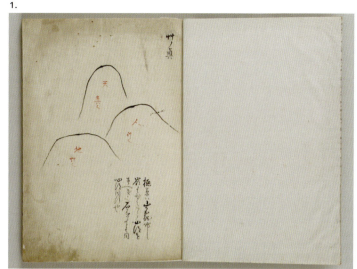

岬の真

天眞也
人行也
地岬也

極草は山名残低し、
嶺二て少々ゝノ心得を
すべき也、石三ツ二ても同、
心得同断也

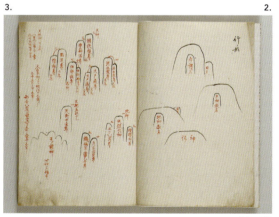

行ノ形

真ノ庭

桂ノ御宮　　　真ノ飛石

右神道家之庭作記者今之世に知るもの無之、御所御庭掛り之
役方之内より外壱人もなし、当世之庭者仏道より出候、伝行大師
行義等より澤庵和尚専ら作り初メ、夫故九品浄土之形を成事故、
皆佛名也、今之世も社家神道家ニて佛名之庭致すこあらす、
人ニ語らすして右神道之庭造すへき候事と知るへし、如何様之
事有之候共、他目他言許す事なかれ、秘すへし秘すへし

勝元　宗益
七十翁

席囲掛之事

一中巻に記置候猿戸、中括り之替三遣ふ戸也、水打口之戸作り形
替る事なし、然上下共柄節少し□、八寸板一杯に横木入へし、
高サ五尺五寸迄見合、必中括り之戸と間違するなかれ
一中括り之戸者高さ弐尺五寸、横弐尺弐寸計也、内樞おろす事なり、
図者奥三記す
一蹴上り之戸者高サ弐尺弐寸、横巾弐尺、蝶違ニて開、戸内へ開く
もの、からうす鞘、さんの下より打、柱に並釘打也、
猿戸者輪鍵柱三壺釘也
一床ノ見付釘者床畳より、三尺弐寸八分上、真中三打也、柱釘ハ
床縁上巾より三尺三寸四分上
一書院床蛭釘者床巾奥行横巾共三ッ割上三打也

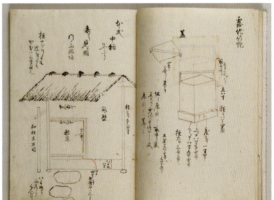

本式 中括 かやふき　　　露地行燈

待合腰掛 上段付

右之所三釣を待合之鐘といふ、席囲之勝手三釣者相図之鐘といふ、
如図上段無之者壱間ニてよし、右者貴人衆ニも入、大庭ニて致す
事也、
但し、壱間之腰かけハ右下段之通、家根雨落壁之寸尺違ふ所なし、
一右之沓石壱ツ、都合能石無之候ハ、切石より九折よし
一内腰懸三相図之鐘釣る事なし、木二而も石二而も同段、内腰掛之
前之手洗鉢水盈者、随分随分深き事よし、浅くする八
書院座敷鑵之間も同断也
甚客へ失礼也
一躙口之沓石者濡色もなし水気かくも無之様ニすへし
一腰懸〈夏者かませ莚、冬ハ円座也、此所之貴盆敷紙入すといふ人
有之候へ共、矢張敷事よし、但し穂家之火入之節者敷紙なし
座敷とハ違灰者□□せす、かき立灰也

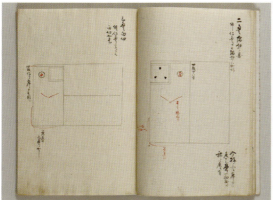

15. 三畳ノ向切　14. 二畳隅炉ノ席　17.　16. 四畳半大目作

一番之大席

一躙口給仕口共普請之都合三より何れ二而も都合
能見斗へし、然し
茶道口給仕口と躙口指向二ならさるやう心得へ
し
一茶道口高サ五尺弐寸又ハ五尺三寸まて、給仕口
高サ三尺八寸横一尺九寸
三分也、是を大花断といふ也　格好此如し

右炉之切方、如図四通より無之、是ヨリ外之切方
者茶湯手前
出来不申、但逆手前といふ事有之、右之四通切方
手之左右違也、
是ハ誠三手前六ケ敷初心之者ハ中々手前出来不申、
普請之
都合悪敷時ハ無是非致す事也、好て致す者ハ素人之
上手振
面之仕業也、必と致すへからす、
庭作之節、其家之亭主大工相談致候ハ丶、此図を
いて都合
よろしきやう取斗すへき事肝用也、有之図者茶湯
流二限らす替る事なし、茶手前者家々之流義有之
勿論也、
右寸法図式かくの如し

右之書、普請方寸法能々覚置事也、乍去茶湯と腹
へ入ら
さるものハ空三て覚置事むつかし、普請之内又ハ大
工等相談
相談致候ハ丶、此書持参之上取斗、飛石都合やう
二談し合候而之上、
此書かし置候事無用、茶湯稽古之人々へも寸法普
請方之
右之かく委敷傳受致候者ハ高弟之者二而、無之而
先者許三不申候、
右之法録如件
明治十二年十月日
家元皆傳
七十翁
勝元宗益

⑤五代目が語る勝元宗益著
『庭造図絵秘伝』等三巻の特徴

　勝元宗益が明治12（1879）年に、家元として花文に授けた『庭造図絵秘伝　上』、『茶室囲庭造秘伝記　中』、『神道庭造並席囲寸法録　下』等三巻についての内容は、「駒井克哉・村上修一『庭造絵図秘伝』等3著作にみられる鈍穴の作庭論について．ランドスケープ研究（オンライン論文集）Vol.1、2008」と「堤雄一郎・村上修一『庭造図絵秘伝』及び実作にみる鈍穴こと勝元宗益（1810～1889年）の石組意匠．ランドスケープ研究（オンライン論文集）Vol.3、2010」の論文でその概要が明らかにされているが鈍穴流継承者として、記述内容の特徴の一部を補足説明する。

　この作庭書は弟子に伝授するために書き残したもので、庭造りにおいて今までに口伝で伝えたことや作庭の現場で実際に指示や指導して教えたことは、なるべく省いて記している。実際の庭造りにおいて教えづらい、石組の基本を絵図に書き記し、その手法や根拠を文章で綴っている。

　茶室掛かりの庭についての記述は、宗益が「花文」に逗留して以降、商人が多い近江においては在家の庭が多く、実際の現場において茶庭造りを通してその極意を伝授する機会に恵まれなかったため、より詳細にその手法が解説されている。

　江戸後期にブームとなった「庭造伝」と言われる数多くの書物について十分承知している訳ではないが、「神山藍：山水画論と庭造法の関係性について一考察．『築山庭造伝』を対象として．景観・デザイン研究講演集 No.13、2017」や「鈴木里佳・三浦彩子：『嵯峨流庭古法秘伝之書』の異本に関する研究．日本建築学会計画系論文集　第76巻　第670号、2011」の論考を参考に、宗益が授けた「作庭書」と「庭造伝」の類と顕著にその違いが確認できるのは、「石の陰陽」についての記述である。

　宗益は『庭造図絵秘伝　上』の冒頭で「山水の庭造りというものは、……、石の陰陽五行表裏をよくわきまえて、組合すことなり、……、よくよく図を見て考えるべし」としたためている。

　陰行陽の石の形と石の肌合い（石の模様、筋目）の見極め、陽筋、行筋、陰筋の石の据え方、組み方を解説し石組の基本としているところは、他の庭造伝と比べて際立って異なるところである。言葉や絵図で表わしているので一見、平易に思えるが、鈍穴流の石組の奥の深さが（鈍穴流の基本を修得し、そこに継承者としての感性を融合させる）感じ取れる。これが宗益の言う「よくよく図を見て考えるべし」という教えであろう。

　この陰陽は石組に限らず、飛石においても「日と月」（いわゆる陽と陰という意味）があり、石の形によってその打ち方（石の配置、向き、合端）が決まってくる。このことも特徴の一つであり、口伝となっている。

　橋挟み石（宗益は橋杭石という）の記述では、「橋杭石は四方にあると思えども、向こうの方一方、前の方一方、陽石を立て、他の一方ずつは上より植木類にて隠すこと申すべき事なり、四方に見るべきように立てる事は古代の作意にて偏屈にあいなる、……」とあり、「橋杭と二神と兼ね立てる事」に関しては、橋から離れて立てる位置を示し口伝としている。

　『嵯峨流庭古法秘伝之書』などの庭造伝の「橋挟みの石」に関する記述と比べると、鈍穴流独特の手法であることが確認できる。宗益が橋挟み石を四方に立てる事を「古代の作意」としているのも、自然の摂理を大切にした宗益らしい表現である。

　『囲席懸り之庭造傳』では、蹲踞の手水鉢に柄杓を置く事柄についての記述がある。4月～9月の陽の期間は柄杓を陰に渡し、10月～3月の陰の期間は柄杓を陽に渡し置くこと（柄杓を仰向けて置くことが陰、柄杓をうつむけて置くことが陽）が記されている。炉と風炉により柄杓の釜へのあずけ方の作法を、庭の手水鉢の作法としたものであろう。武家の出身である宗益の記述であることから、陰陽五行の考え方からきている作法であると思われるが、どの流派の作法なのかは確認でき

ていない。

　飛石の据付高さについても他の庭造伝と同様に、本秘伝書にもその記述がある。飛石の高さは「公家衆は五寸、民家四寸より四寸五分まで、平人は二寸五分より三寸五分まで」の記述がある。宗益が数多くの庭造りから、社寺、民家、建物や格式との調和、習慣や生活などから総合的に判断し、その庭に調和する一番美しい飛石の高さを割り出したものと考えられる。

　宗益は公家の五摂家のひとつ近衛家の寵愛を受けており、京に滞在している時期には『嵯峨流庭古法秘伝之書』や『夢窓流治庭』などの庭造伝の写しをすでに見定めていたようである。なぜなら宗益の作庭書は詳細は異なるが、それらの作庭書とほぼ同様な項目で構成されている。

　あくまでも推測の域を出ないが、宗益は師匠である辻宗範から教授されたことを根底におき、自身の修練のため各地を訪れ作庭の経験を積んだ。特に他の項でも触れたが、近世京都における知識人を網羅した人物録とも言える『平安人物誌』に宗益の名があることからも、京都でさまざまな文化活動に触れ、著名庭園等にも足繁く通い、庭園の作事の技量を上げ、独自の庭造りを確立したものと考えられる。

『庭造図絵秘伝　上』　　『茶室囲庭造秘伝記　中』　　『神道庭造並席囲寸法録　下』

(4) 勝元宗益直筆の「庭景図」

①勝元宗益の残した「庭景図」は現存する最古の部類の庭園設計図

「花文（山村家）」が所蔵する勝元宗益の遺品の中に宗益直筆の5枚の「庭景図」なるものが残されている。「庭景図」という言葉自体、耳慣れないものであるが、要は庭園の設計図ともいうべきものである。いずれも墨画で、これから作庭するための庭園のデザインを描いたものである。宗益自身が作庭作業に直接係ることはなく、この「庭景図」を基に職人に作業を指示したものと思われる。

今では作庭作業にあたって、事前に設計図を描き、それを基に作庭作業（施工）を行うことが一般的であるが、日本で庭が造られるようになった古代から近代に至るまで、数多くの有名、無名の庭園が残されているが、いつの時代から予め設計図が描かれ、その図を基に作庭作業がなされたのかは全く不明である。宗益自身、生涯、527箇所もの庭園を作ってきたと言われるが、その全てで予め庭景図を描き作庭作業に係ってきたのか、あるいは一部のみ、遺品として残されたような庭景図が描かれたのかも不明である。

このことに関連して、小野健吉はその著『日本庭園の歴史と文化、吉川弘文館、2015』の中で「一般に庭園の築造に関する一次的な記録が残っていることは少ないが、これは小川治兵衛の場合についても例外ではない。数多く手がけ彼の名声を不動のものとした岡崎・南禅寺界隈の一連の別荘群の造園についても設計書、見積書あるいは設計図といった一次的な記録はいまのところほとんど発見されていない。」と指摘している。

ただし唯一七代目小川治兵衛（植治）が係った明治28（1895）年に京都市岡崎で開催された平安神宮千百年記念祭に際し、創建された平安神宮の神苑の築造に関連した記録文書『土木部園芸書類』の中に、小川治兵衛が提出したものと考えられる「平安神宮記念殿周囲庭園工事図面」として西池（西神苑）、東池（中神苑）の設計図がそれぞれ平面図と鳥瞰図のかたちで添付されている。これについて小野健吉は先の著作の中で「平安神宮記念殿周囲庭園工事図面は西神苑、中神苑の当初計画を知ることのできる大変貴重な資料であるが、ここで指摘しておきたいのは、小川治兵衛が協賛会（遷都千百年記念祭協賛会）に対し、設計図と見積書を提出している点である。庭園の築造にあたって、設計図や見積書を提出することが一般的でなかったことは、かなり後年のことを述べた岩城亘太朗の述懐からもわかる。おそらく小川治兵衛にとっても、こうした経験はこれが初めてであったはずである。」とも述べている。これらの記述から推察すると、小川治兵衛もこれ以降作庭に際し、場合によっては事前に設計図を作成するようになったと考えられる。

図イ〜図ホに示す勝元宗益の残した5枚の庭景図の内、箕浦村山田茂右衛門邸、池田村高田友平邸の庭は慶応3（1867）年に作庭されている記録があるので、庭景図が描かれたのはそれ以前である。筆者が知る限り、明治以前に作庭された庭園

の中で、事前に設計図（庭景図）が作成された事実や庭景図は認められず、「花文（山村家）」に残された宗益の庭景図は現存する最古の部類の庭園設計図と言えなくもない。惜しむらくは庭景図を基に作庭された庭が現存していないことである。

なお、二代目山村文七郎が描いた庭景図も1枚 (P.150) 残されており、鍛治屋村（現在の東近江市佐野町）旧田附新兵衛邸のもので、明治28（1895）年の「売上帳（山村家文書）」に作庭の記述があるので、その前年（明治27年）に描かれたものと推定される。この庭は、その後、さまざまに手が加えられたようであるが現存しており、本書の5章「代表的庭園作品選⑬旧田附新兵衛邸」で (P.148〜151)。詳しく紹介している。

②5枚の「庭景図」の概要

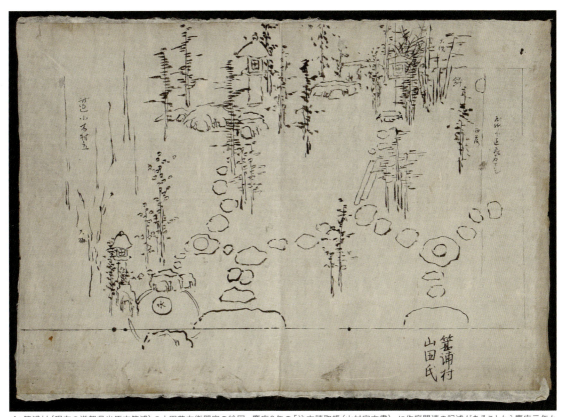

イ：箕浦村（現在の滋賀県米原市箕浦）の山田茂右衛門家の絵図。慶応3年の「注文請取帳（山村家文書）」に作庭関連の記述があることから慶応元年から2年に画かれた俯瞰図と考えられる。二間続きの座敷前、客間前の庭で鈍穴流では基本となる平庭の意匠である。
鉢前の石組と大梅と燈籠、伝いには踏分けに伽藍石、筏に組んだ葛石、右手に離れの客間があるのか、「雨落」と「屋根下まで飛石なし」の添え書きがある。

ロ：池田村（現在の滋賀県近江八幡市池田町）の高田友平家の絵図。この庭の作庭関連の記述も慶応3年の「注文請取帳（山村家文書）」にあり、また「池田村　友平」としか名字を書いていないところから商人ではなく、高田友平は宗益の知り合いもしくは親しい人物であったと推察される。
鉢前と正面奥に石組と燈籠、左手に雪見燈籠を配し直幹の木でまとめた平庭になっている。

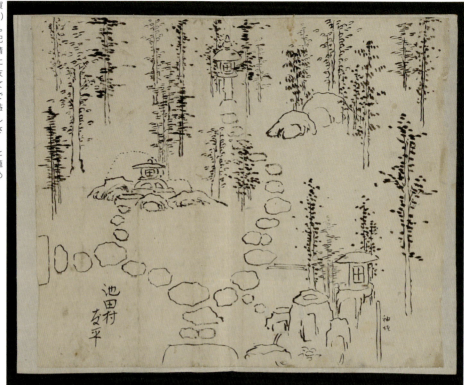

ハ：鍛冶屋村（現在の滋賀県東近江市佐野町）の田附宗平家の山水の庭の絵図。三方の住まいからも眺められる回遊式の庭で、滝周辺の石組や護岸の石組、山すその石組など詳しく描かれている。絵図には鉢前、砂浜、吹上浜、礼拝組、小峯などの文字も書き込まれており山茶花や大松の名も記されている。礼拝石近くに文人松らしき木も見受けられる。
明治7（1874）年の「助方日雇帳（山村家文書）」に記述されている「かじや村」は、田附宗平家のことであろう。
なお、田附宗平（兵衛）は『東近江市史能登川の歴史　第3巻（近代・現代編）、2014』によれば明治12（1879）年から明治13（1880）年まで、神崎郡佐野村の戸長（明治5年以前の「庄屋」のこと）を務めている。

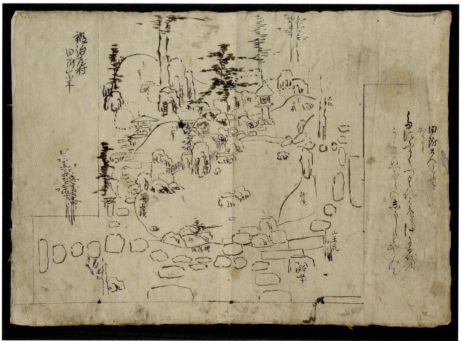

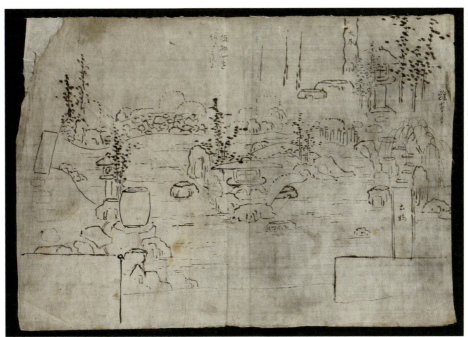

ニ：中央の中島に雪見燈籠を配した泉水のある庭で作庭の所在地は不明。縁先には夏目の水鉢を用いた鉢前、下手の土間らしき所から庭に向かって土橋が架けられている。その橋のたもとには柳の木らしきものが描かれている。縁の下まで泉水を取り込んでいる庭であることから、高床式の書院造りの建物であったと考えられる。

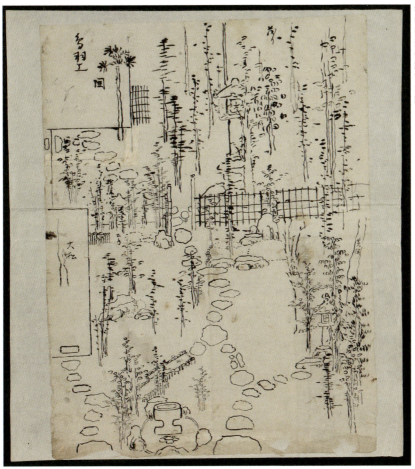

ホ：茶庭の絵図で作庭の所在地は不明。主屋から鍵の手に座敷が続き、一番奥が茶室となっている。沓脱石から飛石伝いにすすむと猿戸で内と外が仕切られており、その左手奥が茶室で、躙り口まで続く。鈍穴流の特徴の一つである直幹物の木が多く描かれている。大松、大紅梅、茂りの文字が記され、躙り口付近に捨鉢の文字も確認できる。

(4) 勝元宗益直筆の「庭景図」

（5）勝元宗益が残した「和歌三首」「折形」「戯画」「都から長浜への紀行文」

山村家には、秘伝書や自叙伝の他、勝元宗益の資質や素養をうかがい知る上で格好の資料、「和歌三首」「折形」「戯画」「都から長浜への紀行文」が保存されている。

以下に、それらの実物と簡単な解説を加え、紹介する。

①勝元宗益の残した和歌三首

山村家には、和歌にも長じていたと言われる勝元宗益が祝事の時等に詠んだと思われる短冊にしたためた和歌三首が残されている（図-3-11）。三首それぞれの詠んだ時期も不明であるが、いずれにしても山村家に逗留して以降のものと思われる。

三首の解読した内容を以下に示す。

図-3-11：勝元宗益の残した和歌三首

誕生祝　浅みどり二葉のまつによろづ代の
かげもすがたも見えて涼しき　宗益

塚本大人の内君を祝ひて鶴の三羽等を送りければよめる
世の塵はよそにみつ羽の箒にて
千とせのすえも清くみえつる　宗益

寿月恋　ひとりぬ（寝）る窓のてるさえへものうきを
さりとは招く月のかつら男　宗益

②勝元宗益の自作の「折形」

　勝元宗益は、武家の出身であり、その礼法にも通じていたと言われている。その証の1つとなるのが自作の折形（おりがた、武家の礼法の1つであり、書状や進物を贈る時に和紙で包むための独特の作法、儀式や祭事に使う和紙の飾り付け）の見本を山村家に残している（図-3-12）。

　折形は高家（名家、格式の高い家柄）ごとに独特の方式があり、その多くは口伝あるいは一部は書物にまとめられ、後代に伝授されている。勝元宗益の自作の折形がどこの家柄の流れをくむものなのか、師である辻宗範から伝授されたものなのかも解らない。また、山村家には9種類の折形が残されているが、添え書き等もないため、いつ、いかなる目的で折られたのか、9種類のものを用途に応じて、どう使い分けるのか等も一切不明である。

　残された「折形」から解ることは、勝元宗益が紛れもなく、武家の礼法に通じていた人物であったということだけである。

図-3-12：勝元宗益自作の「折形」

③勝元宗益の描いた戯画

　山村家には、勝元宗益が61歳（明治3年）の時に描いた戯画（戯れに書かれた絵）が軸に表装され、保存されている。戯画の脇には「茶であらひ　酒で清むる腹なれば　心のちりの置処も無し」の狂歌がしたためられている。この狂歌は先に紹介した明治9年に書かれた自叙伝にもある。

　この戯画が、どのような状況の中で描かれたのかは不明である。いずれにしても茶碗と茶筅、酒の徳利が描かれ、狂歌の内容とともに、勝元宗益の人間性、つまり茶道をはじめ、あらゆる芸道に通じた芸術家肌の繊細な感覚と、酒をこよなく愛する豪放磊落な性格を兼ね備えた好人物であることが何となく感じとれる、ある種微笑ましい図柄と言える。

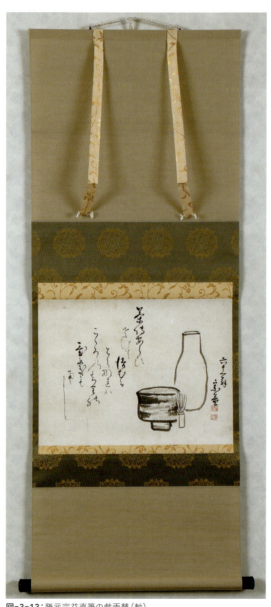

図-3-13：勝元宗益直筆の戯画賛（軸）

④勝元宗益直筆の「都から長浜への紀行文」

「都より長浜迄　長浜の関」と題した 16 ページに及ぶ勝元宗益直筆の紀行文が西村久七宅に保存されている。その写しが山村家文書に保管されている。

記述年は不詳である。勝元宗益ならではの端麗な筆致で、都から長浜までの旅を綴ったものである。訪れた土地の観光ガイドのような解説や情景描写がなされ、その土地にゆかりのある和歌を詠みこんでいる。和歌は古今・新古今・拾遺・新拾遺・玉葉・千載・新千載・新勅撰・続後撰などの数多くの和歌集から紹介しているので、勝元宗益は和歌に関しても相当博識であったことがうかがい知れる。因みに勝元宗益が作庭を手がけた沙沙貴神社（5 章代表的庭園作品選⑤ P.102 〜 105）も本紀行文の中で紹介されている。

図-3-14：「都から長浜への紀行文」の表紙

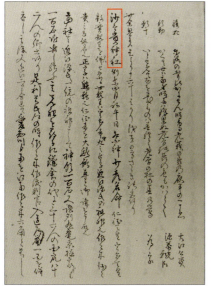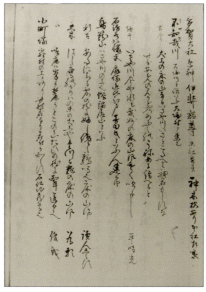

図-3-15：「都から長浜への紀行文」の一節

(6) 小堀遠州と辻宗範・勝元宗益とを結ぶ点と線
──文化的万能天才の系譜──

　3章でも触れたが『長浜先人誌、長浜市教育委員会、1950』では、長浜市の生んだ先人として、歴史上、あまりにも有名な豊臣秀吉、石田三成のほか、9名を顕彰し、取り上げている。その中の2人に作庭家でもある小堀遠州（1579〜1647年）と勝元宗益（1810〜1889年）が含まれている。

　また庭園史家の村岡正は、『滋賀の美・庭、京都新聞社、1985』の中の一節として「近江の庭と人──遠州と鈍穴──」と題した小論をまとめている。

　それぞれの著述の中では小堀遠州と勝元宗益の個々の業績を紹介しているだけで、両者の関係性については全く触れていない。両者の生きた時代に240年以上の隔たりがあり、直接的な結びつきがないのは当然である。たまたま同郷の作庭に長じた人物が時代を超えて活躍したに過ぎないのか。直接的に証明する資料はないが、勝元宗益は先人の小堀遠州の作庭家としての業績は十分に承知していたと考えられる。遠州作といわれる庭園も目にしていたはずである。ただし、庭の作事にあたって「遠州流」「遠州好み」と称される作風に影響を受けたかどうかは判らない。あるいは小堀遠州作の庭を同じ作庭家の先達として評価していたのか否かも不明である。

　両者の関係性を論ずることそのものが無理であり、意味のないことと言ってしまえば、それまでであるが、勝元宗益の芸事・人生の師であった、茶道遠州流中興の立役者ともいわれる辻宗範（1758〜1840年）を介すると、小堀遠州と勝元宗益とは、ある種、点で結ばれている様な思いにかられる。

　辻宗範は、『長浜市史 第7巻 長浜市役所、2003』等の種々の関係文献から要約すると、現在の長浜市国友町の郷士の家に生まれ、幼少時から漢学を学び、成人後は小堀家茶道頭、富岡友喜（ゆうき）について遠州流茶道の奥義を学んだ。その後、小堀遠州亡きあと衰退していた遠州流を支えていた八世小堀宗中の求めに応じ、富岡友喜から学んだ茶事一切の秘伝『茶事聞書』を書き上げ、その奥義を再伝授した。遠州流茶道では、これを「返し伝授」と呼んでいる。その後、宗中は遠州家を中興しており、遠州流では今でも宗範を「遠州流中興の立役者」とたたえている。

　宗範は茶道だけにとどまらず、茶道の精神世界を表現する芸道の1つとして築庭の道も極めるに到り、今に残る貴重な遺作の1つが、長浜市神照町の川崎家の庭園（平成16年に修復）であると言われている。さらに華道、礼法、和歌、俳句、絵画、書道など多方面にわたり、豊かな才能を発揮したと言われる。このような宗範の多芸な才能を引き継いだのが、弟子の勝元宗益である。この系譜からいえば、あながち小堀遠州と勝元宗益とは無縁であるとは言い難い。

　翻って考えると小堀遠州も茶道のみならず、造園をはじめ建築、書道、花道、和歌や連歌などの歌道、陶芸など多芸に長じ、森蘊もその著『小堀遠州、吉川弘文館、1967』の結びに「小堀遠州こそは、日本が生んだ2人とない文化的万能天才

であったと言いきれそうである」と評価している。また、総合芸術家という評価もある。これらの言を借りれば、勝元宗益もその師、辻宗範も長浜が生んだ文化的万能天才あるいは総合芸術家であったと言えなくもない（図-3-16～19）。

このことと橋本章が小論『宗範と宗益――湖北に生まれた造庭の達人たち――、みーな99号、2008』の中で、「辻宗範や勝元宗益といった人物は、遠州が生み出した独自の空間的世界を受け継ぎ、それぞれの美的感覚をもとに、これを展開させていったのです」と記述していることと合わせ考えると、小堀遠州と辻宗範・勝元宗益とは時空を超えて点と線でつながっているように思える。

なお、庭園の作事に関して、「遠州流」と呼ばれる小堀遠州の奥義や作風と、「鈍穴流」と称した勝元宗益のそれとの類似性や関係性等についての解釈は難しく、一概に語れない。いずれ他者の判断に委ねたい。

図-3-16：辻宗範生家跡を示す石碑

図-3-17：辻宗範の経歴と業績を示す碑文

図-3-18：辻宗範の歌碑

図-3-19：辻宗範の戯書（真贋不明）

(7) 庭園史家村岡正の「鈍穴流」作庭の特徴と評価

　庭園家勝元宗益の名、あるいは「鈍穴流の庭」を世間に初めて知らしめたのは、庭園史家の村岡正（1926～1990、京都大学非常勤講師、庭園文化研究所所長）であろう。

　「鈍穴流の庭」との出会いは、1980年前後に訪れた滋賀県犬上郡豊郷町の豊会館（旧藤野喜兵衛邸、又十屋敷）が最初であったようである。

　村岡正は、幾つかの雑誌の記事として、「鈍穴流」作庭との出会いと特徴について、ほぼ同様な内容の所論を述べている。本項では昭和60(1985)年に京都新聞滋賀本社が企画編集した『滋賀の美庭』の中の一節「近江の庭と人──遠州と鈍穴──」の記述の一部を以下に引用紹介する。

　「滋賀県神崎郡五個荘町金堂には花文造園の本宅（現当主、山村文七郎氏）があるが、造園業を始められた初代と二代目は鈍穴に師事されたということで、代々鈍穴流を継いでおられる。花文さんには鈍穴自筆の「庭造図絵秘伝」「茶室囲庭造秘伝記」「神道庭造井席囲寸法録」と題した上中下三冊の庭造秘伝書が伝えられており、奥書により明治十二年、鈍穴七十歳のときのものであることが分かる（署名は宗益とある）。ほかに鈍穴の描いた庭景図（設計の姿図）五枚もあり、これらの資料や、作品を見て回ると、鈍穴流の地割や手法が、何となく分かってくる。

　形態や感覚を文字で伝えることは難しいが、総合すると**鈍穴作庭の特徴は、庭景の中心となる構成要素、いわゆる〝庭のしん〟を大ぶりの景石や石組で強く打ち出し、石の根を深く埋め、全体と**して力強く豪華ではあるが、それが俗にならないようにまとめ上げると言われるように、立石に独特の雰囲気を感じさせる。鉢前の役石組や飛石の**手法にも独自のものがあり、飛石のリズム感、分**岐点での打ち方は特に味わい深い。鈍穴没後百年近く経った今日では、植栽はほとんど変わっているが、自筆の庭景図を見ると、直幹の高木を主体として、根締めの低木が少ない。これは石組の良さを見せ、庭の奥行をのびやかに見せるための工夫と思われる。（中略）

　豊郷町の豊会館（史料民芸館）は、北海道松前に渡って漁場を開き、交易回船の業をもって巨富を築いた豪商〝又十〟こと藤野氏の邸宅であるが、庭園は天保十三年（一八四二）頃に作られたとされている。これも鈍穴作といわれるもので、書院から池畔に至る大ぶりの飛石（中に古墳の石槨の石を用いる）が見事であるが、最も目をひくのは池の向こう岸に立てられた高さ三メートルもの巨石で、これが全庭のかなめとなっている。あまり広くない池に、このような大立石を据えるのは大胆な手法で、沙沙貴神社池庭出島の立石と同様、際立った例である。（中略）

　幸い鈍穴流の庭づくりは花文さんに受け継がれ、幾多の作品となっている。その最大のものは百済寺本坊喜見院の庭である。昭和三十九年秋に造園に着手し、四十三年に完成したこの庭は、池の護岸や山畔に巨石をふんだんに用い、長い渓流や、短冊形の切石を連ねた沢渡り、切石を寄せた真直ぐの石橋、それに多数のアカマツにカエデを

添え、現代風にサツキで斜面を覆った植栽など、力強さと華やかさの中に、年を経て落ち着いた風情を見せている。こうして鈍穴は近江の現代庭園に生きているが、彼自身の作品も、まだまだ隠れているはずである。」と結んでいる。

西応寺庭園について
村岡　正

　この地一帯には、もと奈良興福寺の別院で、金勝寺（栗東町）を金勝山大菩提寺と称したのに対し、円満山少菩提寺と呼ばれた大伽藍があった。共に聖武天皇の勅願により、良弁僧正が創設した古刹である。当時の少菩提寺は山上山麓の広域にわたって、大金堂や三重大塔・開山堂などを中心に7社36坊を構え偉容を誇っていたが、このうちの禅祥坊が西応寺の前身である。寺蔵の"明応元年（1492）4月25日　公文所願乗院仲慶下司中之坊長伝"の銘記のある「円満山少菩提寺四至封彊之絵図」（江戸時代の模写）には、盛時の状況が克明に描かれ、現在地の山裾に禅祥坊があったことがわかる。

　室町時代後期の永正17年（1520）、禅祥坊専源は本願寺第9世実如上人（蓮如上人の第8子）に帰依して念仏門に入り、浄土真宗の寺として西応寺と改め、絵図にも載っている巨石禅定岩の傍ら（現在地）に草庵を営んだ。以降、元亀2年（1571）の織田信長の兵火に少菩提寺全山は殆ど焼失し、今日では、西応寺・正念寺・阿弥陀院の三坊を伝えるのみという。

　西応寺の現本堂は正徳2年（1712）の再建であるが、現住職奥野照成師は積年寺観の整備につとめられ、昭和30年代からはじまった庫裡・客殿・書院の建設を着々と達成された。禅定岩を中心とする山裾の園池は50年代の築造であるが、さらに新築成った客殿・書院の庭を1ヵ年半を費やして60年12月25日に完成させ、公開されるに至った。

　本庭は、かつて栄えた少菩提寺の盛観を偲ぶべく、住職の発願によって四至封彊絵図にみられる山や谷を再現し、多くの寺院を燈籠等の配置で表現しようと苦心されたものという。作庭には花文造園の第4代当主山村文七郎氏と、子息文志郎氏が当たられた。山村氏

5章「鈍穴の庭、歴代『花文』の代表的庭園作品選」の「㉜四代目作　西應寺（さいおうじ）」庭園についての「村岡正」の特徴解説と評価についての生原稿

は代々鈍穴（どんけつ）流を伝える近江の庭匠で、湖東三山の一つである百済寺の本坊喜見院の庭園は、先代文七郎氏の作品として、その規模の雄大なことと、石組の豪壮なことで知られている（昭和43年、5年がかりで完成）。西応寺客殿書院庭園も、喜見院と同様、環境の良さを十分に生かした作庭である。本庭は山と樹林と空を背景として大きい築山の間に枯滝・枯流れを設け、建物の前面から西の山裾にかけて細長い枯池をめぐらした、いわゆる枯山水の庭であるが、水を流せば谷川となり池に湛えられるような写実的な表現をとっている。多数の石組には鈍穴流の手法が生かされており、枯滝石組や渓流に架けた上下ぐいちの石橋、曲池西側の石橋、築山の飛石の分岐点に据えられた3石を寄せた踏分石などは独特である。形式を異にし、大小高低さまざまな石燈籠や石擬宝珠柱などが夥しいが、それが所を得ているためそう繁雑ではなく、寺や社を表すという説明がうべなえる。東の一段高い台地には鐘楼が建立され、高さ33尺（約10m）もの巨大な十三重石塔が並び立っているのが目をひく。それに続く山裾にも三尊石を中心とする石組や、降雨の折の排水を兼ねた枯流れが設けられている。主庭のほかに客殿・書院・庫裡をめぐる小空間にも、それぞれに趣向をこらした庭が作られており、本堂前庭の池庭とあいまって、西応寺はまさに庭の寺といえよう。古刹でありながらすべて現代の作庭であるのも面白い。それだけに華やかで明るい。

ちなみに鈍穴は本名を勝元源吾といい、文化7年（1810）、現在の長浜市勝町（旧.六荘村）で生まれた。長じて国友町（旧.神照寺村）に在住した茶人辻宗範に遠州流の茶を学び、宗益と号した。芸術的天分にめぐまれ、華道・俳句・和歌・狂歌・南画をよくし、作庭に通じ、南画では蘭谷あるいは蘭岳、作庭では鈍穴を名のっている。辻宗範及び小桐宗

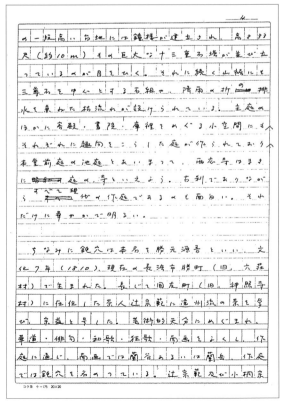

伯（医者）と共に3奇人と称され、妻をめとらず、30歳のとき家を出て近江の各地や京都はもとより、東は常陸、西は丹波、南は河内、北は金沢にまで歴遊し、次々と寄宿して絵をかき庭を作っている。真偽は定かではないが生涯に527カ所もの作庭をしたとの記録がある。晩年に現五個荘町金堂に定住し、明治22年（1889）4月9日、80歳の天寿を全うした。

金堂には花文造園の本宅があるが、造園業を始められた初代と2代は鈍穴に師事された。山村家には鈍穴70歳のときの自筆になる「庭造図絵秘伝」ほか2冊や、庭景図などが伝えられている。茶を教え、酒をたしなみ、常々1升瓶を傍らにしながら座敷に座し、自在に人々を指図して意のままに石を動かし、早くは2・3日で一庭をこなしたと伝えている。彼の描いた戯画の賛に"茶であらひ　酒で清むる腹なれば　心のちりの置処なし"というのがあるが、快活にして豪放、高潔な人柄はすべ

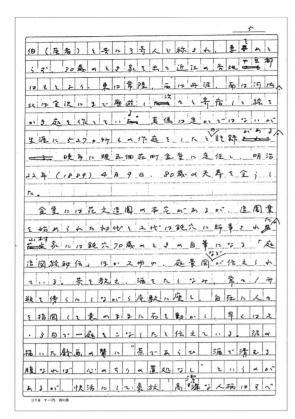

ての人に好かれていた。豪華ではあるが俗にはならないという鈍穴の作風が花文さんに伝えられ、手法の上でも特色のある庭が又一つ西応寺に作られたことは、こうした歴史的意義をもつものといえるであろう。

（むらおかただし：庭園文化研究所次長・京都大学農学部講師・滋賀県文化財保護審議会委員）

勝元宗益の自叙伝

4章

「花文」代々が書き記した「山村家文書」の全容

「大福帳」等が「花文」の庭造りの歴史の闇の扉を開けた

　既に紹介したように、山村家には勝元宗益の「自叙伝」『庭造図絵秘伝』等三巻」「庭景図」「和歌三首」「折形」「戯画」「都から長浜への紀行文」など彼の人物像、才能、業績、さらには鈍穴流の奥義を知る上での貴重な文書の類が残されている。

　それだけに限らず、「花文」代々が書き残した大福帳、つまり江戸から明治期にかけて得意先ごとに商品の価格や数量を記載した取引状況を明らかにした帳簿、「大宝恵」「日家栄」など商売繁盛を願い、縁起の良い題字が付けられているものや、単に「仕入帳」「売上帳」「控帳」「覚帳」と記されているものが多く残されている。

　なお、それらには美濃紙が使われている。慶応・明治期の美濃紙は貴重なものであったため、書き留めた後も数年後に裏返して綴じ直し、再利用されていた。

　それらの大福帳には当時の得意先、庭造りや葉刈りの手間賃、使用した庭石、燈籠、植木などの種類や値段、数量が克明に記されている。「花文」が過去に作庭した庭が特定できる何よりの証となり、鈍穴流「花文」の庭造りの核心を知る上での重要な手掛かりともなった。また当時の庭造りや葉刈りの手間賃や庭園材料の値段を知る上での貴重な資料となった。まさに「花文」代々が書き綴ってきた大福帳が「花文」の庭造りの歴史の闇の扉を開けたといっても過言ではない。後述する5章の「鈍穴の庭、歴代『花文』の代表的庭園作品選」の39作品の庭園概要の紹介にあたっては、大福帳に書き残されている記述が大いに役立ち、該当箇所を複写して掲載した。

　大正期以降の文書では、葉刈りの手間や出面の控である「職工,日家栄」や「丁業日家栄」、葉刈の売上控の「日家栄」などが年度毎に綴じられ残されている。

　さらに昭和の時代に入り、庭の作事を進めるにあたって依頼主や設計者からの細やかな連絡調整事項をしたためた古い葉書の類も全て残されている。一部は本書の様々な箇所で記述内容を補完するために活用した。

　以上述べたように山村家には江戸時代末期から現代に至るまで、あらゆる文書の類が廃棄されず保管されている。それらを一括して「山村家文書」と称することにする。それらが今般の図書の刊行にあたって極めて有効な資料として役立った。その全てではないが、本書の作成にあたって活用した「山村家文書」を一覧すると**表-4-1①・②**の通りとなる。

　なお、古い文書の保存に熱心だったのは三代目文七郎であり、数多くの文書や絵図を表装や軸装にし、保存に努めた。慶応年間の文書の一部には記述された年度が書かれた付箋が付けられており、古い文書を確認し、整理をしていたと思われる。また初代が使った寺子屋の手本や二代目が使った小学校の教科書は、木箱に入れ保管されていたので、虫食いもなく残されている。

表-4-1①　山村家文書一覧　＊設計図等一部含む　＊昭和初期までの文書

資料名	作成者	作成年代	概要
都より長浜迄　長浜乃関	宗益	江戸末期	都から長浜までの紀行文（複写）
寺子屋手本　三冊		江戸末期	嘉永6年、安政元年に与惣吉が使用
庭景図	宗益	江戸末期	墨書の絵図5枚
書抜帳	助三郎	慶応2年、1866	慶応2年の売上控
注文請取帳	助三郎	慶応3年、1867	慶応3年から明治3年までの記録
勝元先生諸入用扣	助三郎	慶応4年、1868	酒、食物等の買物控
勝元先生惣勘定覚帳	助三郎	慶応4年、1868	日雇覚、縄、美濃紙等買物控
冬様通	助三郎	慶応4年、1868	塚本利右衛門様売上入金控
和歌	宗益	明治初期	短冊3枚
戯書	宗益	明治3年、1870	軸装「茶で洗ひ酒で清むる腹…」
自叙伝	宗益	明治8年、1875	軸装
『庭造図絵秘伝』等三巻	宗益	明治12年、1879	和綴じ3冊、宗益70歳
拓本	宗益	明治21年、1888	軸装、宗益79歳の時の文
塚本利右衛門様通	初代文七郎	慶応4年、1868	明治5年の作庭記述
金堂村小学校手本	金堂村	明治6、7、8、11年	与市が使った小学校の教科書
助方日雇帳	初代文七郎	明治7年、1874	職人の出勤簿
（表書き無し）	初代文七郎	明治9年、1876	明治9～13年　葉刈り、庭造り控帳
控帳	初代文七郎	明治10年、1877	明治10～17年　売上貸し借り控帳
庭物売上手間受負	助三郎	明治14年、1881	助三郎、文七郎の年間の手間計算
諸覚	二代目文七郎	明治16年、1883	日誌、宗益の教えを記述、小遣い帳他
蕎麦罫紙売上帳	助三郎	明治20年、1887	蕎麦、罫紙の売上帳
御神酒之通	助三郎	明治20年、1887	宗益の買物控
勝元宗益受納帳、買物帳	初代文七郎	明治22年、1889	明治22年4月10日宗益葬儀
敬寿詞	大橋金造	明治22年、1889	明治22年4月宗益神式葬儀の祝詞（祭詞？）
覚控	二代目文七郎	明治22年、1889	明治22～25年　石上げ、葉刈り、庭造り
勝元宗益大人建碑篤志簿	助三郎	明治23年、1890	宗益記念碑建立計画
田附新兵衛家 庭景図	二代目文七郎	明治28年、1895	二代目文七郎作庭
売上帳	二代目文七郎	明治28年、1895	明治28～32年　庭造り
日誌	二代目文七郎	明治29年、1896	植木買付の行程を記す
仕入帳	二代目文七郎	明治32年、1899	明治32～35年　燈籠庭石仕入帳
燈籠設計図	二代目文七郎	明治32年、1899	大城神社　東京布施氏奉納他
燈籠見積書、運送状、仕入帳	嶺田、文七郎	明治32年、1899	同上　三河岡崎嶺田久七より仕入れ
売上帳	二代目文七郎	明治33年、1900	明治33～35年　庭造り売上帳
諸事控	山村文三郎	明治36年、1903	二代目の実弟、竹垣寸法控え他
竹垣設計図	二代目文七郎	明治30年代	萩松明竹垣他
貨車積荷報告・植木	内國通運（株）	明治36年、1903	尾張宮後村桜木増次郎より植木仕入
職工日家栄	二代目文七郎	明治38年、1905	葉刈り等手間控
大福勘定帳	二代目文七郎	明治39年、1906	葉刈り、庭造り等売上帳
（表書き無し）	二代目文七郎	明治41年、1908	明治41～45年　庭造り覚帳
外村宇兵衛様　庭木庭石手間扣	二代目文七郎	明治41年、1908	外村宇兵衛南禅寺別荘庭造り
工業日家栄	二代目文七郎	明治41年、1908	明治41～42年　葉刈り等手間控
丸紅買物帳	二代目文七郎	明治43年、1910	伊藤忠兵衛家本宅の買物帳

表-4-1②　山村家文書一覧　＊設計図等一部含む　＊昭和初期までの文書

資料名	作成者	作成年代	概要
日家栄	二代目文七郎	明治45年、1912	明治45年～大正4年売上控
植木下價扣	二代目文七郎	明治後期	植木価格控
職工日家栄	二代目文七郎	明治後期	葉刈り等手間控、職人出面控
金銭渡日記	二代目文七郎	大正元年、1912	支払い控
日家栄	二代目文七郎	大正4年、1915	大正4年～7年売上控
大寶恵	三代目文七郎	大正8年、1919	大正8年～昭和3年葉刈り等売上帳
諸売控	三代目文七郎	大正8年、1919	大正8年～昭和7年売上控
買物控	三代目文七郎	大正8年、1919	小樽市犬上合資会社作庭時の買物控
日家栄日記覚　京都出張所	三代目文七郎	大正9年、1920	大正9年～昭和7年仕入帳売上帳
八日市中学校校庭築造図	三代目文七郎	大正9年、1920	現．滋賀県立八日市高等学校　墨書き
（表書き無し）	三代目文七郎	大正10年、1921	大正10年～昭和2年京都仕入、植木仕入
金銭渡日記	三代目文七郎	大正10年、1921	支払帳
おぼへ帳	三代目文七郎	大正14年、1925	売上控、職人出面控
大城神社石垣指図	二代目文七郎	昭和3年、1928	石垣の平面と丁寧
阿部喜兵衛様　物品手間日記控	三代目文七郎	昭和4年、1929	庭造り、職人出面控
田中新左衛門様　物品手間出面控	三代目文七郎	昭和6年、1931	庭造り、売上控
請求台帳	三代目文七郎	昭和7年、1932	請求控
大寶恵	三代目文七郎	昭和10年、1935	昭和10～16年葉刈り他売上控
くれない園設計図	戸野琢磨	昭和10年、1935	青焼きA1サイズ1枚
豊郷尋常高等小学校校庭設計図	戸野琢磨	昭和11年、1936	青写真A0サイズ2枚　ヴォーリズ建築事務所
豊郷村納骨堂設計図	ヴォーリズ	昭和14年、1939	青写真A1サイズ1枚、A2サイズ1枚
豊郷村納骨堂修植案	戸野琢磨	昭和15年、1940	青焼きA1サイズ1枚
太郎坊阿賀神社禊場設計図	三代目文七郎	昭和17年、1942	和紙A3サイズ2枚

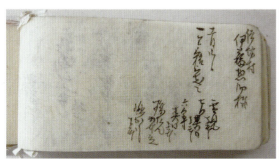

図-4-1①～③：注文請取帳（慶応3年）の記述

5章

鈍穴の庭、歴代「花文」の代表的庭園作品選

（1）勝元宗益から「花文」五代目までの庭園作品一覧

　本章では、「鈍穴流」の始祖、勝元宗益から、その流儀を代々継承する山村家（花文）五代にわたり、江戸時代末期から現代に至るまで営々と作り続けてきた庭園作品の全容を紹介し、鈍穴流の奥義が具体的な庭園意匠としてどのような形で結実してきたかを示す。

　なお、ここで紹介する庭園作品については山村家文書等で勝元宗益ならびに「花文」初代から五代目にかけて間違いなく、その作庭を手がけたという記録（物証）があるものだけに限った。特に勝元宗益作の庭園は他でも触れたが、『長浜先人誌、1950』によれば、「その足跡は、東は常陸、西は丹波、南は河内、北は金沢にまで及び、その数実に527箇所の多きに達し、造庭数の記録はまさに斯界に冠たるものがある」と言われているが、ここでは確実に物証があるもののみを取り上げた。

　まず、勝元宗益から現当主の五代目までが手がけた主要な作庭事例を一括したものが**表-5-1**①〜⑨である。都合320数箇所に及ぶ。その内の3割に当たる100箇所余りが、いわゆる近江商人（一部繊維関係の実業家を含む）の邸宅・別荘の庭園である。明治・大正期に限っていえば、その占める割合は5割強を超える。

表-5-1①　勝元宗益から「花文」五代目までの庭園作品一覧（●印著名近江商人、繊維関係の実業家を含む）

名称	作庭時所在地（現所在地）	作庭者	作庭時期・備考
杉原玄孝	老蘇村（近江八幡市安土町東老蘇）	勝元宗益	江戸末期　医者
弘誓寺	金堂村（東近江市五個荘金堂町）	勝元宗益	江戸末期
●辻市左衛門	金堂村（東近江市五個荘金堂町）	勝元宗益	江戸末期
沙沙貴神社	常楽寺村（近江八幡市安土町常楽寺）	勝元宗益	江戸末期
●松居久右衛門	位田村（東近江市五個荘竜田町）	勝元宗益	江戸末期
●藤野喜兵衛	枝村（滋賀県犬上郡豊郷町下枝）	勝元宗益	江戸末期
●珠玖清左衛門 （松前屋清左衛門）	栗田村（滋賀県愛知郡愛荘町）	宗益・初代文七郎	慶応3年
山上道場（現円勝寺）	山上村（東近江市山上町）	宗益・初代文七郎	慶応3年
高田友平	池田村（近江八幡市池田町）	宗益・初代文七郎	慶応3年 宗益庭景図
川口吉兵衛	箕浦村（米原市箕浦）	宗益・初代文七郎	慶応3年
山田茂右衛門	箕浦村（米原市箕浦）	宗益・初代文七郎	慶応3年 宗益庭景図

表-5-1②　勝元宗益から「花文」五代目までの庭園作品一覧（●印著名近江商人、繊維関係の実業家を含む）

名称	作庭時所在地（現所在地）	作庭者	作庭時期・備考
田附宗平	鍛冶屋村（東近江市佐野町）	宗益・初代文七郎	明治初期 宗益庭景図
●小杉佐右衛門	下八木村（滋賀県愛知郡愛荘町）	初代文七郎	慶応3年
●小杉佐兵衛	下八木村（滋賀県愛知郡愛荘町）	初代文七郎	慶応3年、明治13年
珠玖清蔵	中宿村（滋賀県愛知郡愛荘町）	初代文七郎	明治初期 珠玖家一統
●珠玖清治	中宿村（滋賀県愛知郡愛荘町）	初代文七郎	慶応3年 珠玖家一統
伊藤惣助	僧坊村（東近江市僧坊町）	初代文七郎	明治3年
●柴田源左衛門	西黒田村（長浜市鳥羽上町）	初代文七郎	明治元年
●柴田源四郎	西黒田村（長浜市鳥羽上町）	初代文七郎	明治元年
北村季賢	西黒田村（長浜市鳥羽上町）	初代文七郎	明治元年　医者
●柴田（源七？）	室村（長浜市室町）	初代文七郎	明治元年
九屋清左衛門	愛知川村（滋賀県愛知郡愛荘町）	初代文七郎	慶応3年
●外村宇兵衛	金堂村（東近江市五個荘金堂町）	初代、二代目文七郎、五代目修復	慶応3年、明治28〜38年、平成5年
塚本兵左衛門	金堂村（東近江市五個荘金堂町）	初代文七郎	慶応3年
清治	町屋村（東近江市五個荘北町屋町）	初代文七郎	慶応3年
●辻 萬右衛門	金堂村（東近江市五個荘金堂町）	初代文七郎	慶応3年
●辻 源三郎	金堂村（東近江市五個荘金堂町）	初代文七郎	慶応3年
●山村嘉兵衛	金堂村（東近江市五個荘金堂町）	初代文七郎	慶応3年
●塚本利右衛門	金堂村（東近江市五個荘金堂町）	初代文七郎	慶応3年
紙屋弥三郎		初代文七郎	慶応3年
大橋清三郎		初代文七郎	慶応3年
●黄地孫右衛門	長村（東近江市長町）	初代文七郎	慶応3年
大菅	中宿村（滋賀県愛知郡愛荘町）	初代文七郎	慶応3年
湊屋		初代文七郎	慶応3年
杉屋藤右衛門	国友村（長浜市国友町）	初代文七郎	明治初期
布屋甚助	法養寺村（滋賀県犬上郡甲良町）	初代文七郎	慶応3年
川添玄海？		初代文七郎	明治初期
⑦	八日市村（東近江市）	初代文七郎	明治初期
清水清蔵		初代文七郎	明治初期
甚右衛門	位田村（東近江市五個荘竜田町）	初代文七郎	明治初期
辻林		初代文七郎	明治初期
珠玖杢右衛門	栗田村（滋賀県愛知郡愛荘町）	初代文七郎	明治初期
珠玖清次郎	栗田村（滋賀県愛知郡愛荘町）	初代文七郎	明治初期
珠玖民蔵	栗田村（滋賀県愛知郡愛荘町）	初代文七郎	明治初期
●珠玖清六	栗田村（滋賀県愛知郡愛荘町）	初代文七郎	明治初期
珠玖茂三郎	栗田村（滋賀県愛知郡愛荘町）	初代文七郎	明治初期
辻儀三郎	矢守村（滋賀県愛知郡愛荘町）	初代文七郎	明治13年
延澤助左衛門	愛知川村（滋賀県愛知郡愛荘町）	初代文七郎	明治13年
御苗庄左衛門	中ノ村（東近江市五個荘中町）	初代文七郎	明治初期
西村新左衛門		初代文七郎	明治11年

表-5-1③ 勝元宗益から「花文」五代目までの庭園作品一覧(●印著名近江商人、繊維関係の実業家を含む)

名称	作庭時所在地	作庭者	作庭時期・備考
西川音吉	八幡池田町(近江八幡市池田町)	初代文七郎	明治11年
友兵衛	位田村(東近江市五個荘竜田町)	初代文七郎	明治11年
利助	市田村(東近江市五個荘竜田町)	初代文七郎	明治11年
松居与惣吉		初代文七郎	明治16年
中村謙三		初代文七郎	明治22年
大濱神社	伊庭村(東近江市伊庭町)	初代文七郎	明治22年
堀口呉四郎		初代文七郎	明治22年
山川清次郎		初代文七郎	明治22年
●外村与左衛門	金堂村	初代、二代目、三代目	明治初期～末期
●外村市郎兵衛	金堂村	初代、二代目、三代目	明治初期～末期
●阿部市郎兵衛	能登川村	初代、二代目文七郎	明治初期
●安井弘之助	金堂村	初代、二代目文七郎	明治初期
●稲本利右衛門	山本村	初代文七郎	明治初期
●田附新兵衛	五峰村(鍛冶屋村)	二代目文七郎	明治28年
●田附太郎兵衛	五峰村(鍛冶屋村)	二代目文七郎	明治28年
●田附政治郎	五峰村(鍛冶屋村)	二代目文七郎	明治期
猪子御宮	五峰村猪子	二代目文七郎	明治期
服部甚七	甲賀郡石部村	二代目文七郎	明治17年
●伊藤忠兵衛	八目村	初代、二代目文七郎	明治、大正期
●伊藤長兵衛	八目村	二代目文七郎	明治期
●伊藤長兵衛芦屋別荘	兵庫県武庫郡精道村蘆屋	二代目文七郎	明治期
宇樫丈文	長浜町	二代目文七郎	明治36年
松木藤十郎	長浜町	二代目文七郎	明治36年
●宮川彦一郎	愛知川村	二代目文七郎	明治28年
●中村治郎兵衛(川添頼昭)	石馬寺村	初代、二代目文七郎	明治期
●外村七郎兵衛	南五個荘村	二代目文七郎	明治28、33年
善住寺	神崎郡北五個荘村小幡	二代目文七郎	明治29年
泉	神崎郡北五個荘村小幡	二代目文七郎	明治29年
●外村嘉兵衛	南五個荘村金堂	二代目文七郎	明治期
●藤野治郎右衛門	日枝村	二代目文七郎	明治期
大森五平	五峰村猪子	二代目文七郎	明治期
●三上清兵衛	南五個荘村七里	二代目文七郎	明治期
●高田吉兵衛	愛知川村中宿	二代目文七郎	明治期
外村善兵衛	南五個荘村金堂	二代目文七郎	明治期
●塚本瑠兵衛	南五個荘村川並	二代目文七郎	明治期
塚本政兵衛	南五個荘村	二代目文七郎	明治期
●田中源治	愛知川村中宿	二代目文七郎	明治期
●稲本唯七	旭村山本	二代目文七郎	明治期・大正2年
●中江和平治	南五個荘村金堂	二代目文七郎	明治期
市田辰之助	南五個荘村石川	二代目文七郎	明治期
塚本勘兵衛	南五個荘村金堂	二代目文七郎	明治期
●高田善右衛門	北五個荘村宮庄	二代目文七郎	明治期

表-5-1④ 勝元宗益から「花文」五代目までの庭園作品一覧（●印著名近江商人、繊維関係の実業家を含む）

名称	作庭時所在地	作庭者	作庭時期・備考
●松居吉蔵	北五個荘村竜田	二代目文七郎	明治期
●猪田五兵衛	北五個荘村簗瀬	二代目文七郎	明治38年
奥井利助	南五個荘村川並	二代目文七郎	明治期
●外村宗兵衛（塚本喜左衛門）	南五個荘村金堂	二代目文七郎（表庭のみ）	外与の分家　明治
●外村新太郎	南五個荘村金堂	二代目文七郎	外市の分家　明治
●外村鉄治郎	南五個荘村金堂	二代目文七郎	外与の分家　明治
●外村八郎兵衛	南五個荘村金堂	二代目文七郎	外与の分家　明治
●外村彌八郎	南五個荘村金堂	二代目文七郎	外与の分家　明治
●外村久一郎	南五個荘村金堂	二代目文七郎	外市の分家　明治
●外村吉太郎・外村繁（近江商人屋敷）	南五個荘村金堂	二代目文七郎、五代目修復	外宇の分家　明治38年、平成元年
外村治郎兵衛	南五個荘村川並	二代目文七郎	明治期・大正2年
●山本佐右衛門	北五個荘村和田	二代目文七郎	明治期・大正2年
●中村吉兵衛	北五個荘村和田	二代目文七郎	明治期
●川島又兵衛	南五個荘村川並	二代目文七郎	明治期
●西村五兵衛	南五個荘村金堂	二代目文七郎	明治期
●加地源一郎	東五個荘村北町屋	二代目文七郎	明治期
●加地源左衛門	東五個荘村北町屋	二代目文七郎	明治33年
田中太七	秦川村目加田	二代目文七郎	明治33年
●丸橋清平	秦川村目加田	二代目文七郎	明治33年
平田寅吉	南五個荘村七里	二代目文七郎	明治32年
中村左七	南五個荘村石馬寺	二代目文七郎	明治33年
池田千太郎	南五個荘村金堂	二代目文七郎	明治期
●中江勝治郎	金堂村	宗益・二代目、三代目文七郎	明治、昭和初期
●西村久次郎	南五個荘村金堂	二代目、三代目文七郎	明治、昭和初期
●川添源治郎	南五個荘村金堂	二代目文七郎	明治期
魚梅	南五個荘村金堂	二代目文七郎	明治期
●市田太郎兵衛	東五個荘村北町屋	二代目文七郎	明治期
●市田庄兵衛	東五個荘村北町屋	二代目文七郎	明治期
●出路久兵衛	五峰村林	二代目文七郎	明治期
●中村芳三郎	五峰村林	二代目文七郎	明治期
同上　中村合名会社	五峰村林	二代目文七郎	明治期
同上　中村合名会社	南五個荘村七里	二代目文七郎	明治期
森 藤三郎	秦川村沖	二代目文七郎	明治38年
田附源七	五峰村（鍛冶屋村）	二代目文七郎	明治期
田附甚五郎	五峰村（鍛冶屋村）	二代目文七郎	明治38年
田口伊右衛門	八幡村今	二代目文七郎	明治40年
田口伊蔵	八幡村今	二代目文七郎	明治40年
●扇久	五峰村山路	二代目文七郎	明治期
●川端与惣治郎（由松）	豊郷村四十九院	二代目文七郎	明治期
●渡辺源弥（政次郎）	豊郷村四十九院	二代目文七郎	明治期

表-5-1⑤　勝元宗益から「花文」五代目までの庭園作品一覧（●印著名近江商人、繊維関係の実業家を含む）

名称	作庭時所在地	作庭者	作庭時期・備考
●外村格次郎京都店	京都市	二代目文七郎	明治期
●外村宇兵衛南禅寺別荘	京都市南禅寺福地町	二代目文七郎	明治41年〜43年
●外村宇兵衛嵯峨別荘	京都府葛野郡嵯峨村	二代目文七郎	明治45年
●田中源治京都本店	京都市四条烏丸	二代目文七郎	明治42年
●渡辺長兵衛	稲枝村下稲葉	二代目文七郎	明治40年
●伴傳兵衛	八幡町小幡	二代目文七郎	明治期
●小杉五郎左衛門	北五個荘村龍田	二代目文七郎	明治期
●前川与平	高宮村	二代目文七郎	明治期
●中村正太郎	北五個荘村和田	二代目文七郎	明治期
●中村善太郎	北五個荘村和田	二代目文七郎	明治期
●小泉重助	旭村山本	二代目、三代目文七郎	明治〜昭和初期
●小泉嘉兵衛（啓三）	旭村山本	二代目文七郎	明治期
●小泉嘉兵衛京都店	京都市	二代目文七郎	明治41年〜末期
●外村与左衛門木屋町別邸	京都市木屋町	二代目文七郎	大正10年
●外村八郎兵衛京都別邸	京都市岡崎法勝寺町	二代目、三代目文七郎	明治期
●外村彌八郎京都別邸	京都市岡崎法勝寺町	二代目、三代目文七郎	明治期
藤野忠兵衛	豊郷村四十九院	二代目文七郎	明治期
北川与平	高宮村	二代目文七郎	明治期
西村和平	八幡町仲屋	二代目文七郎	明治45年
●村西茂左衛門	秦川村我孫子	二代目文七郎	大正4年
●阿部億次郎	能登川村	二代目文七郎	大正期
●阿部喜兵衛	能登川村	二代目、三代目文七郎	大正、昭和4年
野々村捨雄	秦川村野々目	二代目文七郎	大正期
西澤吉太郎	旭村三俣	二代目、三代目文七郎	明治期、昭和30年代
宇野武兵衛	旭村三俣	三代目文七郎	大正11年
猪田岩蔵	北五個荘村	二代目文七郎	大正4年
●若林乙吉	川瀬村犬方	二代目文七郎	大正期
●若林又右衛門	川瀬村犬方	二代目文七郎	大正期
●若林製糸場	川瀬村犬方	二代目、三代目文七郎	大正期、昭和5年
●若林製糸場長浜工場	長浜町	三代目文七郎	大正期、昭和12年
●若林製糸場大垣工場	大垣市笠縫町	三代目文七郎	大正期、昭和12、13年
●若林製糸紡績株式会社小郡工場	山口県吉敷郡小郡町小郡駅前	三代目文七郎	昭和12年
●若林製糸紡績株式会社小川工場	熊本県下益城郡小川駅前	三代目文七郎	昭和12年
●若林勇二	川瀬村犬方	三代目文七郎	大正期
●西村久二郎	南五個荘村七里橋詰	三代目文七郎	大正期
●田中新左衛門	愛知川町中宿	三代目文七郎	昭和8年
●田附儀一郎	五峰村（鍛冶屋村）	三代目文七郎	大正期
五峰村役場	五峰村（鍛冶屋村）	三代目文七郎	大正期、昭和12年
●中江富十郎	南五個荘村金堂	三代目文七郎、五代目修復	大正、昭和・平成23年
●中江準五郎	南五個荘村金堂	三代目文七郎、五代目修復	昭和11年・平成9年

表-5-1⑥ 勝元宗益から「花文」五代目までの庭園作品一覧（●印著名近江商人、繊維関係の実業家を含む）

名称	作庭時所在地	作庭者	作庭時期・備考
●塚本吉蔵	南五個荘村金堂	三代目文七郎	大正期
辻 金蔵	能登川村	三代目文七郎	大正期
山本富三	八幡村外村	三代目文七郎	大正期
橋本忠治郎	東甲良村長寺（大阪市北区東野田町）	三代目文七郎	大正期
豊郷病院	豊郷村八目	三代目文七郎	大正期
豊郷村役場	豊郷村八目	三代目文七郎	大正期
●伊藤忠三	豊郷村八目	三代目文七郎	大正期
揄 喜三	豊郷村四十九院	三代目文七郎	大正期
西沢乙吉	秦川村目加田（佐世保市松浦町）	三代目文七郎	大正期
古川宗哲	豊郷村四十九院	三代目文七郎	大正期
奥野幸三郎	八幡町仲屋町	三代目文七郎	大正期
谷謙次郎	東甲良村北落	三代目文七郎	大正期　医者
了法寺	川瀬村葛籠町	三代目、四代目文七郎	大正期、昭和42年
●小泉重之助	旭村山本	三代目文七郎	大正期
●小泉良助	旭村山本	三代目文七郎	大正期
犬上合資会社、犬上慶五郎	北海道小樽区南濱3丁目	三代目文七郎	大正7年
大城神社	南五個荘村金堂	三代目文七郎（石積）	昭和4年～6年
大城神社社号石	南五個荘村金堂	三代目文七郎	昭和15年
小江神社	朝日村尾上	三代目文七郎（石積）	昭和8年
湖東紡績株式会社	神崎郡八幡村	三代目文七郎	昭和9年
東甲良学校	犬上郡甲良村	三代目文七郎	昭和7年
東甲良村役場	東甲良村	三代目文七郎	昭和10年
くれない園	豊郷村八目	三代目文七郎	昭和10年
豊郷尋常高等小学校	豊郷村石畑	三代目文七郎	昭和12年
豊郷村納骨堂	豊郷村石畑	三代目文七郎	昭和15年
野瀬七郎兵衛	京都市南禅寺下河原町	三代目文七郎	昭和13年
市田芳造	北五個荘村竜田	三代目文七郎	昭和13年
辻庄一郎（西村寛）	南五個荘村金堂	三代目文七郎	昭和期
●川口傳左衛門	北五個荘村宮荘	三代目文七郎	昭和初期
同上　丸三商會	北五個荘村宮荘	三代目文七郎	昭和15年
同上丸三商會津工場	三重県津市	三代目文七郎	昭和12年
木下太七（近江麻織物製造株式会社）	神崎郡北五個荘村中	三代目文七郎	昭和15年
猪田定七	神崎郡北五個荘村簗瀬	三代目文七郎	昭和11年
猪田清太郎	神崎郡北五個荘村簗瀬	三代目文七郎	昭和11年
西村豊治郎	神崎郡南五個荘村七里橋詰	三代目文七郎	昭和12年
大橋源太郎	豊郷村	三代目文七郎	昭和16年
太郎坊阿賀神社禊場及び周辺	神崎郡八日市町小脇	三代目文七郎	昭和17～19年
外村哲三郎	京都市岡崎円勝寺町154	三代目文七郎	昭和17年
忠魂碑	愛知川町沓掛	三代目文七郎	昭和29年
忠魂碑	愛知川町東円堂	三代目文七郎	昭和28年
忠魂碑	永源寺村相谷	三代目文七郎	昭和　戦後

表-5-1⑦ 勝元宗益から「花文」五代目までの庭園作品一覧（●印著名近江商人、繊維関係の実業家を含む）

名称	作庭時所在地	作庭者	作庭時期・備考
忠魂碑	能登川町垣見	三代目文七郎	昭和　戦後
能登川公会堂	能登川町垣見	三代目文七郎	昭和　戦後
松原英太郎	犬上郡甲良町下之郷	三代目文七郎	昭和27年
藤井清兵衛	安土町内野	三代目文七郎	昭和30年
成宮道太郎	愛知川町愛知川	三代目、四代目文七郎	昭和30年〜45年　医者
中川甚太郎	京都市伏見区深草	三代目文七郎	昭和35年
百済寺	愛東村百済寺	三代目文七郎	昭和39年〜45年
●川口宇蔵	秦荘町元持	三代目文七郎	昭和期
同上　金剛苑	秦荘町蚊野外	三代目文七郎、五代目	昭和、昭和55、60、63年
川口良三	秦荘町元持	四代目文七郎	昭和期
西美津子	五個荘町奥	三代目文七郎	昭和期
力石豊蔵	吹田市佐竹台	四代目文七郎	昭和36年
後藤田義夫	吹田市佐竹台	四代目文七郎	昭和36年
若林新一郎	西宮市甲子園	三代目文七郎	昭和35年
高橋重一	秦荘町蚊野外	三代目文七郎	昭和期
寶得寺	湖東町勝堂	三代目文七郎	昭和期
寶得寺　庫裏	東近江市勝堂町	五代目	平成15年
寶得寺　客殿	東近江市勝堂町	五代目	平成25年
西村彦五郎旧宅	愛知川町東円堂	三代目文七郎	昭和期
西村彦五郎	愛知川町東円堂	四代目文七郎	昭和57年
徳田文蔵	愛知川町東円堂	三代目文七郎	昭和42年
浜田英夫	秦荘町元持	四代目文七郎	昭和43年
レストラン八車	五個荘町北町屋	三代目文七郎	昭和期
太田静雄	五個荘町山本	四代目文七郎	昭和期
すきやき西村	八日市市中野町	四代目文七郎	昭和期
稲本重蔵	五個荘町山本	四代目文七郎	昭和期
西村　博	愛知川町東円堂	四代目文七郎	昭和48年
西村賢治	犬上郡豊郷町四十九院	四代目文七郎	昭和48年
若松天神社	八日市市外	五代目（石積）	昭和48年
猪田昭二	五個荘町簗瀬	四代目文七郎	昭和49年
服部岩吉翁石碑	永源寺町	四代目文七郎	昭和50年
藤野　潔	五個荘町中	四代目文七郎	昭和50年
外村与左衛門記念碑	五個荘町金堂	四代目文七郎	昭和50年
奥村　茂	八日市市外町	四代目文七郎	昭和50年
木田　寛	水口町貴生川	四代目文七郎	昭和50年
安田千一	愛知川町愛知川	四代目文七郎	昭和50年
川尻貞治	彦根市京町	四代目文七郎	昭和51年.58年
平居敏雄	彦根市元岡町	四代目文七郎	昭和51年
建部弘誓寺	八日市市建部下野町	四代目文七郎改修	昭和51年
鏡岡中学校	余呉町中之郷	五代目（ロータリー）	昭和51年
岡田藤一	近江八幡市加茂町	四代目文七郎	昭和52年
浅野　勇	枚方市香里園	四代目文七郎	昭和52年

表-5-1⑧　勝元宗益から「花文」五代目までの庭園作品一覧（●印著名近江商人、繊維関係の実業家を含む）

名称	作庭時所在地	作庭者	作庭時期・備考
国友 喬	余呉町池原	五代目	昭和52年
居川九仁男	木之本町黒田	四代目文七郎	昭和52年
高橋英夫	五個荘町簗瀬	四代目文七郎	昭和52年
高橋 進	五個荘町簗瀬	四代目文七郎	昭和52年
幸田和美	西浅井町庄	四代目文七郎	昭和52年
吉岡忠太郎	愛知川町市	四代目文七郎	昭和52年
徳田利一	能登川町伊庭	四代目文七郎	昭和53、58年
南 馨	八日市建部日吉町	四代目文七郎、五代目	昭和53年、平成23年
曽我慈明	湖東町勝堂	四代目文七郎	昭和54年
西川良一	秦荘町長塚	四代目文七郎	昭和54年
市田恵三	五個荘町石川	四代目文七郎	昭和54年
尾中研彦	能登川町新宮	五代目	昭和54年
久保泰造	水口町古城が丘	五代目	昭和54年
塚本周一	五個荘町金堂	四代目文七郎	昭和54年
竹平楼	愛知川町愛知川	四代目文七郎改修	明治初期、明治17年竹垣、昭和55年
西川与三郎	木之本町黒田	五代目	昭和55年
村田新一	近江八幡市土田町	四代目文七郎	昭和55年
広田繁男	湖東町勝堂	五代目	昭和55年
中川兵九郎	高月町東柳野	五代目	昭和55年
山脇善一	五個荘町下日吉	四代目文七郎	昭和55年
松居伝三	五個荘町奥	四代目文七郎	昭和56年
岡治儀一	八日市市外町	四代目文七郎	昭和56年
塚本文蔵	五個荘町金堂	四代目文七郎	昭和56年
宮島政吉	八日市市上之町	四代目文七郎	昭和56年
前田正男	八日市市小脇町	五代目	昭和56年
橋本智有正	三重県阿山町	五代目	昭和57年
内山四郎	三重県阿山町	五代目	昭和57年
筒井与一	愛知川町長野	四代目文七郎	昭和57年
黒川正和	湖東町横溝	四代目文七郎	昭和57年
日本ベーリンガー日野ソーシャルハウス	日野町大谷	四代目文七郎	昭和59年
山脇昭二	五個荘町金堂	四代目文七郎	昭和59年
西村直樹	甲西町中央	四代目文七郎	昭和59年
岸本勲夫	日野町三十坪	五代目	昭和59年
中山正文	八日市市緑町	四代目文七郎	昭和60年
木瀬厚蔵	八日市市清水町	四代目文七郎	昭和60年
奥井竹光	五個荘町金堂	四代目文七郎	昭和60年
塚本由雄	五個荘町金堂	四代目文七郎	昭和60年
西應寺	甲西町菩提寺	四代目文七郎、五代目	昭和61年、平成6年24年
中村幸寿	五個荘町竜田	五代目	昭和61年
藤川せつ子	五個荘町中	五代目	昭和61年
村川清重	秦荘町香之荘	五代目	昭和62年

表-5-1⑨ 勝元宗益から「花文」五代目までの庭園作品一覧（●印著名近江商人、繊維関係の実業家を含む）

名称	作庭時所在地	作庭者	作庭時期・備考
西澤義男	甲良町尼子	五代目	昭和62年
中島智久	五個荘町宮荘	五代目	昭和63年
福原九右衛門	八日市市上之町	五代目	昭和63年
塚本好三	五個荘町金堂	四代目文七郎	昭和63年
野々村太次雄	秦荘町野々目	四代目文七郎	昭和63年
安村悦三	八日市市緑町	五代目	昭和63年
レストランふじまさ	彦根市戸賀町	五代目	平成2年
広田良高	愛東町大林	五代目	平成2年
特別史跡「彦根城内」埋木舎庭園	彦根市尾末町	五代目（修復）	平成2年
池田圭三	五個荘町金堂	五代目	平成3年
久田次郎	永源寺町高木	五代目	平成3年
中西忠義	近江八幡市長田町	五代目	平成3年
里松保男	愛知川町東門堂	五代目	平成4年
陽明園	安曇川町青柳	五代目	平成4年
木村良隆	近江八幡市本町	五代目	平成5年
広田産業	湖東町勝堂	五代目	平成5年
入善寺	山東町間田	五代目	平成9年
畑 滋	東近江市浜野町	五代目	平成12年
桂田久雄	能登川町垣見	五代目	平成13年
高田徳一	湖東町北清水	五代目	平成14年
野々村満	秦荘町南野々目	五代目	平成14年
中川政治	彦根市下岡部町	五代目	平成17年
北村輝久	秦荘町蚊野	五代目	平成17年
全国豊かな海づくり大会御製碑	大津市打出浜	五代目（石碑）	平成19年
(有)東洋興産	東近江市横溝町	五代目	平成22年
苑友會舘（旧松居久左衛門本宅）	東近江市五個荘竜田町	五代目	平成22年
小杉富男	東近江市五個荘金堂町	五代目	平成23年
野村勝彦	東近江市五個荘金堂町	五代目	平成23年
中川清視	長浜市朝日町	五代目	平成24年
太田酒造（株）	草津市草津	五代目	平成24年
籠谷昇	東近江市八日市町	五代目	平成28年

(2) 代表的庭園作品（39選）の概要

表-5-1①〜⑨に一覧した庭園作品の中から鈍穴流の奥義を尽くした代表的事例39庭園を取り上げ、その庭園の概要や特徴、作庭時あるいは現在の写真、さらには設計図面や山村家文書、俗に言う大福帳等に作庭に使用した石材や植木の値段等が残されているものについては該当する部分を複写して掲載した。なお、庭園の概要解説にあたっては一部、庭園雑誌等で識者がその庭園の特徴等について解説・評論している記述を、ある種、識者による第三者評価と判断し、適宜、引用させて頂いた。ここに掲載した39箇所の庭園を通観すると、過去から現在に至る「鈍穴流」の庭造りの作風が感じとれる（表-5-2）。

表-5-2 代表的庭園作品（39選）一覧

名称	名称
①宗益作　辻市左衛門邸	㉑三代目作　西村久次郎邸
②宗益作　旧藤野喜兵衛邸（又十屋敷）現・豊会館	㉒三代目作　小江神社
③宗益作　杉原玄孝邸（杉原氏庭園）	㉓三代目作、五代目修復　金堂まちなみ保存交流館（旧中江富十郎邸）
④宗益作　弘誓寺	㉔三代目作　くれない園
⑤宗益作　沙沙貴神社	㉕三代目作　旧豊郷尋常高等小学校校庭
⑥宗益、二代目、三代目作　中江勝治郎邸	㉖三代目作　犬上合資会社庭園
⑦初代、二代目作　旧中村治郎兵衛邸（現・川添邸）	㉗三代目作　成宮道太郎邸
⑧初代、二代目作　外村宇兵衛邸（現・近江商人屋敷 外村宇兵衛邸）	㉘三代目作　百済寺喜見院庭園
⑨二代目、三代目作　旧外村宇兵衛南禅寺別荘	㉙四代目作　西村賢治邸
⑩二代目、三代目作　旧外村宇兵衛嵯峨別荘（現・宝厳院「獅子吼の庭」の一部）	㉚四代目作　西村彦五郎邸
⑪二代目、三代目作　外村市郎兵衛邸	㉛四代目作　プラッサ・シガ（滋賀公園）
⑫二代目作　外村吉太郎邸（現・近江商人屋敷 外村繁邸）	㉜四代目作　西應寺（西応寺）
⑬二代目作　旧田附新兵衛邸	㉝五代目作　（有）東洋興産庭園
⑭二代目作　若林乙吉邸	㉞五代目作　中川清視邸
⑮二代目作　初代伊藤忠兵衛旧邸	㉟五代目作　寶得寺
⑯二代目作　旧市田太郎兵衛邸	㊱五代目作　西澤義男邸
⑰二代目、三代目作　小泉重助邸	㊲五代目作　太田酒造本社
⑱三代目作　西澤吉太郎邸	㊳五代目作　苑友會舘（旧松居久左衛門邸）
⑲三代目作　中江準五郎邸（現・近江商人屋敷 中江準五郎邸）	㊴五代目作　陽明園（中国式庭園）
⑳三代目作　大城神社境内石垣	

①宗益作 辻市左衛門邸

滋賀県東近江市五個荘金堂町

『五個荘町史 第二巻 近世・近現代、滋賀県、1994』によれば、天保・弘化期(1830～1847年)のものとされる「湖東中郡日野八幡在々持余家見立角力」にもその名が記され、弘化3(1846)年には金堂村の年寄役にも選出されている辻市左衛門家の庭は、宗益の作によるものである。庭の広さ165㎡、作庭年代不明。

明治7(1874)年の「助方日雇帳(山村家文書)」に葉刈りの記述もあり、宗益が金堂に逗留し始めた慶応年間の作庭と推測される。明治39(1906)年(山村家文書)では10人半の手間で葉刈りをしている記録もある。

庭は鉤の手の形の平庭で、江戸末期の作庭あるため大振りな石組は見られないが、座敷縁先に設えた3か所の鉢前、伽藍石や九十九折りを充て配した飛石の打ち様、井筒周りの石の配置など、まさに宗益作の庭である。この庭園も例にもれず近年の松くい虫の被害を受けているが、往時の庭の佇まいは感じられる。明治期の在家の庭が多く残されている金堂地区においても、大変貴重な江戸末期の庭園である。

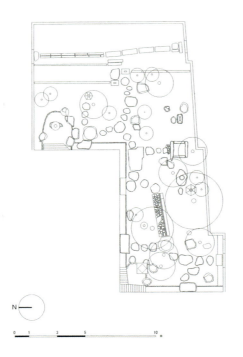

庭園平面図.堤雄一郎「鈍穴の絵図および実作庭園における石組の特徴、滋賀県立大学大学院修士論文」から転載

5章 鈍穴の庭、歴代「花文」の代表的庭園作品選

明治7年助方日雇帳

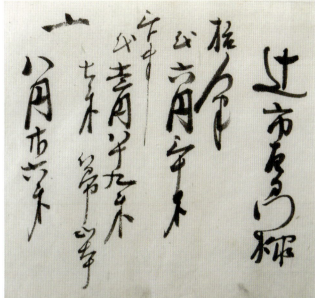

葉刈り売上控（明治39年大福勘定帳）

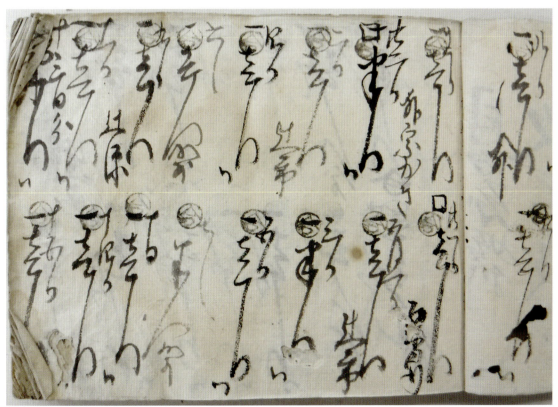

葉刈り職人の出面、「辻市」の記述（明治7年助方日雇帳）

①宗益作 辻市左衛門邸

奥座敷前の鉢前

奥座敷前の庭

斬新な九十九折りの意匠

飛石から九十九折り、伽藍石へ

5章 鈍穴の庭、歴代「花文」の代表的庭園作品選

大振りの二重枡形手水鉢

九十九折から踏分石へ

庭奥から座敷前の眺め

三石による踏み分けの配石

①宗益作 辻市左衛門邸

②宗益作 旧藤野喜兵衛邸（又十屋敷）現・豊会館

滋賀県犬上郡豊郷町下枝56

　藤野喜兵衛（屋号．又十）は江戸時代中期に北海道松前に進出した近江商人で、代々当主が喜兵衛を襲名している。文政11（1828）年に二代目藤野四郎兵衛（1815－1860年）が家業を引き継ぐ。庭は二代目四郎兵衛の頃の作庭と思われ、滋賀県の『湖国百選 庭.1992』にも選定されている池泉回遊式の名園である。

　邸宅は昭和3（1928）年より豊郷村の役場となり、昭和43（1968）年からは町の歴史資料館として活用され豊郷の豊の字をとり「豊会館」と命名され、一般公開されている。

　庭園の規模は510㎡、正確な作庭年代は不明であるが関係文献の紹介記事によれば、天保13（1842）年に築造書院正面に設けられた池には石橋が架けられ、書院と結ぶため池の手前には巨大な飛石が打たれ、向こう側の高さ4mの築山の中央には谷があり、複数の立石が組んであり、最上部には三尊石と思われるものもある。

　縁先には自然石の手水鉢もある。築山にある石塔をはじめ10基に近い石燈籠が据えられているが、その多くは築庭当初にはなく、後から据えられたものと思われる。因みに藤野家四代目を継いだ辰次郎は北海道でサケ缶製造に着手し、今日の「あけぼの印缶詰」の礎を築いたことで有名。

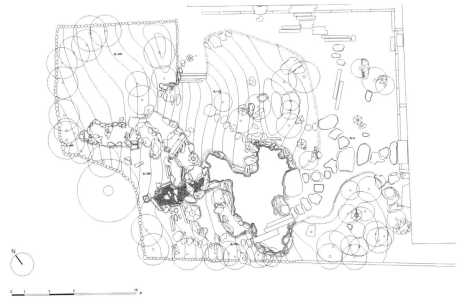

庭園平面図．堤雄一郎「鈍穴の絵図および実作庭園における石組の特徴、滋賀県立大学大学院修士論文」から転載

5章 ◆ 鈍穴の庭、歴代「花文」の代表的庭園作品選

正面の滝石組

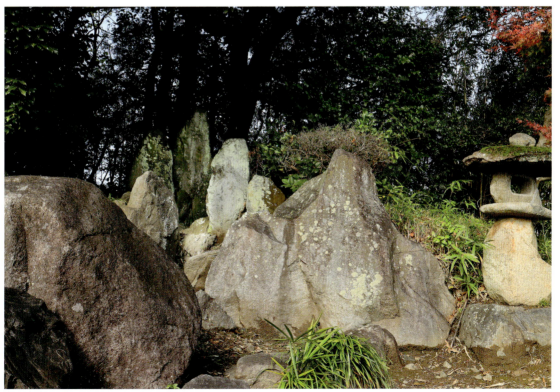

滝口の石組

②宗益作 旧藤野喜兵衛邸（又十屋敷）現・豊会館

池に架かる石橋

5章 ❦ 鈍穴の庭、歴代「花文」の代表的庭園作品選

両岸から差し出た切石の石橋

巨大な飛石

②宗益作 旧藤野喜兵衛邸（又十屋敷）現・豊会館

③宗益作 杉原玄孝邸（杉原氏庭園）

滋賀県近江八幡市安土町東老蘇

　旧中山道沿いの東老蘇村に居を構える杉原玄孝（礼斎）は、明治期の医者で貧しい患者には治療費を請求しなかったと言われ、後に村長となり私財を投じ村や村民のために貢献している有徳の医者である。愛知郡元持村の池田玄同（花文の得意先でもある）と犬上郡久徳村の小菅玄琳とともに「湖東の三玄」として名医とされていた。なお、勝元宗益は各地を歴遊後、杉原玄孝の紹介で山村家に逗留するようになった

　庭園は滋賀県指定有形文化財名勝に指定されている回遊式枯山水庭園、面積502㎡。作庭は江戸末期頃で勝元宗益の手によるものである。現存する山村家文書には、そのことを示す直接的な資料はないが、宗益が「花文」に逗留し始めた時期を考慮すると、作庭は文久から慶応元年頃（1861～1865年）と推測される。

　座敷から眺めると、右手に夏目の水鉢を中心に鉢前、正面に枯滝と枯池が広がり滝石組の背後が築山になっている。滝口や自然石の石橋付近の立石が少し傾いているのは宗益の手法ではなく、作庭当初からある赤松の大木の根張りや長い年月の間に護岸が浸食されたことに起因していると考えられる。

　滝口を右手に飛石を伝うと石畳が続き中門があり、その奥に茶室（秋錦亭）が現れる。茶室は修復されているが、下草として植えられたドウダンツツジが3～4mの中木になっており、石畳と相まって趣のある雰囲気を醸す。奥座敷前の大振りの葛石を使った沓脱石付近と鉢前の意匠は当時の庭としては斬新な構成であり、現代の庭にも応用できる。なお、茶室の北西には「帰緑苔」と刻まれた立石があり、この庭園の名称である「緑苔園」の由来となっている。

　滋賀県教育委員会は、県指定有形文化財名勝の部の解説として「客間から見える石組みを中心とした二つの異なる雰囲気の景色。茶室から見える植栽を中心とした景色。限られた空間内での景色・植栽等、視点の移動にともなって変化する庭の景色には、作者の優れた造形感覚がいかんなく発揮されており、この代表作として重要であるばかりでなく、大きな改変もなく、現在まで伝えられてきた本庭園は、地域の資産として、末永く後世にまで伝え残すべき名庭である。」と評している。

5章 ✦ 鈍穴の庭、歴代「花文」の代表的庭園作品選

庭園平面図:堤雄一郎「鈍穴の絵図および実作庭園における石組の特徴、滋賀県立大学大学院修士論文」から転載

座敷から主庭の眺め

③宗益作 杉原玄孝邸(杉原氏庭園)　　95

主庭西面と鉢前

茶室への九十九折り

5章 鈍穴の庭、歴代「花文」の代表的庭園作品選

石橋から中門をのぞむ

客間前の鉢前

客間前の切石の沓脱石、二番石、三番石（切石による斬新な意匠）

③宗益作 杉原玄孝邸（杉原氏庭園）

④宗益作 弘誓寺(ぐぜいじ)

滋賀県東近江市五個荘金堂町

　本願寺三世覚如上人の高弟で那須与一の孫、愚咄(ぐとつ)を開祖とする浄土真宗大谷派の寺院。近江七弘誓寺の1つ。江戸時代には中本山と言われ、末寺が蒲生、神崎、愛知、坂田四郡に25カ寺あったと言われている。「金堂地区重要伝統的建造物群保存地区」の中核をなし、本堂は国の重要文化財に指定されている。

　庭園は本堂の裏側になる奥書院前で、作庭は宗益が「花文」に逗留し始めた慶応年間と考えられる。面積は247㎡、水鉢以外は近くの繖山(きぬがさ)から掘り出した山石で、構成されている。沓石や鉢前の石組は、大振りの石の特徴をうまく発揮させ、沓脱石から二番石そして三番石へと続き飛石との調和を図っている。重厚な趣は言うまでもなく、尊厳さや、力強さを感じさせる寺院の庭となっている。

庭園平面図．堤雄一郎「鈍穴の絵図および実作庭園における石組の特徴，滋賀県立大学大学院修士論文」から転載

5章 ◆ 鈍穴の庭、歴代「花文」の代表的庭園作品選

重厚な踏分石

書院前の沓脱石と鉢前

④宗益作 弘誓寺（ぐぜいじ）

沓石に続く飛石

5章 ❖ 鈍穴の庭、歴代「花文」の代表的庭園作品選

沓脱石、二番石、三番石と鉢前

④宗益作 弘誓寺　101

⑤宗益作 沙沙貴神社

滋賀県近江八幡市安土町常楽寺

　沙沙貴（佐々木）神社は、佐々木源氏の氏神であり、全国の「佐々木」姓発祥の地とされる由緒ある神社である。本殿・拝殿・茅葺きの楼門等の8棟は平安・鎌倉時代の様式で江戸時代に建立。いずれも滋賀県指定有形文化財。境内には作庭年代は定かではないが、宗益が作庭した庭園が残されている。元々池泉観賞式の庭園であったと思われるが、池の護岸の半分がコンクリートで改変されている。面積は148㎡、3石による石組（三尊石）は、正しく宗益による石組の手法であることは疑う余地がない。また、渡部巖著の『近江の名園、光村推古書院、2009』では「豪放な石組と杉の大樹が、池の錦鯉に映えて爽やかである。」と紹介されている。

　なお、3章（P.63）でも紹介した江戸末期に書かれた、宗益自筆の紀行文（都より長浜迄・長浜乃関）にも沙沙貴神社は登場してくる。「沙沙貴神社　例祭四月初午日　祭神少彦命名　仁徳天皇　宇多天皇　敦實親王を併せ祭る……」とあり、足利尊氏の時代の事など（愛知川より南を江南佐々木六角と号し、又北を江北佐々木京極云い）の記述もあり、沙沙貴神社は今でいう観光の名所であったと思われる。

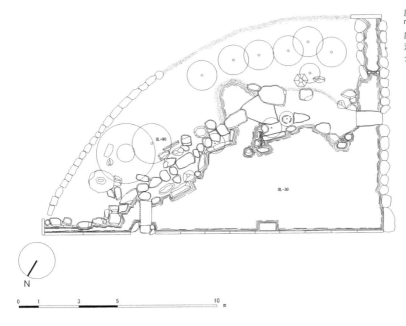

庭園平面図.堤雄一郎「鈍穴の絵図および実作庭園における石組の特徴、滋賀県立大学大学院修士論文」から転載

5章 鈍穴の庭、歴代「花文」の代表的庭園作品選

宗益「都から長浜への紀行文」の中の沙沙貴神社に関する記述

宗益没後明治中期に建立した石碑（文面不明）

石碑の拓本

⑤宗益作　沙沙貴神社　103

立石を側面から見る

上下互い違いに、左右から差し出した自然石を橋に見立てている

滝石組と石橋

泉水に架かる鈍穴流ならではの石橋

⑥宗益、二代目、三代目作
中江勝治郎邸

滋賀県東近江市五個荘金堂町

　近江商人で三中井呉服店の創業者である三代目中江勝治郎(1872〜1944年)の本宅。三中井呉服店は、その後、朝鮮満州に18の店舗を百貨店チェーンし、三中井百貨店に発展を遂げる。

　屋敷は貞享2(1683)年に置かれた大和郡山藩の陣屋跡に建つ。(陣屋は明治5年に廃止され土地は民家に払い下げられている。)

　庭は滋賀県の『湖国百選 庭.1992』に選ばれている、池泉回遊式かつ鑑賞式庭園。明治の初めに宗益が、のちに二代目文七郎が追築し、昭和に入り屋敷の新築に伴い茶室や渡り廊下が取り壊されたので、三代目文七郎が座敷前付近の鉢前や泉水、茶室跡、門から玄関までの伝いなどを改修している。2回にわたって拡張されている庭である。

　宗益が携わっていたことは、「宗益建碑篤志簿」の賛成人の最初に中江勝治郎の名があることからも明らかである。

　「花文」独自の手法である、滝口近くの上下互い違いに渡された自然石の橋や、早渡り(沢飛びのこと)、護岸の石組など絶妙な配置を成す。塀際には厚さを控えた立石や石組で、築山を数か所巧みに築き深山幽谷の情景を醸し出している秀逸なる庭である。

庭園平面図(五個荘町金堂　伝統的建造物群保存対策調査報告、五個荘町教育委員会、1982から転載)

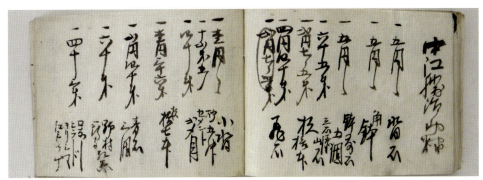
明治33年「売上帳」より明治35年作庭の記述①

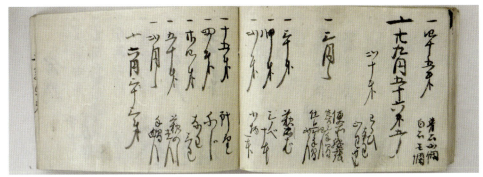
明治33年「売上帳」より明治35年作庭の記述②

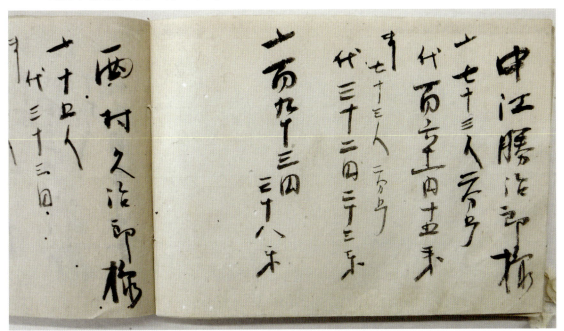
大正8年「大寶恵」より昭和2年葉刈り売上控

深山を醸し出す木々の配植

山水画を彷彿させる滝

5章 鈍穴の庭、歴代「花文」の代表的庭園作品選

茶室正面の二の滝

上下互い違いに左右から差し出した谷川の橋

⑥宗益、二代目、三代目作 中江勝治郎邸

⑦初代、二代目作
旧中村治郎兵衛邸（現・川添邸）
滋賀県東近江市五個荘石馬寺町

　中村治郎兵衛邸の庭は、明治初めに初代が作庭し、明治38（1905）年に二代目が屋敷の拡張に伴い座敷前の庭を作庭している。

　川添氏が中村治郎兵衛家の屋敷と、隣接する中村治兵衛家（近江商人の心得となっている「売り手よし、買い手よし、世間よしの三方よし」の原典となっているのが麻布商の二代目中村治兵衛の遺言状）の屋敷を所有されたのは昭和37年で、奥座敷からは渡り廊下で茶室に続いていた。往時は松をはじめ多くの老木の庭木があったと言う。現在では庭木はほとんど枯れ、灌木と隣接する繖山（きぬがさ）麓の木々を借景にした庭になっているが、明治初頭の庭としての風格や細部まで拘った石組は力強く際立って傑出している。茶室廻りと奥座敷前の庭は、山の斜面をうまく利用し、谷川から水を引いて取り込んだ池泉回遊式の造りになっている。

　座敷前の庭は平庭で、燈籠が無くなり役木は枯れてしまっているが、銘品の鞍馬の沓脱石は存在感があり、均整のとれた飛石の打ち様はまさに鈍穴流の手法といえる。

茶室前の庭

5章 ❧ 鈍穴の庭、歴代「花文」の代表的庭園作品選

座敷前

庭門から座敷前への伝い（二代目作）

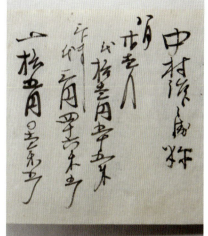
明治39年「大福勘定帳」より明治40年葉刈り売上控

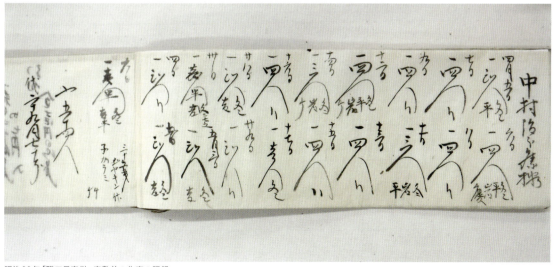
明治38年「職工日家栄」座敷前の作庭の記録

⑦初代、二代目作 旧中村治郎兵衛邸（現・川添邸）　111

茶室前の鉢前

座敷前の平庭（二代目作）

3石で橋と飛石を構成

流れ上部の沢飛び

三尊石組

5章 ◆ 鈍穴の庭、歴代「花文」の代表的庭園作品選

奥座敷からの眺め

泉水に架かる石橋

石橋を渡れば奥庭につづく

庭の背景である旧中村治郎兵衛屋敷跡

泉水護岸

⑦初代、二代目作 旧中村治郎兵衛邸（現・川添邸）

⑧初代、二代目作 外村宇兵衛邸
（現・近江商人屋敷 外村宇兵衛邸）

滋賀県東近江市五個荘金堂町645

　外村宇兵衛は、明治時代には全国長者番付にも名を連ねる近江商人を代表する豪商（呉服商）。庭は作庭当時、神崎郡内の一番の庭と評された。

　山村家文書で一番古いとされる慶応3（1867）年の「注文請取帳」では2月に八ツ手（ヤツデ）と槇（マキ）を植えており、また明治7年の「助方日雇帳」では葉刈りをしていることが確認できる。この頃には現在のような広い庭ではないが、庭の存在を知ることができる。

　明治28（1895）年の「売上帳」では、その年の4月と10月に宇兵衛邸の記述がある。友ケ島石（和歌山県）や愛知川赤石（滋賀県）、檔（筆者注：アテはアスナロの変種であるヒノキアスナロの方言）15本の植栽が、明治30（1897）年2月から3月には、木蓮（モクレン）や女松（アカマツ）、あて、もみじ、つわぶき（ツワブキ）を、11月には大檜（ヒノキ）3本を含め33本、翌3月にも檜17本、鞍馬飛石3個そして彦根より買い付けた尾上飛石（滋賀県湖北の琵琶湖岸から産出、尾上（おのえ）とは湖北にある港）と肥後石を納めている。明治34（1901）年には植栽や守山石や飛石、袖垣の記述があり、明治38（1905）年3月と9月に植栽、11月には136人の手間をかけ井筒や鉢前や檜の植栽をしている。また、外村宇兵衛は得意先を本宅に招き、庭にたくさん植えられている女松を赤松の林に見立て、庭で松茸狩りをして接待した（松茸は前もって庭に埋めさせた）と言う話が残されている。

　昭和30年代はじめに、庭の完成までに10年の歳月を費やした庭の一部が解体され、書院が京都仏光寺に移築された。

　第二次大戦後、宇兵衛邸は所有者が変わり庭に据えてある50本以上の燈籠は売り払われることになり、「花文」は資金の許す限り買い戻している。

　昭和50年代まで3年に1回程度、庭の手入れに入っていたがその後手入れがされず荒廃が進み、落ち葉が20cm以上も堆積している状況が続いた。平成4（1992）年に五個荘町指定史跡に指定され、翌5年に庭園整備事業で建物と庭園が修復整備された。飛石の打ち様や井筒周りや泉水（湧水を屋敷内に導入したもの）護岸、待合周りの石組などが絶妙に甦り、「花文」の傑作であると感じとれるようになった。

　数10本あった女松は大部分が枯損したため、今日までに何度か女松の若木をもともと役木としてあった場所に植え付けられている。整備された後、旧五個荘町や東近江市の尽力もあり、30年近く手入れを継続した甲斐あって、少しではあるが本来の庭に戻りつつある。

5章 ❖ 鈍穴の庭、歴代「花文」の代表的庭園作品選

庭園平面図（五個荘町金堂　伝統的建造物群保存対策調査報告、五個荘町教育委員会、1982から転載）

⑧初代、二代目作　外村宇兵衛邸（現・近江商人屋敷　外村宇兵衛邸）

慶応3年「注文請取帳」の表紙

慶応3年「注文請取帳」植付の記述

明治28年「売上帳」より明治32年の記述（鞍馬飛石、尾上青石、肥前飛石の記述がある）

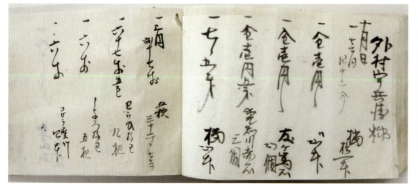
明治28年「売上帳」より作庭の記述

明治28年「売上帳」より明治29年植栽の記述

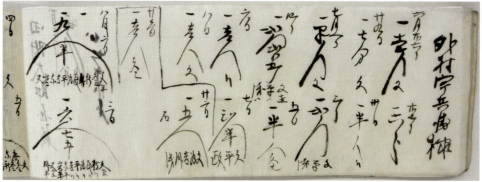
明治38年「職工日家栄」より葉刈りの記述①

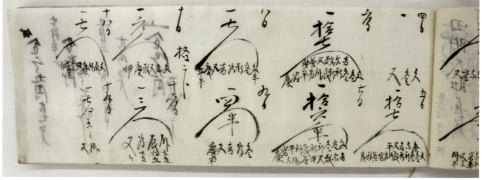
明治38年「職工日家栄」より葉刈りの記述②

豪華さを控えた縁先の手水鉢

⑧初代、二代目作 外村宇兵衛邸（現・近江商人屋敷 外村宇兵衛邸）

座敷縁先からの眺め(右庭門、左奥庭へ)

飛石の妙

切石の筏打ち

井筒付近の眺め

⑧初代、二代目作 外村宇兵衛邸(現・近江商人屋敷 外村宇兵衛邸)

井筒付近から庭門の方角を臨む

待合付近の絶妙な石の配置

5章 ❖ 鈍穴の庭、歴代「花文」の代表的庭園作品選

泉水の下流から待合を眺める

中島から待合へ

⑧初代、二代目作 外村宇兵衛邸(現・近江商人屋敷 外村宇兵衛邸)

⑨二代目、三代目作
旧外村宇兵衛南禅寺別荘

京都市左京区南禅寺福地町

　近年、テレビ放映等により、にわかにその存在が一般の人々にも注目されるようになり、またユネスコ世界遺産（文化遺産）の諮問機関である国際記念物遺跡会議（イコモス）の日本組織（イコモス国内委員会）が、平成29（2017）年12月に後世に残したい文化遺産として発表した「日本の20世紀遺産20選」の1つに選ばれたのが「南禅寺界隈の近代庭園群」である。「無鄰菴」や「對龍山荘」をはじめその数は15邸（庭園）に及び、界隈一帯は京都でも異彩を放ち、風情ある雰囲気を醸す。

　この辺りは、明治新政府の施策によって召し上げられた臨済宗南禅寺の旧境内や塔頭の跡地であり、明治から大正にかけ政財界の要人が、その財力にものをいわせ、妍を競うように邸宅や別荘を建て、技術の粋を凝らし、庭園を造ったものである。長い時の流れの中で所有者も移ろい、庭園の意匠もさまざまに手が加えられてきたものもあるが、いずれも近代の名園といってもよいものばかりである。これらの庭園の多くが一般的には七代目小川治兵衛（植治）が東山の景観と琵琶湖疏水の水を利用した独特のデザインで作庭したものと言われている。

　その中の1つで、呉服商であり茶人でもあった寺村助右衛門邸（料理旅館「菊水」：昭和30〔1955〕年？開業）も明治28（1895）年に七代目小川治兵衛（植治）作による東山を借景とした池泉回遊式庭園と称されており、関係する情報紙等にも同様の紹介がなされている。『京都市文化市民局文化芸術部都市推進室文化財保護課編：京都市内未指定文化財庭園調査報告書第一冊　岡崎・南禅寺界隈の庭の調査 2012』の中で矢ヶ崎善太郎・今江秀史も平成23（2011）年に当時の所有者に対して行った聞き取り調査結果から料理旅館「菊水」の由緒について、「当地は、呉服商の寺村助右衛門氏別荘だったところで庭は植治こと七代目小川治兵衛の作だと伝えられている。」と記している。

　本書の編著者も先年、「七代目小川治兵衛作」の看板につられ、庭園見たさに昼食をとり、庭園を散策した。その時の印象は「無鄰菴」を見た後に立ち寄ったこともあり、その意匠・作風の違いが何となく気になったが専門外のことでもあり、「七代目小川治兵衛作」に疑念を抱くには至らなかった。

　今般、本書をまとめるにあたり、「花文」の五代目から料理旅館「菊水」の庭は近江商人外村宇兵衛の南禅寺別荘であり、明治43（1910）年に「花文」の二代目と三代目が完成させたもので、その意匠・作風つまり現状の庭の松や燈籠、庭石の配置とその石の組み方や鉢前付近の役石の構成、飛石の打ち方などすべて鈍穴流の特徴を色濃く感じさせるもので、その作庭の証となる文書も写真もあるという驚愕の指摘を受けた。さらには、かなり以前に、この庭の手入れをしていた出入りの植木屋も「花文」作の庭園であることを承知していたという話も聞かされた。一方、「呉服商でもあり、茶人であった寺村助右衛門邸を明治28（1895）年、七代目小川治兵衛（植治）によって作庭された」という話を客観的に証明する資料は、筆者らの現時点の調査の範囲では見つかっていない。

本稿では、料理旅館「菊水」の庭は、明治43年「花文」によって完成された旧外村宇兵衛の南禅寺別荘の庭園であったことを以下に論証する。

外村宇兵衛は、近江商人を代表する豪商（呉服商）で、明治時代には全国長者番付にも名を連ね、名古屋の服地メーカー「御幸毛織」の経営危機を救ったことでも知られている。因みに前述したが、南五箇荘村の外村宇兵衛の本宅（現・近江商人屋敷外村宇兵衛邸）の庭園も初代と二代目「花文」が手がけ、「花文」の傑作の1つと言われている。

外村宇兵衛が京都の南禅寺と嵯峨に別荘を所有していたことは『御幸百年史、御幸ホールディングス、2005』でも明らかである。南禅寺に別荘として整備を始めたのは明治30年代の後半だと思われる。先に示した『未指定文化財庭園調査報告書』の中にも「明治37年以前から外村宇兵衛が所有しており、その後数人を経て昭和32（1957）年に高橋家に売買された。当地は明治37年に畑地から宅地に変更された。」と指摘されている。その証として、京都地方法務局の旧土地台帳（P.130参照）には、当該地の所有者の明治37年以前の記載はなく、明治37年外村宇兵衛、昭和12年寺村助右衛門、昭和22年小栗多賀市、昭和32年高橋正博と記されている。さらに京都地方法務局に残されている土地登記簿には明治22年7月18日、売買により外村宇兵衛が所有していることを示す記録が残されている（P.131参照）。つまり、記録に残る事実からも、この土地は明治22年には外村宇兵衛（三代目）の所有となっており、明治37年には四代目外村宇兵衛に所有権が移転したことが明らかである。先の「明治28年の寺村助衛門邸云々」ということは事実ではなく、昭和12年になってはじめて寺村助右衛門が売買によって所有したことになる。

なお、「明治28年、七代目小川治兵衛作という話」についても、昭和32年に高橋氏が邸宅・庭園を取得する際、前所有者である小栗多賀市の関係者から何の物証もないまま聞かされた話が、その後定説のようになり、言い広まったものと考えられる。

さて外村宇兵衛の南禅寺別荘の庭園については、「花文」所蔵の「外村宇兵衛様　庭木庭石手間扣　明治41年1月」(P.125参照)によるとその作庭の様子が鮮明に伺える。

作庭は明治41年1月16日より取りかかり、2年の歳月をかけ明治43年1月7日に完成させている。明治41年7月には37人の手間をかけ瀧口を再建した記述もある。つまりもともとこの邸宅には庭らしきものが存在していたようである。明治42年2月に「花文」が南五箇荘村の外村宇兵衛の本宅から風呂戸袋、縁板、丸太、書院障子などの建材を運び込んでいるので、元から存在していた建物についてもかなりの程度、修繕がなされたものと思われる。

庭石に関しては百八拾円相当（当時の1円を現在の2万円として換算：360万円相当）の守山石大4個など、大中小合わせて178個、玉石176個を持ち込んだ記述もある。また、鞍馬石の蹲踞や紀州石の井筒、中庭鉢前の橋杭鉢、鞍馬石二番石（書院造り建物の軒内の石、沓脱石を一番としそれに続く石；筆者注）、富士墨石なども持ち込んでいる。明治42年12月7日には百五拾円相当（300万円相当）の古物燈籠を納めている。この燈籠には慶長9（1604）年の銘があるので、おそらく桃山時代のものと考えられる。また鞍馬石野面燈籠は弐拾五円（50万円相当）で納めているので、これもまた相当な銘品であったと考えられる。さらに「植治」から御亭（おちん：庭園内の休憩所のこと；筆者注）の蹴込石（雨落から軒に入った所に据える天端が平らで形のよい大振りの石のこと）を拾八円（36万円相当）、鞍馬飛石と鴨川石9個を拾五円（30万円相当）で買い付けたという「植治」と「花文」が取引関係にあったことを示す興味深い記述もある。

植木に関しても、かなりの数が持ち込まれている。1本五拾五円（110万相当）の大女松（アカマツ；筆者注）を含め女松が9本、男松（クロマツ；筆者注）が18本植え付けられていることから、松を庭の主木としたと考えられる。先にも触れたが「花文」が手を入れる以前から庭とおぼしきものが存在し、そ

の植栽の様子はうかがい知ることはできないが、「花文」によって多くの松が植栽されたということから相当、植栽も荒廃していたものと推察される。

特に目を引くのが下草の記述である。南五箇荘村の本宅にはあまり見られない多くの種類の植物が挙げられている。この時代の流行か施主の要望であったのか定かではないが、長春バラ、リンドウ、百合、牡丹、芍薬、河原石竹などの草花類や、加えてザボンや柘榴などの果樹、さらにかなりの種類の花木も植栽されたことが記述されている。

以上の庭園の様相に関する情報は「外村宇兵衛様　庭木庭石手間扣　明治41年1月」から読みとったものであるが、それ以外にも「花文」の作庭への関与を証明する現物資料として、「花文」が所蔵している「庭石の買い付け写真」(P.127参照)の中に現在の料理旅館「菊水」の庭に据えられているものと全く同じものがある。「花文」が外村宇兵衛の南禅寺別荘の庭園を築造するために三重県四日市の業者から買い付けたものである。

いずれにしても、これまで述べてきたように、明治43年1月に、当時の所有者である外村宇兵衛の南禅寺別荘に「花文」が2年の歳月をかけ庭園を築庭（大改修？）したということは記録資料や庭石の買い付け写真からすれば紛れもない事実であり、また庭園の様相も「鈍穴流」の特徴が色濃く残されているものであるということから、現在見られる料理旅館「菊水」の庭は明治43年に「花文」の二代目と三代目によって完成されたものであるという見方ができる。

庭園完成後の手入れ作業も「花文」が行っており、昭和12年に外村宇兵衛から寺村助右衛門に所有者が代わっても、少なくとも昭和16年までは「花文」が引き続き、その作業を担っていたことが解る記録がある。それは昭和16年9月26日付の「花文」の京都出張所の職人が三代目文七郎に宛てた葉書に「寺村様宅、本日も又、人をもう少しふやす様、やかましく申して居られます故、何卒宜敷く御願申上ます」という文面からもうかがい知ることができる。このことから、また、現在の庭園の様相から判断して、これまで所有者が代わって、庭に手が加えられることがあったとしても、明治43年の作庭時の面影は保たれているものと考えられる。

余談ながら「2.花文の由来と系譜」の章でも述べたが「花文」が外村宇兵衛の南禅寺別荘の作庭を行った時の三代目文七郎の思い出話として、「明治41年に外村宇兵衛家の南禅寺別荘の庭造りで京都に乗り込んだ時に、「花文」の職人が近隣の人々に好奇の目で見られた。その訳は「花文」の印半纏であった。当時京都では現在と同様に植木屋や庭師の屋号は、「植○」というように頭に「植」がつくのが一般的であった。切り花や鉢物を扱う業者は「○○園」という屋号が多かった。また葬儀の花を専門に扱う業者は頭に「花」がつき「花○」と名乗った。それ故に、「花文」の印半纏を見て葬儀屋が庭造りをするのかという驚きとともに、疑いの目で眺められた。「花文」はそれ以来、京都で仕事をする際には「花文」の印半纏を羽織らなかった。」という話が口伝として残されている。このような話も旧外村宇兵衛の南禅寺別荘の庭園は「花文」が作庭したものであるという1つの裏付けともなる。

なお、先に述べた「花文」が明治41～43年の間、庭の作事に取りかかった際「庭園の滝口の再建を行った」や「本宅から建具を運び込んだ」ということからすると、それ以前からこの地には邸宅と庭園とおぼしきものが存在していた可能性もなくはない。仮にそうであったとしても、その所有者が土地登記簿に明治22年7月18日に所有者として明記されている三代目外村宇兵衛のものであったのか、さらにはそれ以前の所有者のものであったのか、あるいは作庭者は誰であったのか等については一切不明である。さらに、この南禅寺界隈には「花文」の得意先が多く、岡崎法勝寺町に近江商人である外村八郎兵衛家や外村弥八郎家の京都別邸、南禅寺下河原町には野瀬七郎兵衛家の京都別邸があり、作庭後も戦前まで手入れに行っていることが昭和前期の文書や得意先からの葉書で確認できる。これらのことも含め南禅寺界隈の別荘庭園の作庭者には、まだまだ不明なことが多い。

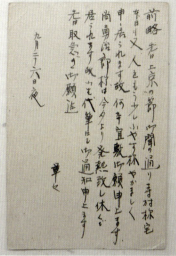
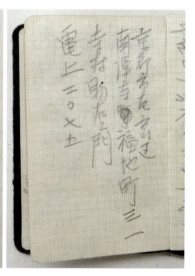

上左：昭和16年9月　京都出張所の職人からの葉書表面　　上中：昭和16年9月　葉書裏面　寺村氏葉刈り催促の内容　　上右：昭和17年3代目の手帳　寺村助右衛門をメモ　　下左：「外村宇兵衛様庭木庭石手間扣」明治41年1月より

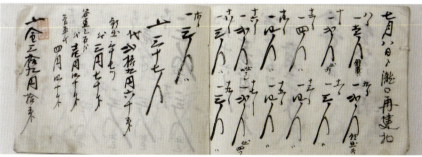

明治41年7月 滝口再建の記述

風呂戸袋、書院障子等京送りの記述

⑨二代目、三代目作　旧外村宇兵衛南禅寺別荘

「百五拾円　古物燈籠」の記述

庭木庭石の売上控「弐拾五円　冨士墨石他、弐拾五円　守山石四拾五個、拾四円五十銭　鞍馬石ツクバイ」の記述

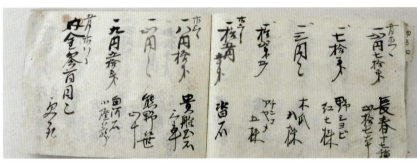

庭木庭石の売上控「拾五円五十銭　沓石、九円五拾銭　白河石小燈籠」の記述

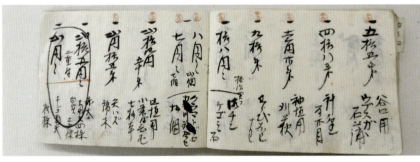

植治からの買い付けの記述

庭木庭石の売上控「五拾五円　大女松壱本」の記述

5章 ❀ 鈍穴の庭、歴代「花文」の代表的庭園作品選

三重県四日市の業者から「花文」が買い付け、外村宇兵衛南禅寺別荘に納入されている庭石（三重県四日市市佐藤写真館）

上記の写真の庭石が料理旅館「菊水」の庭園内に据えられている

⑨二代目、三代目作 旧外村宇兵衛南禅寺別荘　127

昭和50年の庭の様子

流れに架けられた石橋

四阿があった方角の眺め（改造され茶室になっている）

庭正面の様子

庭正面左の様子

流れには守山石が多用される

文書に記述のある橋杭鉢

現在の様子

早渡り(沢飛び)付近は作庭当時のもの

早渡り(沢飛び)の石の配置

文書にある「古物燈籠百五拾円」の燈籠か(説明板には桃山時代の石燈籠とある)

滝口眺める(以前はこの奥に滝石組があった)

作庭当初の座敷から見て庭の正面の眺め

字 谷川	地番 三拾壹番						等級 七等十四級 五 五
地目地價圖反地租圖	反別圖步外步	名稱名稱	沿革	登記年月日	事故	所有權質取主住所質取主氏名	
畑	一七二三四 四二〇		明治三十年法律第三十四号ニ依リ畑地價修正法ニ依リ地價修正ニ付摘ニ改記ス				
畑	一六六二 前同額	地價訂正	大正二年八月三十八日變換				
宅地	一三〇 一八五四四		明治三十年法律第三十四号ニ依リ増歳地切	明治卅七年十一月廿二日	所有權移轉	滋賀県神崎郡 外村宇兵衛	上外村宇兵衛
定地	一九五九四		昭和五年壹月廿七日 合併		大正十年六月廿日所表示變更	一八上京区南禅寺谷川町三一 福地林寺町八百番地ニ併入ス 福地米屋町	全 上
定地	一六二三四		昭和五年壹月廿七日	昭和三一 二 一 京都所有権	昭和三二 売買 中西木屋町四条上ル 湯地町三 小栗外貿市	
定地	一六六八八 一事十三六	上地臺帳	昭和八年三月法律第武拾八號ニ依リ地價ノ價格二又分説四けル下ス	昭和三〇 五 二 昭和三一 元 二 一	荒買 売買	所替 種更 下京区河原町仏光寺 上ル米屋町 紙屋町 左京区南禅寺 福地町 3駒之町 5中町通丸太町下ル 541	村井助右衛門 高橋正博

京都市左京区南禅寺福地町（旧谷川）31番地の明治37年11月22日外村宇兵衛所有後からの土地所有者の変遷を示す旧土地台帳

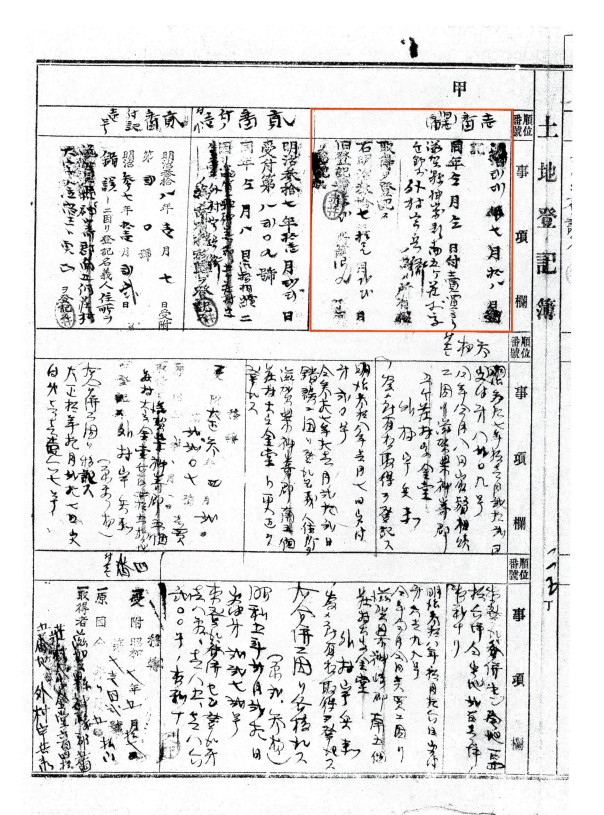

明治22年7月18日、売買により外村宇兵衛が所有していることを示す土地登記簿

⑩二代目、三代目作
旧外村宇兵衛嵯峨別荘
(現・宝厳院「獅子吼の庭」の一部)

京都府葛野郡嵯峨村（現・京都市右京区嵯峨天龍寺芒ノ馬場町）

　これまで、外村宇兵衛（四代目）の嵯峨別荘については、外村宇兵衛が興し、現在は東洋紡の子会社となっている御幸毛織株式会社の創業100周年記念社史『御幸百年史』2005』に、外村宇兵衛の甥にあたる小説家外村繁の記述「伯父（外村宇兵衛）は、京都の南禅寺（筆者注；外村宇兵衛南禅寺別荘、本書P.122～131）と嵯峨に別荘を築いたり、洋館を建てて葉巻を燻らせたりしていたが……」が引用されている以外、その所在を示す資料は見つかっていない。

　一方、山村家に保管されている明治41年から45年までが記されている庭造りの覚帳（表書き無し）の中に、「京⊙様（じゃのめ・⊙は外村宇兵衛の商標）」と題し、嵯峨別荘の整備に使用したと考えられる大量の樹木や庭石の数量、形状、値段、仕入れ先が記録されている（P.135～136参照）。「嵯峨」という地名は記されているものの、場所が特定できる地番等が一切記載されていないため、その所在を知る手掛かりとはならなかった。

　覚帳に記録されている内容を見ると、「地ならし」に相当の経費（525円40銭）をかけ、木代として412円15銭を請求している。その内訳は、主要なものだけでも吉野桜18尺大500本・同7尺小500本、紅葉22尺300本・同小1,000本、山楓大300本、檜（アテ、ヒノキアスナロ）20尺1,500本、多行松大80本・同小120本、吉の杉150本、平戸2尺と五月が3,000本、ツツジ2,350本などの記述がある。また庭石として山上石（やまかみいし、現在でいう愛知川青石）113個19円と記録されている。値段から考えると崩れ積用の青石と考えられる。以上のように、「地ならし」に相当の経費をかけ、大量の樹木が使用されたこと、燈籠等の石材の記録がないことから推測すると、定型的な日本庭園が作られたというよりも、山すその広い場所に、嵐山を背景とした春には桜の花見、秋には紅葉を楽しむことができる大規模な野園風の空間が整備されたように思われる。なお、覚帳の中には外村宇兵衛の嵯峨別荘の建物の様相をうかがい知ることのできるような記録は一切ない。

　明治45年の「嵯峨」は当時、「京都府葛野郡嵯峨村」であり、広い村内の何処かに外村宇兵衛の嵯峨別荘はあったはずであるが、地番が不明のため、現在までその所在を確認することができなかった。

　本書の刊行を機会に何としても、その所在を突き止めたいと、関係機関等に聴き取り調査を丹念に行ったが、当時の地番が不明のため、難航を極めた。

　ようやく光明が見えたのが、京都にある右京中央図書館の司書の方が、先にも紹介した小説家外村繁の代表作の１つでもある『草筏』の中に登場人物の治右衛門（外村宇兵衛がモデル？）の嵯峨の別荘開きの花見の宴に関する記述に「自動車は花見客のどよめきの間を縫って渡月橋の袂に出ると、そのまま右に折れ、川に添って走った。（中略）自動車は幾度も警笛を鳴らして立停り立停り

ながら漸く小山の裾を右に折れ、軈て治右衛門の別邸の玄関の中に滑入った」という一文があるが、もしかしたら参考になるのではないかという情報を提供してくれた。

あきらめかけていた矢先の出来事であり、微かな望みを抱き、「渡月橋の袂に出ると、そのまま右に折れ、川に添って走った」という記述を頼りに探索を再開した。おそらく当時の別荘や庭園のなごりが、その辺一帯の現在の料亭や旅館・ホテルに見られるのではないかと推論し、それと思しき所の明治晩年から大正初期にかけての所有者に外村宇兵衛の名がないか、旧土地台帳を所管している京都地方法務局の嵯峨出張所に幾度も照会問い合わせを行ったが、該当する箇所は見出すことはできなかった。今度こそ万事休すと思われたが、何とか探し出す算段がないかとさらに相談すると、見つけ出せるかどうか解らないが、旧嵯峨村一帯の旧土地台帳をつぶさに調べ、その中から外村宇兵衛の名を探し出す方法が、唯一残されているとのアドバイスを受けた。これに賭ける以外にないと京都行きを算段していたところ、出張所の担当者の方から外村宇兵衛が明治期に所有していた土地が見つかったという朗報がもたらされた。「京都市右京区嵯峨天龍寺芒ノ馬場町（字長辻）14番、36番、41番、42番、48番」がその番地であるという。明治43年9月13日～大正7年7月5日まで所有していることが旧土地台帳に明記されている。大正7年7月に日本郵船の重役の林民雄に所有権移転、その後相続、売買によって所有権が移転し、現在（平成14年以降）の所有者は、先に示した番地のいずれもが臨済宗天龍寺派の寺院「宝厳院」となっている。

なお、現在の宝厳院が所有している59番の区画だけは、元々、内務省の所管の土地であり、明治43年時点では外村宇兵衛の所有とはなっておらず、大正10年に林民雄が売買によって土地所有者となり、大正7年に所有した他の土地と合わせて一括別荘地として整備したと考えられる。

日本建築史・居住環境史を専門とする大阪産業大学建築・環境デザイン学科の中川等准教授は、平成20年に「京都の近代和風建築」をテーマとして行った講演の一部で、「宝厳院書院　旧林家別邸（大正中期）」と題し、「宝厳院書院は、桂川を隔てて嵐山をのぞむ景勝地にある。もと天龍寺塔頭妙智院の旧境内で、幕末に兵火で焼失して畑になっていたところ、大正期に林民雄（日本郵船の重役）が別荘として整備。その後、所有者が転変し、近年に宝厳院が移転した。寺地の南側に広がる庭園に面した書院、茶席、住職室などが雁行型に配された数寄屋建築である。（中略）かつての妙智院の庭園は、室町時代後期の禅僧・策彦周良（1501～79）の作庭で、江戸時代の「都林泉名勝図会」（1799）に紹介され、挿画に描かれた「獅子岩」が今も境内に残っている。」と報告している。この庭については、白幡洋三郎がその著『彩色みやこ名勝図会　京都新聞社.2009』の中で、「平成14年に宝厳院の所有となり、時の住職である田原儀宣師の指示で、獅子岩を生かし、さらに嵐山の借景を生かした新たなデザインも加味した庭園がよみがえった」旨の解説をしている。

宝厳院書院の建造物の具体的な内容については、先の中川等氏が中心となってとりまとめた『宝厳院書院等建造物調査報告書　古材バンクの会.2009年9月』に詳しく紹介されている。その中に「今回の調査で土蔵から棟札と上棟弊串が発見され、大正8（1919）年に上棟されたことがわかり、施主林民雄、技師上阪有次郎、棟梁小野寺末太郎など普請に携わった人々の名前が判明した。様式と経年から、書院等の建造物と土蔵は同時期のものと考えられる。」と決定的根拠が示され、結論として、「宝厳院の書院建造物は、（中略）質の高い数寄屋建築として貴重である。嵯峨嵐山という名勝地に華を添える存在であり、また、その優れた技巧・素材・造形は再現することが容易でなく、かけがえのない文化遺産といえる。全体に保存状況が良好で大正期の別荘建築の姿をよく伝えること、棟札により建築年代や施主・職人な

どが判明することも特筆される。」と締めくくられている。

　となると、林民雄が所有する以前の明治43年から大正7年にかけて、その土地の所有者であった外村宇兵衛の別荘あるいは庭（園地）の所在・あり様・行方が大変気になる。外村宇兵衛の嵯峨別荘は、大正8年に林民雄が土地所有者となり、新たな別荘（現存する宝厳院書院）を建築する時に、跡形もなく取り壊されてしまったのか、あるいは他の場所に移築されたのか、全く謎のままである。

　ただし、現在、嵯峨野の「紅葉」の新たな名所となっている宝厳院の「獅子吼の庭」の主木となっているモミジの類は、その大きさからして樹齢は優に100年を超えており、明治45年に二代目文七郎が大量に植栽した「紅葉、山楓」の名残りと思われる。また庭内には、その折植栽したと思われる檔（アテ）の切株と覚しきものや、山上石（愛知川青石）も数石、確認されており、かろうじて往時のよすがをしのぶことができる。

　いずれにしても現時点では謎のままであるが、外村宇兵衛が明治43年から大正7年まで所有していた土地に建設された嵯峨別荘や園地（庭）の全容を解明すべく調査は今後も継続していきたいと考えている。

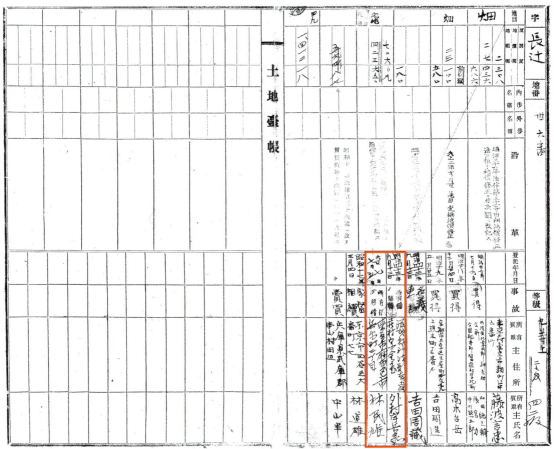

明治43年9月13日から外村宇兵衛が京都市嵯峨天竜寺芒ノ馬場町字長辻36番の土地所有者であり、大正7年7月5日に林民雄に所有者が移転したことを示す旧土地台帳

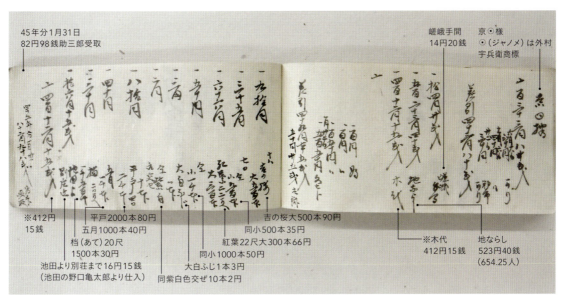

明治41年「売上帳」の控えより　明治45年1月〜2月に記述 ＊「外宇」は略称、⊙（ジャノメ）は商標

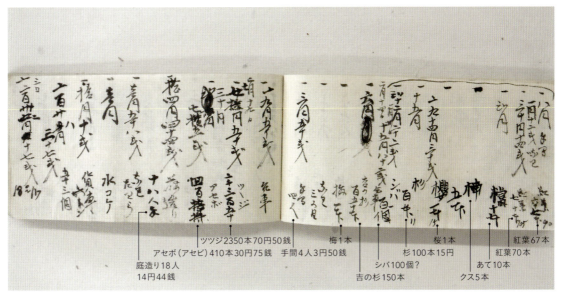

明治45年2月14日・19日

⑩ 二代目、三代目作 旧外村宇兵衛嵯峨別荘（現・宝厳院「獅子吼の庭」の一部）

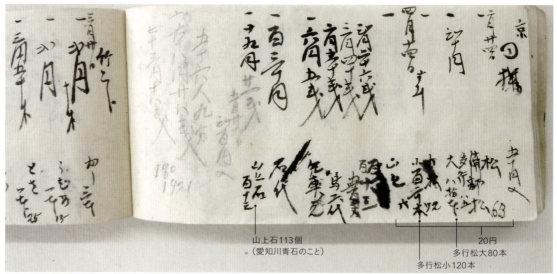

山上石113個
（愛知川青石のこと）

20円

多行松大80本

多行松小120本

明治45年2月24日 4月14日

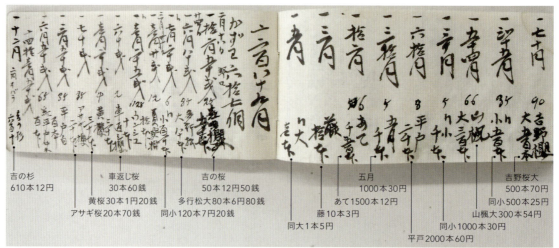

吉の杉
610本12円

車返じ桜
30本60銭

黄桜30本1円20銭

アサギ桜20本70銭

吉の桜
50本12円50銭

多行松大80本6円80銭

同小120本7円20銭

五月
1000本30円

あて1500本12円

藤10本3円

同大1本5円

平戸2000本60円

吉野桜大
500本70円

同小500本25円

山楓大300本54円

同小1000本30円

池田・野口亀太郎仕入控①

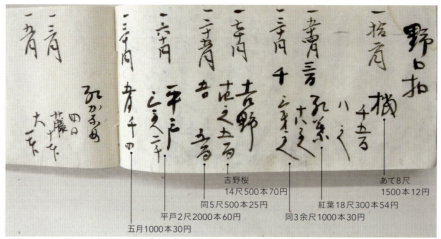

吉野桜
14尺500本70円

同5尺500本25円

平戸2尺2000本60円

五月1000本30円

同3余尺1000本30円

紅葉18尺300本54円

あて8尺
1500本12円

池田・野口亀太郎仕入控②

5章 鈍穴の庭、歴代「花文」の代表的庭園作品選

嵯峨嵐山の紅葉の名所となっている宝厳院の庭園を彩る「紅葉」や「山楓」。外村宇兵衛の別荘に植栽されたものの名残と思われる

外村宇兵衛の後に土地所有者となった林民雄の建てた大正期を代表する数寄屋建築の別荘（現・宝厳院の書院）を彩る大樹となった「紅葉」と「山楓」

⑩二代目、三代目作 旧外村宇兵衛嵯峨別荘（現・宝厳院「獅子吼の庭」の一部）

⑪二代目、三代目作 外村市郎兵衛邸

滋賀県東近江市五個荘金堂町

　近江商人外村家一統の本家である外村与左衛門家の分家になる外村市郎兵衛家の庭は、表庭と裏庭の2ヶ所に分かれている。井筒からの枯流れを設えた平庭の回遊式の表庭（座敷と奥座敷前の庭）、枯山水で回遊式の裏庭（洋館前と客間前の庭）の両方の庭とも二代目文七郎の作庭による。

　なお、本庭に関連して明治7（1874）年の「助方日雇帳（山村家文書）」に葉刈りの記述があるので、二代目文七郎が作庭する以前に、初代文七郎が造った庭が存在していたようである。明治28（1895）年の「売上帳（山村家文書）」には庭造りの記述があり表庭は、明治28年から30（1897）年にかけて作庭されている。直幹の女松を数多く配植し、赤くて優しい幹肌を座敷から眺める様に設計されている。燈籠は大振りのものが多く、鞍馬石の沓脱石や飛石は逸品ぞろい。伽藍石（仏寺の柱が立っている下の礎石）等重厚で豪華な雰囲気を醸す。新座敷の前に据えられた大きさが2間に及ぶ沓脱石は重厚そのもの。この沓脱石1個で家が一軒建ったと言われる、また主庭側に据えられた貴船石の沓脱石など極上の一品揃いである。木曽川から産出した巨大な石が天然彫の水鉢（手水鉢）として据えられ、豪華で格調高い石組でまとめている。新座敷前の庭のみ、大正末から昭和の初めに三代目が作庭している。

　裏庭は明治32（1899）年から35（1902）年にかけて作庭されている。因みに明治32年（1899）の「売上帳（山村家文書）」では、「明治32（1899）年に植木、明治33（1900）年4月に燈籠、植木、8月に水鉢、守山石、10月に燈籠台石、エンコウ杉、白百日紅、12月に守山石他、明治34（1891）年1月にはヒメコ松、黄蓮華他、4月に野村紅葉、金糸せん、他、10月にチジミ樫、根岸槙、布袋モチ、他、明治35年4月植木類、5月植木類」の記述がある。

　なお、前述した通り、表庭は座敷と新座敷前に造られているが、玄関への伝いから庭門越しに眺めると鉢前と沓脱石が設えてある。この付近の仕上げは、豪華さや格式の高さは抑えて表現している。本庭に限らず「花文」が出入りしている近江商人の本宅では、玄関付近から眺められる庭は、一般の住まいと変わらぬよう質素な形にし、豪華にはしない。これは質素倹約を信条としたこの地方の近江商人の気風の表れである。

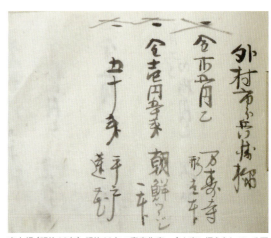

売上帳（明治33年）明治33年の裏庭作庭　今も庭に据えられている万寿寺形燈籠「壱本廿五円」の記述

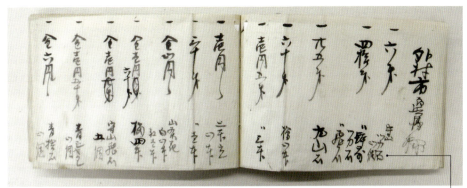
売上帳（明治28年）明治28年の作庭　守山石、捨石、飛石、井筒などの記述

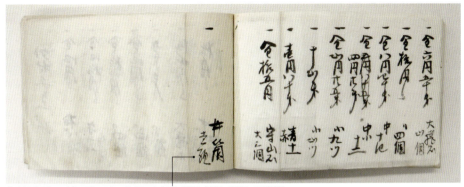
売上帳（明治28年）明治28年の作庭　守山石、捨石、飛石、井筒などの記述

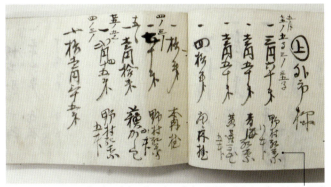
売上帳（明治33年）明治35年の作庭　野村紅葉やチャボヒバなどの記述

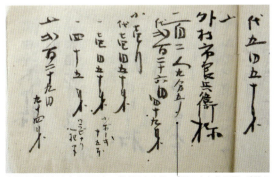
大寶惠（大正8年）昭和3年の葉刈り売上控　「百二人九分五厘」手間の記述

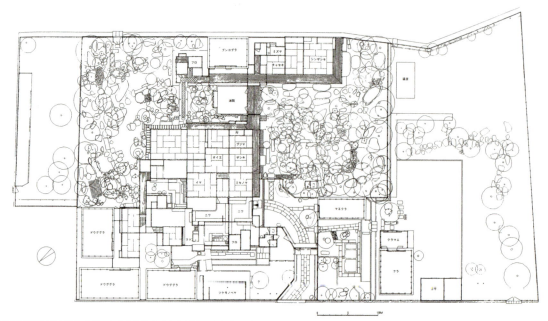

庭園平面図（五個荘町金堂　伝統的建造物群保存対策調査報告、五個荘町教育委員会、1982から転載）

井筒まわり

新座敷前の鞍馬石の沓脱石と木曽川の天然彫りの手水鉢

新座敷前の貴船石の沓脱石

5章 鈍穴の庭、歴代「花文」の代表的庭園作品選

中門から新座敷前をのぞむ

庭門から鉢前付近を見る

座敷から正面を見る

裏庭・石橋と宝珠形燈籠

裏庭・客間からのながめ（沢飛びに架かる石橋と奥に井筒と万寿寺形燈籠）

裏庭・谷川の石組

⑪二代目、三代目作 外村市郎兵衛邸

表庭

座敷の縁先の手水鉢

自然石を2枚重ねた石橋

石橋を渡ると前に庭が開ける

新座敷前の木曽川の天然彫りの水鉢

正面の五重塔

新座敷前の貴船石の沓脱石と二番石

中門から奥庭の眺め

新座敷前の大きさ2間余りある鞍馬石の沓脱石

裏庭

鞍馬石の手水鉢

渡り廊下付近の飛石

早渡りに架けた石橋

⑫二代目作 外村吉太郎邸
（現・近江商人屋敷 外村繁邸）
滋賀県東近江市五個荘金堂町631

　外村吉太郎は外村宇兵衛の分家で、本家の隣に位置する（吉太郎の三男で、一時当主を務めていた繁が著名な作家であったため東近江市は外村繁邸と名付けている。当主であったのは数年足らずで、その後作家活動に専念した）。平成元年に「ふるさと創生事業」で、長らく空き家の状態で荒廃していた外村吉太郎邸を旧五個荘町が修復整備を行った。作庭は明治39（1906）年で、本家である宇兵衛家が作庭中にもかかわらず同時に庭造りを行っている。

　二代目文七郎の作となる平庭（高さのある築山を設ける庭に対して、比較的平坦な庭を平庭と呼ぶ。なお、花文では平庭のことを「はきにわ」という）。作庭当初、相当数植えられていた女松だが現在も松くい虫の被害を免れて7本の老木が庭の骨格を構成している、この地域でも大変貴重な庭である。

　作庭当時庭門（平成元年の整備で庭門は枝折戸に、板塀は生垣に止む無く変えている）のあった玄関手前を右に入ると、紀州の青石で組まれた井筒があり、その横にムベが1本植えられている。この場所は店の間からの見付にあたる。座敷前には、桂離宮にある手水鉢で有名な二重枡の手水鉢を中心に鉢前が設えてある。この庭も外村市郎兵衛邸の表庭と同じく、座敷からは女松の幹肌を眺める構成になっている。特に飛石の打ち様は絶品である。鞍馬石なども多数使われており、2階からの眺めも素晴らしい。鉤の手に曲がった客間前の庭は、縁先に京都の孤篷庵の水鉢を模した露結の手水鉢で鉢前を設え、庭は女松を主体に植栽されている。

　分家として豪華さを控えた端正でモダンな庭となっている。

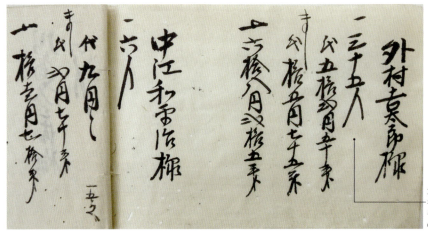

大寶恵（大正8年）葉刈り控手間「三十五人」の記述

5章 ● 鈍穴の庭、歴代「花文」の代表的庭園作品選

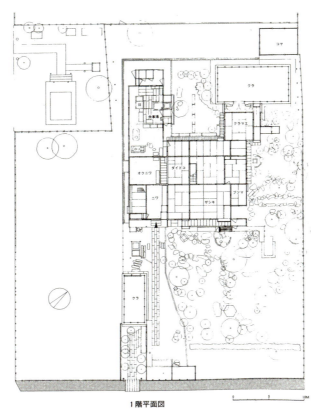

庭園平面図（五個荘町金堂　伝統的建造物群保存対策調査報告、五個荘町教育委員会、1982から転載）

座敷から飛石を見る

⑫二代目作　外村吉太郎邸（現・近江商人屋敷　外村繁邸）

小気味よい飛石の意匠

筏に組んだ左側の飛石は野面石の立鉢を利用している

二重枡の手水鉢で設えた鉢前

5章 鈍穴の庭、歴代「花文」の代表的庭園作品選

踏み分けの技巧

燈籠を真にした石組

客間縁先の露結の手水鉢

⑫二代目作 外村吉太郎邸（現・近江商人屋敷 外村繁邸）

⑬二代目作 旧田附新兵衛邸

滋賀県東近江市佐野町

　近江商人田附太郎兵衛の分家で、明治18 (1885) 年には神崎郡佐野村の村総代、明治44 (1911) 年から昭和13 (1938) 年にかけて神崎郡五峰村の村長を5度務め、明治40 (1907) 年と大正4 (1915) 年には郡会議員にも選出されている田附新兵衛の邸宅。

　二代目文七郎は庭景図と称し、田附新兵衛家の山水の庭の設計図を描いており、明治28 (1895) 年の「売上帳」(山村家文書) にもその作庭に使用した庭園材料とその値段が以下のように克明に記録されている。

　庭は明治28 (1895) 年2月から明治31年3月にかけて作庭されており、石燈籠1本27円50銭、飛石3円10銭、守山石1艘23円50銭、江州石6個1円、川原石沓石3円、守山石50余4円、岩倉石橋6尺と3尺で6円、守山石79個31円50銭等が記されている。また植木は、ノムラモミジ1円20銭、トチ50銭、テツモチ（モチノキのこと）とイブキで1円、ビャクシンスギ75銭、ハイビャク10本50銭、サツキ15株1円50銭、シシヒバ1本40銭、ベニシダレ1本15銭、マツ6本6円、アテ1本35銭、サザンカ3本1円、アテ大小2本40銭、シュロ2本10円、スギ大小2本1円50銭、ヒラド3株45銭、イチギョウジ（モミジ）1本80銭、イチギョウジ・ザクロ付き1株1円、チャボヒバ1本40銭、ワラビ縄5把50銭などが書き留められている。

　庭は庭景図の意匠通りに作庭されており、滝口には三尊石が配され、谷には野面の石橋が渡され山道を下ると、切石の二枚筏組を連続した石橋で泉水を渡り、座敷に向かう。手前と向こう側から跳ねだし左右互い違いに組まれた鈍穴流特有の石橋に向かうと、庭門に続く。座敷前には夏目の水鉢を中心に鉢前が設えてある。

　花文五代目も昭和期に幾度か手入れに行っている。明治の近江商人が愛しんだ名庭が、120年余りの歳月を経て荒廃した姿で存在するのは非常に残念なことである。ただし、今でも枯池であるが礼拝石や護岸、谷の石組など特筆される部位は健在である。旧田附新兵衛家の庭は、今後保存修復し後世に残したい庭の1つである。

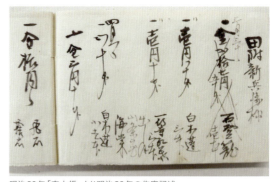

明治28年「売上帳」より明治28年の作庭記述

5章 鈍穴の庭、歴代「花文」の代表的庭園作品選

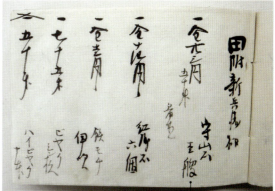

明治28年「売上帳」より明治28年の作庭記述 「廿三円五十銭 守山石一艘」などの記述

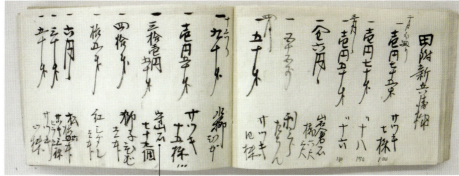

明治28年「売上帳」より明治29年の作庭記述「三十壱円五十銭 守山石七十九個」などの記述

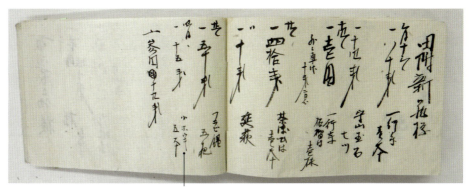

明治28年「売上帳」より明治32年の作庭記述「五十銭 ワラビ縄五把」「十五銭 小ホウキ五本」などの記述

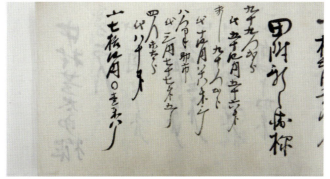

明治39年「大福勘定帳」より明治40年の葉刈り売上の記述（助市の名もあるが、当時14歳）

⑬二代目作 旧田附新兵衛邸

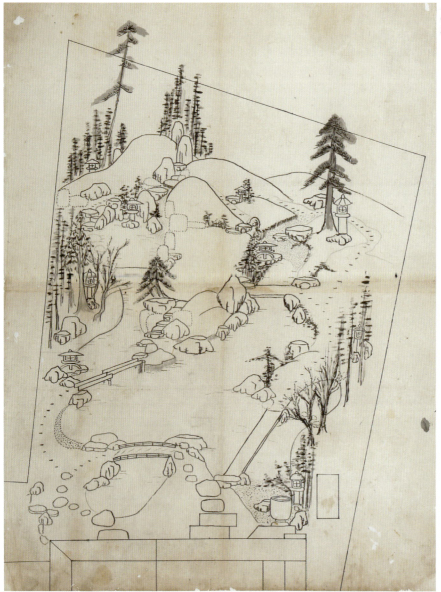

二代目文七郎自筆の田附新兵衛家の庭景図

4枚の切石を筏に組んだ、中島に架かる石橋

左右の護岸から自然石を差し出した石橋

谷川に架かる石橋

石橋付近の護岸石組

細部まで拘り（中島から山道への渡り）

谷川の沢飛び

昭和48年の庭の様子

滝口と谷川に架けた石橋

座敷縁先からの眺め

深山を醸し出す植栽技術は絶妙

中島から庭門の方向を見る

⑭二代目作 若林乙吉邸

滋賀県彦根市犬方町

　若林製糸場の創業者の住居である若林家住宅主屋は、平成28年に国の登録有形文化財に指定されている。分家の若林乙吉には、丸紅商店初代社長の七代目伊藤長兵衛と若林製糸場取締役の若林又右衛門の実兄がいる。

　若林家の庭は二代目文七郎が作庭しており、表の庭は平庭で、主庭に当たる奥座敷前の庭は、池泉回遊式の広い庭で流れをめぐらしてあり、大名庭園を彷彿させる大庭園である。大正期の古写真も残されている。「山村家文書」には大正8（1919）年に長浜若林製糸場の葉刈りと松の植栽の資料があることや、若林家の大正8（1919）年の葉刈りは46人半手間、大正11（1922）年は113人手間の葉刈りの記録がある。このことから、池泉回遊式の庭もこの間に作庭されたものと推測される。

　また花文五代目も20歳代の頃、幾度か手入れに行っている庭である。修復保存し後世に残したい名園である。

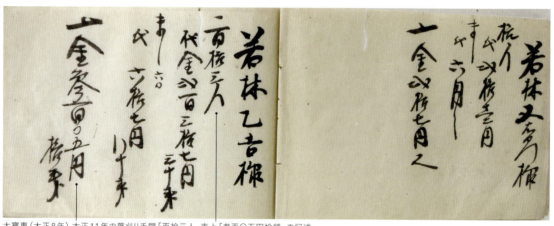

大寶惠（大正8年）大正11年の葉刈り手間「百拾三人」売上「参百〇五円拾銭」の記述

5章 鈍穴の庭、歴代「花文」の代表的庭園作品選

赤松と石組（大正11年頃）

泉水の辺りに立つ蛇の目灯籠（大正11年頃）

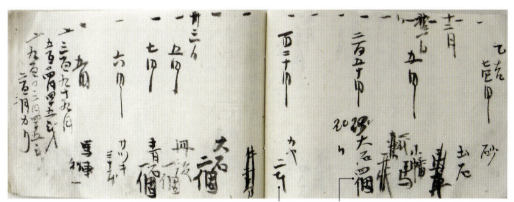

日家栄日記覚（大正9年）大正9年頃の作庭「二百五十円　大石四個」「百二十円　カヤ二本」などの記述

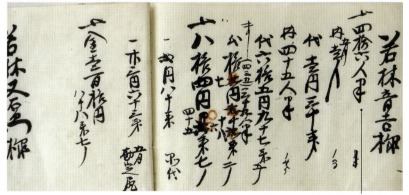

大寶惠（大正8年）大正8年の葉刈り手間「四拾六人半」の記述

⑭二代目作　若林乙吉邸

大正11年頃の庭の様子

座敷からの眺め（左方向）

座敷からの眺め（右方向）①

対岸から座敷を見る（職人が泉水に落ちた枝を上げている様子）

座敷からの眺め（右方向）②

大正11年頃の庭の様子

早渡りと雪見灯籠

飛石から早渡りへ

泉水辺りの石組

座敷前

石橋と宝珠形燈籠

⑮二代目作 初代伊藤忠兵衛旧邸

滋賀県犬上郡豊郷町八目128-1

「伊藤忠」「丸紅」の創始者、初代伊藤忠兵衛の豊郷本家は二代目忠兵衛の生家であり現在は「伊藤忠兵衛記念館」として開放されている。

「山村家文書」の明治28（1895）年の「売上帳」の記述に、「女松2本、土佐樫、熊野樫、芽樫30株」とあり、明治36（1903）年の「諸事控」の9月には庭造りの記述がある。また屋敷が明治15（1882）年に建て直されていること、さらに明治38（1905）年の「職工日家栄」では54人の手間で葉刈りをしている記録があるから、おそらく庭の大部分は明治28（1895）年頃から明治36（1903）年に二代目山村文七郎によって作庭されたものと考えられる。また大正9（1920）年には大振りの松（クロマツ）を植えている記述も残されている。

庭の大部分と座敷棟は昭和30年代に、熱海の別邸に移築されている。なお、その作庭工事に関しても「花文」が請負うことが依頼されたようであるが、当時「花文」には遠路、熱海まで出かけ、工事を担える状況になかったため実現しなかったという話が山村家には伝えられている。後に三代目文七郎は愛知川の青石100t余りを熱海別荘に送っている。

熱海別邸について触れている資料としては唯一、伊藤忠商事が昭和49（1974）年に発行の『伊藤忠兵衛翁回想録』がある。その中には別邸の家屋や庭園の様子が伺える写真や記述がある。その所在を証明する記述としては翁の略年表に中に「昭和39（1964）年4月20日、伊藤忠兵衛が熱海市梅園町の新別邸に移転（庭園付きの旧別邸は昭和34年頃には熱海市田原町にあり）」「昭和45（1970）年5月9日、滋賀県伊藤忠兵衛生家の離れの大広間を伊藤忠兵衛商事が熱海に移転する。後、伊藤忠兵衛翁記念館と命名」とある。

その梅園町の新別邸は忠兵衛自身が隣に別邸を構える親交のあった岸信介（第56・57代総理大臣）と相談し、「萍鮃居（ひょうひょうきょ）」と命名。その顛末も回想録の一文（萍鮃居由来記）として収められている。同様に、その庭に自ら選定した樹種を植木屋に植栽させたことをまとめた一文（半閑人の庭造り）もある。ただし、この庭園あるいは田原町の旧邸の庭園が滋賀の生家のものを移転したものか、庭石や層塔が滋賀から運ばれたものなのかについては一切不明である。

現在、梅園町の伊藤忠兵衛別邸も隣家の岸信介別邸も（株）ニトリの所有となっており、迎賓館として活用されている。

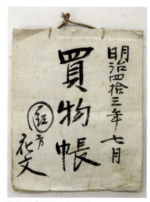

買物帳（明治43年7月）

5章 鈍穴の庭、歴代「花文」の代表的庭園作品選

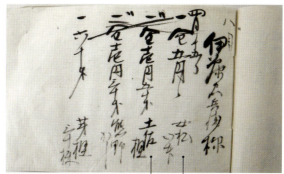
売上帳（明治28年）明治29年の作庭「五円 女松弐本」「壱円五十銭 土佐樫」などの記述

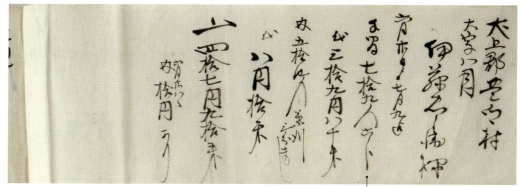
大福勘定帳（明治39年）明治39年の作庭と葉刈りの売上控「手間七拾九人分六分」の記述

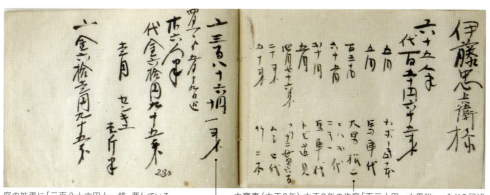
庭の拡張に「三百八十六円十一銭」要している　　大寶恵（大正8年）大正9年の作庭「百三十円 大男松一」などの記述

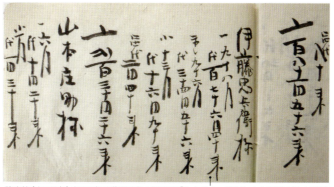
諸売控（大正8年）大正8年の葉刈り売上控 手間「九十八人　代百七十六円四十銭」の記述

⑮二代目作 初代伊藤忠兵衛旧邸

鞍馬石の蹲踞石と蹲踞

奥の間前の庭

奥の間の縁先の鉢前

隠居の間前の庭

隠居の間前の沓脱石

茶室

5章 ❖ 鈍穴の庭、歴代「花文」の代表的庭園作品選

隠居の間前の舟形の水鉢による蹲踞

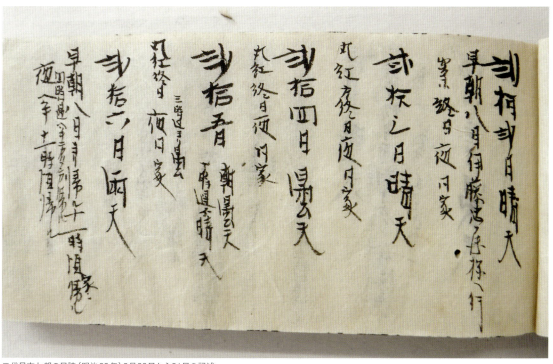

二代目文七郎の日誌（明治29年）9月22日から26日の記述

⑮ 二代目作 初代伊藤忠兵衛旧邸　　159

⑯二代目作 旧市田太郎兵衛邸

滋賀県東近江市五個荘北町屋町

　明治期の近江商人で呉服商の市田太郎兵衛家は、旧中山道に面して屋敷を構え、明治11（1878）年、明治天皇の北陸東海巡幸の際に小休所となった名家でもある。

　意匠をこらした池泉回遊式の山水の庭は、二代目文七郎の明治中頃の作である。

　正面の三尊石組のそばに三重塔、谷には石製の丸太橋が渡されており、山間の雰囲気を設えている。山道から泉水まで下りてくると自然石の橋が渡され、早渡り（沢飛びのこと）に続く。泉水を渡る橋および早渡りの手法は鈍穴流の特徴の1つでもある。座敷側には鉢前が設けられ、泉水へ下りる石段の横には橋の欄干を模した石の欄干が1本、泉水の辺には江州雪見（西形雪見ともいう）なども据えられている。

　あまり大振りな石で構成されていないが、泉水護岸の石の配置には素晴らしいものがある。また鞍馬石や紀州石の飛石、守山石の捨石なども多く見受けられる。

　長年十分な手入れがされないために荒廃が進んでいる。明治時代の近江商人本宅の貴重な庭であり、その保存・再生策が講じられることが強く望まれる。

滝口の三尊石組と三重塔

5章 鈍穴の庭、歴代「花文」の代表的庭園作品選

早渡りに架かる石橋（沢飛びに石橋を掛けるのは、鈍穴流の特徴の1つである）

客間前の鉢前

泉水に下りる、傍らに宝珠形燈籠

滝口付近から見る

早渡りから客間側を見る

早渡りに架かる石橋

⑯二代目作 旧市田太郎兵衛邸　161

⑰ 二代目、三代目作 小泉重助邸

滋賀県東近江市五個荘山本町

　創業300年の近江商人を起源に持つ企業・小泉グループの礎を築いた小泉重助家の住宅は、約600坪の広大な屋敷地を有する。現在の屋敷は、安政7（1860）年に本家から譲渡されたもので、その後、明治末頃から昭和初期にかけて、隣接する土地建物を購入して敷地を広げ、現在の偉容となった。主屋と土蔵群のほか、納屋や下便所などの付属建物、表門や塀といった工作物のいずれもが各時代の技術が活かされた良質のもので、保存状態も良く、平成27（2015）年に住宅家屋等が国の登録有形文化財に指定された小泉家の庭は、当初二代目が作庭した後に、三代目が屋敷の増築に伴い庭を拡張している。作庭年代に関して、山村家が保有する関連文書の中に明治44（1911）年に15人の手間で菜刈りの記述があるので、屋敷が移築された明治40（1907）年から43年（1910）の間に二代目が作庭したと考えられる。現在の回遊できる平庭は、三代目文七郎が、大正期から昭和の初めにかけて作庭している。庭は大振りの飛石と、数多くの直幹の木々や大型の層塔、燈籠と相まって、豪快で力感あふれる庭に仕上げられている。

庭の奥から座敷前を見る

5章 鈍穴の庭、歴代「花文」の代表的庭園作品選

座敷前の庭

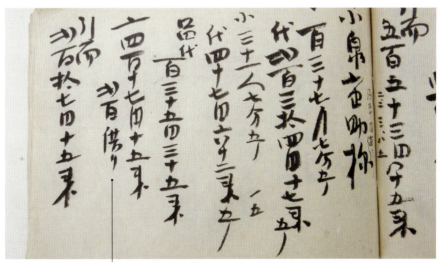

大寶恵（昭和10年）昭和11年の作庭　庭の拡張に「四百十七円十五銭」要している

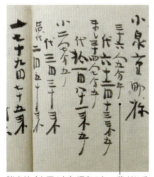

諸売控（大正8年）昭和7年の葉刈り手間「三十六人五分五厘」の記述

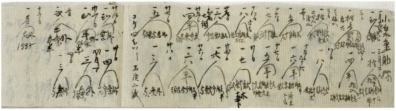

おぼえ（明治39年）明治43年の作庭の手間控

⑰二代目、三代目作 小泉重助邸

二番石を兼ねた伽藍石

九十九折り

鞍馬石(川洲)の手水鉢

大振りの伽藍石の踏分石

5章 ❖ 鈍穴の庭、歴代「花文」の代表的庭園作品選

灯籠と石組

九十九折りと飛石の納まり

善導寺灯籠と石組

奥庭の飛石

鉢前付近の様子

⑰二代目、三代目作 小泉重助邸

⑱三代目作 西澤吉太郎邸

滋賀県東近江市五個荘三俣町

　旧中山道沿いに屋敷を構える西澤家は、屋号を「なべや（花文では鍋屋・辺屋と呼ぶ）」といい、300年にわたり代々鋳造を家業とし伝統の技術を受け継いできた。その梵鐘は秀逸極まり、荘厳で優しく奥深い音色を響かせることで名高い。

　明治44（1911）年の「売上帳控（山村家文書）」には、鞍馬沓石1個25円、八千代赤1個5円、飛石10個などの記述があることから、明治後期から庭は存在していた。

　三代目文七郎が主庭である裏庭を昭和30年代に全面改造し作庭したこの庭には、南五個荘村金堂の外村宇兵衛邸が昭和30年代に庭の一部を解体した際に、「花文」が買い戻した材料が多く使われている。

　二代目作の表庭は明治期の作庭で端正にまとめられている平庭、座敷と離れ座敷そして居間に囲まれている裏庭は、三方から眺められる構成になっており、枯山水の回遊式庭園となっている。玄関先に据えられている滋賀県西江州出身の石工の名工西村嘉平（嘉兵衛）作の「朝鮮型燈籠」は絶品である。

玄関前の朝鮮型燈籠（西村嘉平作）

2代目文七郎の日誌　明治29年7月4日の記述（本山蓮水鉢鋳造見物）

5章 鈍穴の庭、歴代「花文」の代表的庭園作品選

工業日家栄（明治41年）

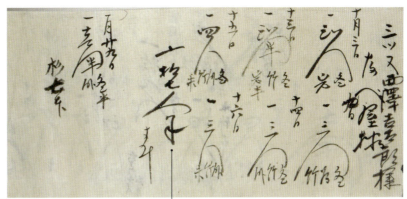

工業日家栄（明治41年）明治42年の葉刈り手間「拾七人半」の記述

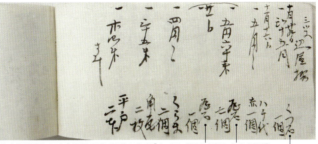

売上帳（明治41年）明治44年表庭の作庭「くつ石、捨石、飛石」などの記述

表庭・鉢前（水鉢は現当主の先々代が明治期に製作）・嘉兵衛作蓮華寺形燈籠

⑱三代目作 西澤吉太郎邸

表庭・座敷縁先からの眺め

旧中山道に面した表門

表庭・庭門から見る

旧中山道から土蔵を見る

5章 ● 鈍穴の庭、歴代「花文」の代表的庭園作品選

裏庭・居間縁先の鉢前（水鉢は現当主の先代の作）

切石を筏に組んだ沓脱石と二番石

早渡りと切石の独創的な意匠

裏庭・居間前の設え

⑱三代目作 西澤吉太郎邸

庭裏門から座敷と離れ座敷を見る

座敷から庭正面の眺め（左.蔵 前、右.居間）

離れ座敷からの居間側の眺め

5章 ※ 鈍穴の庭、歴代「花文」の代表的庭園作品選

離れ座敷前の鉢前

流れに打たれた早渡り

早渡りから眺めた居間前

座敷前の井筒

⑱三代目作 西澤吉太郎邸

⑲三代目作 中江準五郎邸
(現・近江商人屋敷 中江準五郎邸)

滋賀県東近江市五個荘金堂町

　三中井百貨店を築いた中江四兄弟の末弟の準五郎の本宅。外村宇兵衛邸、外村繁邸と同様に「近江商人屋敷」として現在一般に公開されている。この屋敷は、明治初期に中江勝治郎家の「北屋敷」と呼ばれていたものであると思われる。

　昭和2～3年の葉刈りの記録があり、そののち昭和7（1932）年に現在の広さに拡張されている。平成9（1997）年に五個荘町の「あきんど大正館整備事業」で修復整備された池泉回遊式の庭。

　門を入ると、まず客人用上がり口に設えられた沓脱石が目に留まる。近くの愛知川から産出した青石の玉石で九十九折（石畳みや延段のことをいう）された沓脱石。庭門を入ると座敷前の庭が開け、丹波鞍馬石の沓脱石の隣には大振りの鉄鉢の水鉢を中心に、鉢前が構成されている。正面に丈の高さ（10尺）の西江州産（小松産）の春日燈籠と繖山産の山石3石で石組し、赤松（修復時に補植）を配し構成している。

　滝口からの水は谷を経て泉水に注ぎ、もう一方は嶺の向こうを緩やかに流れるように意匠されている。流れは玉石が埋め込まれているが、細部までの拘りが感じとれる。伝いは飛石で単純にならないように、石畳や石橋、早渡り（沢飛び）や葛石の筏打ちなどで変化をつけている、また建物近くには井筒や蹲踞も配されている。

　中江準五郎家は分家であるので、あまり豪華にならないように配慮されている池泉回遊式の庭園である。

客人用の上り口

5章 鈍穴の庭、歴代「花文」の代表的庭園作品選

庭の全景（庭門からの眺め）

庭園平面図（五個荘町金堂　伝統的建造物群保存対策調査報告、五個荘町教育委員会、1982 から転載）

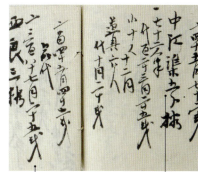

諸売控（大正8年）昭和7年の作庭　手間「七十二人半」品代「三百八十七円二十五銭」の記述

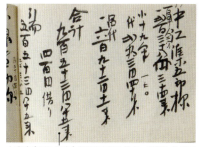

大寶惠（昭和10年）昭和11年の作庭　手間と品代で「九百五十三円八十五銭」を要している

⑲ 三代目作　中江準五郎邸（現・近江商人屋敷　中江準五郎邸）

仏間縁先の鉢前を見る

座敷に向かう伝い

流れに打たれた早渡り

5章 ❖ 鈍穴の庭、歴代「花文」の代表的庭園作品選

仏間からの眺め（アカマツは庭園修復時に補植）

居間からの眺め

⑲三代目作 中江準五郎邸（現・近江商人屋敷 中江準五郎邸）

⑳三代目作 大城神社境内石垣

滋賀県東近江市五個荘金堂町

　菅原道真公を祀り六角佐々木氏の観音寺城の鬼門に建てられている大城神社の「大城」を、「おおしろ」と氏子や一般の方は呼んでいるが正式には「おおぎ」と読み、祝詞などでは「おおぎじんじゃ」と奏上される。

　スギとヒノキの巨木を中心に形成されている広い社叢林は、崇高で神域としての尊厳を保っており本殿や社務所などとともに、地域では特出した存在となっている。

　この神域と調和する玉垣が、昭和天皇の御大典を奉祝して計画された。「郷社大城神社境内前面石垣築造」の工事は昭和3（1928）年に着手され3年の歳月をかけ昭和6（1931）年3月に完成している。提出された見積書の控えの指図には、「石垣高サ　五尺、長サ　八百九拾二尺、土手巾　八尺、野面サビ石　ほてい積事　表分　五百九尺七八百貫程度　百七拾個、裏分　三百八拾三尺二百貫程度　三百八拾四個、合計五百五拾四個入用見込」の記述がある。石垣は崩れ積であるが、「崩れ」の言葉が縁起悪いと考えたのか定かでないが、「ほてい積」と記されている。

　実際の石積の高さは見積書よりは少し高く1.7mで表裏と崩れ積で積まれ、天端は同じく地元産出の山石の平石で石畳になっており、指図と同じ位置に築造されている。

　山石は2km先の箕作山（みつくりやま）、現在の東近江市五個荘山本町地先から、滋賀県の石材採取許可を得て、巨石のため矢で割って山から切り出し、運搬できる大きさにして金堂地先まで運び込んでいる。50トン近く有る巨石は牛車ではなく、枠（修羅のこと）（わく）と樫盤（かしばん）と転子（ころ）、そして移動は神楽桟と滑車を用いての作業であり、一日で運搬できないため警察に許しを請い、一晩巨石を路上に置いたままにしていた、と先人から聞かされている。このことの顛末は、完成後三代目文七郎に氏子一同に代わって大城神社社司の布施小男から送られた感謝状の中にも「築造の衝ニ當リ萬難を排シテ巨岩大石ヲ運搬シ奉仕三歳ニ渉リテ斯道ノ奥技ヲ傾倒シ今春三月工全フ竣ル」という記述からもうかがい知ることができる。

　なお大城神社社号石は昭和15（1940）年に、紀元二千六百年を祝して建造されたもので、題字は時の内閣総理大臣近衛文麿の書による。

　寄贈した好友會会長の外村宇兵衛からの当時の感謝状には、「社号石ノ建造奉進ニ際シ貴下ハ労苦ヲ厭ハス遠ク木曽山中ヨリ自然石ヲ探採セラシ克ク其ノ清礎ヲ固メラレタリ…」とある。台石は縦2.0m横3.7m高さ0.9m、岐阜県恵那産の花崗岩の自然石である。昭和15年2月に、現在のJR中央本線の美乃坂本駅から貨車で運ばれてきた石である。社名標石も同じく岐阜県蛭川産の白御影石で縦横75cm角、高さ4.5mの大きさ。御大典記念で築造された石垣と、そのあと建立された大鳥居との納まりも充分考慮された大きさになっている。

　平成の初めの頃、京都の造園設計家井上卓之氏の案内で大城神社を訪れた宮内庁庭園課の技術者もこの石垣の素晴らしさを絶賛している。

　なお、金堂地区には数え年の42歳の厄年や還

5章 ❖ 鈍穴の庭、歴代「花文」の代表的庭園作品選

暦の時に、村内の同い年が集まり神社に何かを寄贈や奉納したり、修繕、新調したりする習わしがあり、現在も引き続き行われている。明治や大正期には燈籠や狛犬を奉納する者が、多かったようである。「花文」も奉納される燈籠の注文を受けることが多かったが、同じ形の燈籠ばかりになるのを嫌い、独自に設計した特別な形の燈籠を薦めた。山村家には、二代目文七郎がそのために設計した燈籠の図面が残されており、それを基に製作された燈籠五対（10基）が大城神社境内に献燈、建立され現存している。

因みに、花文三代目は「祭り・馬場通り」の馬場からの正面に見付である杜の中に、「大振りの神前燈籠」一基、四代目は本殿玉垣内に狛犬一対を、五代目は正面鳥居の両側（戦前は巨大な銅製の燈籠が据えられていた）に8尺の江州雪見燈籠一対をそれぞれ厄年に奉納している。五代目の弟は「菅原道真公の石像」を奉納している。

大城神社社号石

近衛文麿公の書（因みに近衛文麿公（1891〜1945）は戦前3度にわたり内閣総理大臣を務めた）

社号石建立時に書かれた近衛文麿公直筆の書（山村家所蔵）

⑳三代目作 大城神社境内石垣

近江商人外村市郎兵衛寄進の鳥居（大城神社所蔵）

石材運搬の様子（大城神社所蔵）

5章 ❖ 鈍穴の庭、歴代「花文」の代表的庭園作品選

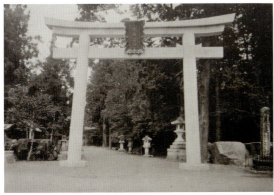

竣工時の大鳥居　　　　　　　　　　　五箇祭り（昭和初期）

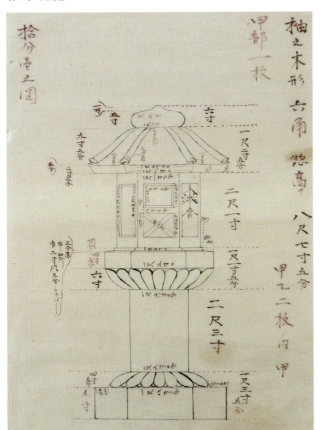

二代目が描いた燈籠の設計図①　大正7年奉納の柚の木形燈籠一対

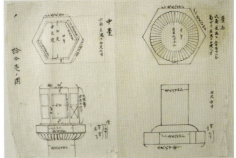

二代目が描いた燈籠の設計図②

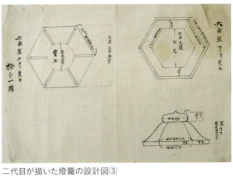

二代目が描いた燈籠の設計図③

⑳三代目作　大城神社境内石垣

明治32年 二代目作

大正元年 二代目作

大正7年 二代目作

昭和2年 三代目作

5章 ❖ 鈍穴の庭、歴代「花文」の代表的庭園作品選

鳥居横の巨石（鳥居の左右に一対据えられている8尺の大きさの江州雪見は、金堂地区の昔ながらの風習に従い、五代目と同じ年（昭和23年生まれ）の方が厄年に奉納したもの。戦前は銅製の大燈籠が一対据えられていた）

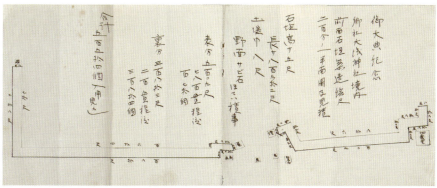

三代目が描いた指図（570×265）野面石「五百五十四個入用見込」の記述

三代目の指図（下図）石積の柄が単純にならないように苦心している

⑳ 三代目作　大城神社境内石垣　　181

神域を囲む石垣（玉垣）

「御大典記念　昭和5年3月建設　氏子中」と刻字されている境内側の石垣の積石

5章 ※ 鈍穴の庭、歴代「花文」の代表的庭園作品選

石垣竣工への感謝状（昭和6年）

社号石建造への感謝状（昭和15年）奉納者の好友会会長外村宇兵衛氏より

神域を囲む石垣（玉垣）

⑳ 三代目作 大城神社境内石垣 183

㉑三代目作 西村久次郎邸

滋賀県東近江市五個荘金堂町

　三中井呉服店創業の三代目中江勝治郎には、同じ金堂の西村家の養子となった直弟の西村久次郎がいる。西村久次郎家の庭の一部は大正11年(1922)に、それ以外の庭は昭和6(1931)年前後に、三代目文七郎が作庭している。現在も西村家により大切に守られている。

　玄関横の庭門を入ると、座敷前に池泉回遊式の庭が現れる。座敷と店の間の沓脱石は絶品の生の鞍馬石と丹波鞍馬石が据えられている。滝口からと鉢前の水が泉水に注ぎ込む。庭奥の離れ前の井筒からは、流れとなって泉水に注ぐ。庭の奥行を出すために、立石は厚みを控えた山石が据えられており、さほど広くない泉水周りの青石による石組は変化に富んでおり、石橋が渡された付近は絶妙に仕上げられている。近年の松枯れの被害が無ければ、深山幽谷のたたずまいがより醸し出されていたはずであるが、残念でならない。

　表門を入って建物沿いに進むと正面に大振りの化け燈籠が現れてくるが、「売上控（山村家文書）」によると、この燈籠周りの、山石6個、鞍馬石1個、化け燈籠1本で三百円。また、丹波沓石1個百五十円、丹波石3個と但馬石1個で三百五十円、春日三百五十円、夏目八拾円、伽藍二十八円のなどの記述がある。

庭園平面図（五個荘町金堂　伝統的建造物群保存対策調査報告、五個荘町教育委員会、1982から転載）

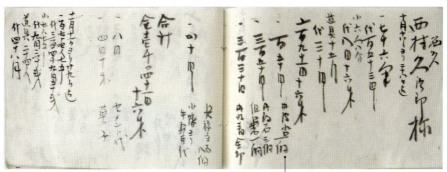
日家栄日記覚（大正9年）昭和5〜6年の売上控「百五十円　丹波沓　一個」の記述

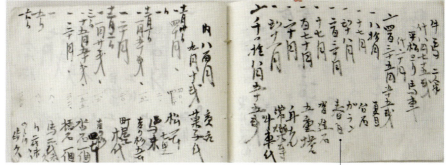
日家栄日記覚（大正9年）昭和5〜6年の売上控「二百三十円　春日」の記述

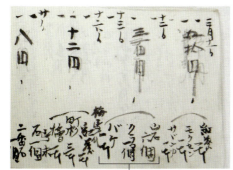
日家栄日記覚（大正9年）昭和5〜6年の売上控　化け燈籠と捨石7個で三百円の記述

化け燈籠と捨石7個

門から玄関に向かう

庭門

㉑三代目作　西村久次郎邸

座敷前から滝を見る

仏間縁先の鉢前

滝口の石組

5章 ❦ 鈍穴の庭、歴代「花文」の代表的庭園作品選

谷川の様子

高さ一丈余りある逸品の奥の院燈籠

泉水に架かる石橋

仏間前の設え

離れ前の井筒まわりの配石

㉑三代目作 西村久次郎邸

㉒三代目作 小江神社

滋賀県長浜市湖北町尾上

　尾上港の近くにある小江神社の石積は三代目の作である。明治期より現在の長浜市西浅井町菅浦付近から採取された青石は、船で運ばれ小江神社近くの尾上港で陸揚げされたため、「尾上石」と言われて珍重され、「尾上の青石」として庭石によく用いられている。

　なお、小江神社の由緒については、滋賀県神社庁の神社紹介では「創祀年代不詳であるが、式内社の論社である。垂仁天皇の皇女倭姫命勅命を奉じ野州郡江頭の地を舟出され湖上を北に向かはれ小江浦に上陸し給うて当社で休息された。そのとき里人踊を奉納して御心を慰めたと伝説されている。敏達天皇圭田を下賜され給ひ爾来神饌田として宮守長老8人衆が耕作をして存続している。琵琶湖を隔てゝ神領山を有している。明治2年神祇伯王家から社領と神鏡を賜り同5年には犬上県からも社額と本堂鍵が奉納された。同9年村社に列せられ同41年に神饌幣帛料供進社に指定された。当社は元亀年間織田信長の兵火によって多くの記録や社宝を失っているが天正年間佐々木、京極の一族が篤く尊敬し浅見対馬守が小江城に居城して復興に努めた。」とある。本殿にある鞘堂が昭和8（1933）年に新築され、石積は昭和12年の築造となる。石積は「尾上の青石」の崩れ積で、これまで「花文」が手がけた崩れ石積の中でも特出している。神社の格式の高さと力強さが表現されており、神域でその存在が威容を誇っている。

三代目文七郎の手帳（昭和12年9月）石積手間と男松・女松搬入の覚え

5章 鈍穴の庭、歴代「花文」の代表的庭園作品選

荘厳な神域の佇まい

重厚な崩れ石積

㉒三代目作 小江神社(おえじんじゃ)　189

㉓三代目作、五代目修復 金堂まちなみ保存交流館（旧中江富十郎邸）

滋賀県東近江市五個荘金堂町

　国の重要伝統的建造物群保存地区に選定されている五個荘金堂地区の、まちなみ保存の拠点である「金堂まちなみ保存交流館」は、もとは江戸末期から明治にかけて活躍した呉服商の外村宗兵衛家の屋敷で、大正期中頃から昭和の初めに、三中井呉服店の創業者の三男の中江富十郎が譲り受けている。庭は昭和6（1931）年前後に花文三代目が作庭している。その後、屋敷と庭の半分程度は、取り壊されている。

　現存する庭は昭和30～40年代以降、十分な手入れがされなかったため、庭木はほとんど枯れ燈籠類も無く、その荒廃ぶりは相当なものであった。建物は伝統的建造物群保存事業で修復され、庭園は平成23（2011）年に花文五代目が保存修復している。

　庭は池泉回遊式で、三尊石で組まれた滝口と井筒からの湧水そして鉢前の水鉢からの水が泉水に注がれる意匠になっている。庭石は守山石や地元産の山石が多く、座敷前には鞍馬石の沓脱石も据えられている。滝口が望める場所には今は取り壊されているが、蔵前の間があった。修復作業により三代目が作庭した庭の、飛石や石橋、護岸の石組などの存在が明らかになった。金堂まちなみ保存会会員や金堂町民の手によってかつての鈍穴流の庭園が現代に新たな息吹を吹きこまれ甦った好例といえる。

中江富十郎邸庭園平面図（五個荘町金堂　伝統的建造物群保存対策調査報告、五個荘町教育委員会、1982から転載）

5章 鈍穴の庭、歴代「花文」の代表的庭園作品選

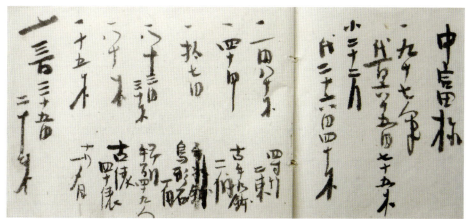

諸売控（大正8年）昭和7年頃の作庭「四十円　古手水鉢二個」「拾七円　鳥形石一個」などの記述

売上控（昭和5〜6年）の作庭「弐百八十円　春日一丈」「弐百五十円　春日一丈二尺」「百三十円　雪見一本」などの記述

修復工事中の状況

㉓三代目作、五代目修復　金堂まちなみ保存交流館（旧中江富十郎邸）

泉水に架かる橋（鈍穴流ならではの橋の構成）

座敷から見る（燈籠は修復時に設置）

踏分石から庭の奥を見る

滝口と谷川

庭門から見る（燈籠は修復時に設置）

5章 ❀ 鈍穴の庭、歴代「花文」の代表的庭園作品選

泉水の下流から滝口を見る

飛石から早渡り（沢飛び）へ

泉水護岸の様子（水は屋敷前の川から導入）

庭門を入った右側に設えた井筒

伽藍石による護岸の設え

㉓ 三代目作、五代目修復 金堂まちなみ保存交流館（旧中江富十郎邸）

㉔三代目作 くれない園

滋賀県犬上郡豊郷町八目

　伊藤忠兵衛本家の近くにある「くれない園」は初代忠兵衛の三十三回忌を記念し、丸紅関係者で結成された酬徳会が、彼の功績を偲んで皇紀二千五百九十五（昭和10）年に建設したもので、設計は造園家戸野琢磨で、後述する「豊郷尋常高等小学校校庭」を設計する以前の作品である。記念碑の背景は常緑の木々を繁らし、パーゴラやベンチを設け、当時の最先端の園地設計となっている。要所には大振りの赤松を植栽し、また正面参道の先には園地に残されている民家の井戸を井筒として設えるなど、日本庭園の手法も取り入れられ、気品高く仕上げられている。

　どういう経緯で、戸野琢磨がこの仕事に係ったのかは不明である。因みに、戸野琢磨（1891～1985年）はアメリカ、コーネル大学で、日本人で初めて Master in Landscape Design（MLD）の学位を取得。建築と造園を学ぶ。帰国後、わが国最初の造園建築事務所「戸野事務所」を開設。昭和28（1953）年から東京農業大学造園学科で講師を務め、昭和33（1958）年からは教授、都合16年間、庭園学や海外造園思潮を講じた。代表作品はアメリカ、ポートランドの日本庭園等。

戸野琢磨設計（昭和10年11月21日）「記念碑前井筒模様」

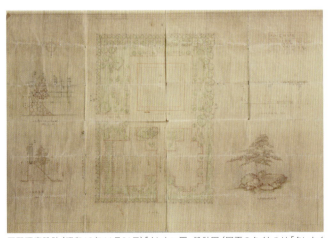

戸野琢磨設計（昭和10年11月21日）「くれない園」設計図（図面のタイトルは「クレナイ園」）　青焼きA1サイズ

5章 ❦ 鈍穴の庭、歴代「花文」の代表的庭園作品選

中山道から見る「くれない園」全景（完成当時の写真）

初代伊藤忠兵衛の記念碑

記念碑背面の顕彰文

写真右が三代目文七郎

㉔ 三代目作 くれない園　195

㉕三代目作 旧豊郷尋常高等小学校校庭

滋賀県犬上郡豊郷町石畑

　豊郷尋常高等小学校の校舎（初代）が手狭となり、腐朽が進んだこともあり、昭和12（1937）年、本校出身の丸紅の専務取締役であった古川鉄次郎が地元に恩返しをしたいということで私財を投げ打って建設した。当時の最先端の技術によって、東洋一と称される壮麗な鉄筋コンクリートの校舎（二代目）が誕生した。建築の設計はアメリカ人のウィリアム・メレム・ヴォーリズ（メンソレータムで知られる近江兄弟社の創業者でもあり、大阪心斎橋の大丸や東京駿河台の山の上ホテルの建築設計でも有名）、施工は竹中工務店、造園の設計は前述した「くれない園」と同様、戸野琢磨、施工は三代目山村文七郎。

　校庭の設計を戸野琢磨に依頼した経緯については、明確な記録が残されていないが、「くれない園」の設計も担い、東洋一と称される壮麗な鉄筋コンクリートの校舎にふさわしい校庭にするために、造園設計に関して当代一の海外通でもある戸野琢磨に設計を依頼したものと推察される。

　校庭の設計意図等についても直接知りうる記録は残されていないが、戸野琢磨が実施設計した図面、（豊郷尋常高等小学校校庭設計図）が戸野事務所と印字された封筒に入ったまま山村家に残されている。その図面と保存されている校舎とその周りの状況等からうかがえる校庭の全体像は、校舎の正面には円形のロータリーが設けられ、その内側には噴水と植栽が施され、全体としては整形式の洋風の園庭的雰囲気を醸し、運動場にはテニス・バレーボール・バスケットボールのコートも計画され、さらに実習畑や水田、果樹園、林森地帯（図面表記原文のまま、筆者注；山林植物見本園）、蓮池、加えて当時としては誠に珍しい高山植物園（ロックガーデン）も一斉に整備され、教材園（学校園）的機能も付与されている。因みに、わが国における平坦地に岩を組み盛土をした盛土式の高山植物園（ロックガーデン）の古いものとしては、明治44（1911）年頃に整備された現在の「東京大学大学院理学系研究科付属植物園日光分園（日光植物園）」あるいは、昭和8（1933）年に開園した「六甲高山植物園」などのものが知られているが、本校庭のものも相当古い部類の一つに位置付けられる。少なくとも学校の校庭の中に整備された高山植物園（ロックガーデン）としてはおそらく最も古いものとみなせる。三代目文七郎が残した手帳の中には高山植物園（ロックガーデン）の用岩として守山石が35個、山石が25個、また植栽された高山植物としてはイワシゲ、イワカガミ、千島キキョウ、ツガサクラ、コケモモ、コマクサ、ゲンジスミレ、シコタンソウ、ツクシカラマツ、ミヤマラッキョウ、シメシャクナギ、シャクナギ、箱根コメツツジ、シメサンキライ、ミヤマリンドウの15種類が記述（原文のまま）されている。また、それまであまり馴染みのなかった高山植物のことを勉強するために入手したと思われる書籍『河野齢三；日本高山植物図説、朋文堂、1931』や植栽工事に使用した高山植物の取扱い業者と思われる「小藪園（名古屋千草町池田）」のメモも残されている。

校庭の要所要所の空地には芝生（高麗芝）が張られ、総計面積は当初設計で 1,443 坪（約 5,000㎡）に及び、さながら芝生園庭の様相も呈する。総計 1,600 坪分の高麗芝に関しては、東京の有数の芝生専門業者（安達幸三郎）が横浜の保土ヶ谷駅等から豊郷駅へ貨物列車で送った出荷案内書も山村家には残されている。また校庭の外囲の土坡のり面にも芝付がなされていたことも設計図面からも読みとれる。

　いずれにしても、それまで近江商人の邸宅等の庭づくりに専ら取り組んできた「花文」にとっては、昭和12年に当代一の建築家ヴォーリズと造園家戸野琢磨の共同作品で、当時としては最も充実した内容を有する学校園や運動場としても位置づけられる小学校の校庭の整備工事を請け負うことができたのは、ある意味、画期的な出来事であったといえる。

　なお、出資者である丸紅の専務取締役であった古川鉄次郎が昭和9（1934）年に「花文」に宛てた葉書、あるいは造園の設計者戸野琢磨が施工者である三代目山村文七郎に宛てた作庭工事や使用する植木材料等についての頻繁な相談事を記した多数の葉書も保管されている。

　平成16（2004）年には新校舎（三代目）建設、二代目校舎は保存。平成25（2013）年に国の登録有形文化財に指定される。因みに平成21（2009）年頃より放映されたアニメ『けいおん！』の架空の高校のモデルと広く認知され、アニメファンの聖地巡礼の舞台ともなっている。

　また、平成28（2016）年に山﨑鯛介らによって刊行された明治から現代までの学校建築の名作選29例を紹介した『日本の美しい小学校』（㈱エクスナレッジ）の1つに「豊郷小学校旧校舎群──W.H.ヴォーリズが愛した地の東洋一の小学校」と題して、その概要が解説されている。

円形池と校舎

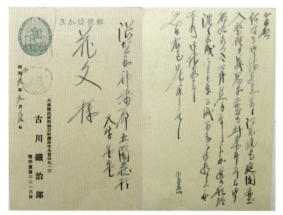
芦屋の古川鐵治郎氏からの葉書(昭和9年)用件は本宅の庭について

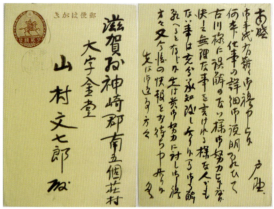
戸野事務所からの葉書(昭和12年)工事打ち合わせのため、度々届く葉書の一部

戸野事務所からの葉書(昭和12年)

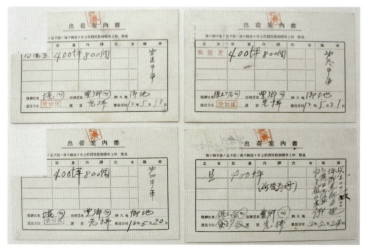
高麗芝の出荷案内書(昭和12年)保土ヶ谷駅、境駅から貨車で近江鉄道豊郷駅に搬入

三代目文七郎の手帳(昭和12年)高山植物買い付け覚え

5章 ✦ 鈍穴の庭、歴代「花文」の代表的庭園作品選

高山植物園付近

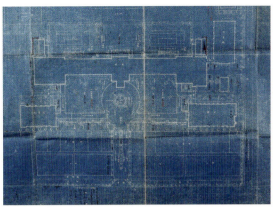
円形噴水、前庭

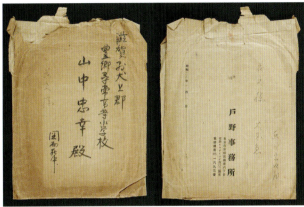
山中忠幸校長宛に送られてきた戸野事務所からの封筒（昭和12年4月5日）

次ページ設計図のタイトルボックス

㉕三代目作 旧豊郷尋常高等小学校校庭

戸野琢磨設計　校庭設計図（昭和11年）青写真A0サイズ（校舎平面図はヴォーリズ建築設計事務所設計）

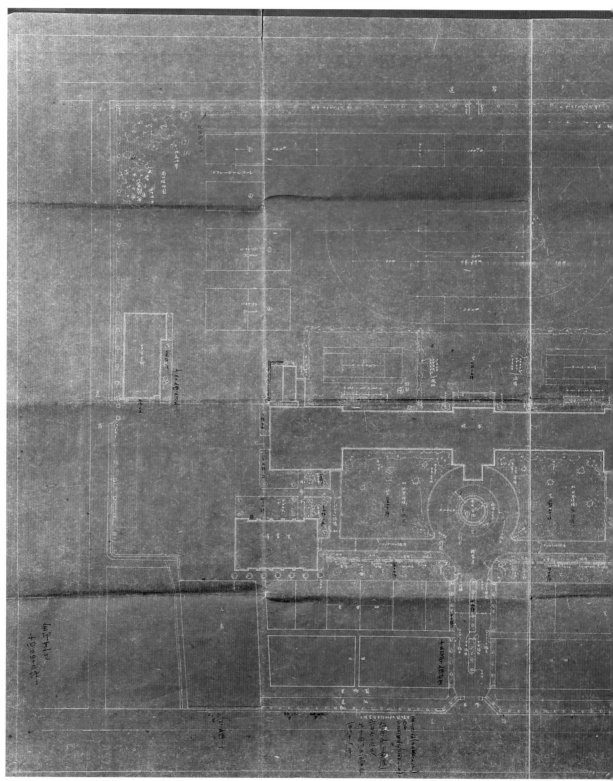

「豊郷尋常高等小学校校庭設計図」最終決定案（昭和12年3月27日）

5章 ❦ 鈍穴の庭、歴代「花文」の代表的庭園作品選

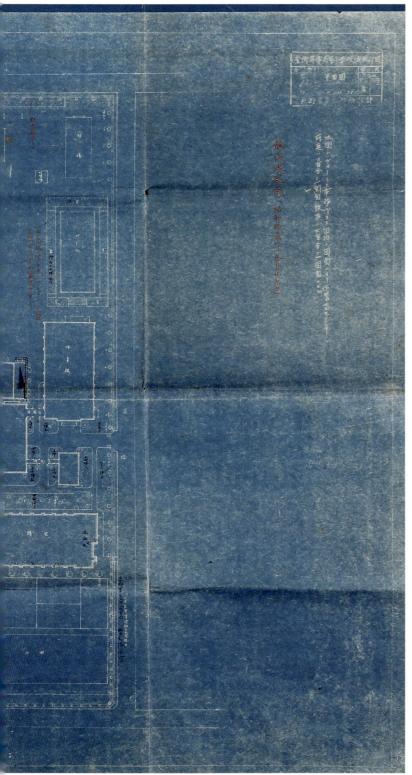

当時の面影が残る「読書室」前の植栽

校舎玄関前

校舎玄関前の円形池と噴水

校舎全景

㉕三代目作 旧豊郷尋常高等小学校校庭

㉖三代目作 犬上合資会社庭園

北海道小樽市（旧北海道小樽区南濱町）

　大正期に犬上財閥とまで呼ばれ、貴族院議員でもあった、犬上慶五郎（1865～1944年）が経営する海運業の会社の1つである犬上合資会社の庭園。どういうことが契機で「花文」が作庭を手がけることとなったのか不明であるが、「花文」の長い歴史の中でも、北海道での作庭事業は、これが唯一のものであると思われる。

　枯山水の回遊式庭園で、三代目文七郎が大正6（1917）年から7（1918）年にかけて作庭。当時は25歳前後で、三代目文七郎を名乗る前の山村助市の時代のものである。燈籠や五重塔、庭石、竹垣など大部分の庭園材料は、京都の舞鶴港から犬上合資会社の船で小樽まで運び込んだようである。庭園は残念ながら現存していないが、当時の写真から木曽川のジャグレ石や紀州の青石の石橋、伽藍石などが使用されている様子をうかがい知ることができる。大正7年に庭が完成した後も、数年間は手入れに小樽まで出向いていることが、昭和9（1934）年の三代目文七郎の手帳の記述から明らかである。「花文」や「犬上合資会社」の印の入った半纏を着た助市や職人が庭園内で撮った記念写真から当時の植木職人のいでたちを知ることができる。また、「山村家文書」の中に、作庭作業に従事している間の詳細な「買物控」（家計簿と会社の会計簿を合わせたようなもの）が残されており、小樽での助市や職人の生活の様子を垣間見ることができる。

　なお、記録によれば、大正10（1921）年8月9日から11日まで、時の内閣総理大臣原敬が北海道視察を行い、11日に小樽の貴族院議員犬上慶五郎の所で昼食をとり、その際の記念写真も山村家に残されている。おそらく、原敬首相もこの庭園を目にしたものと思われる。

庭園全景

内閣総理大臣原敬と犬上慶五郎家族（中央が原敬、右隣が犬上慶五郎）

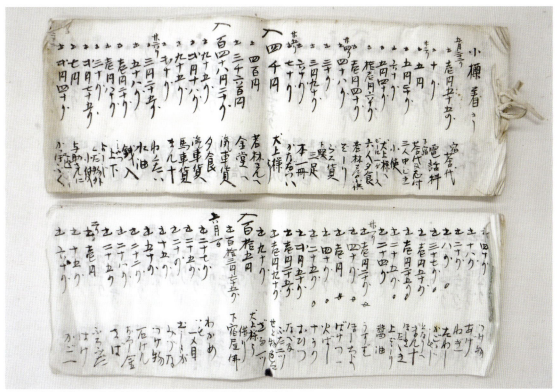

三代目文七郎.小樽での買物控（大正6年）事細かに記し几帳面さがうかがえる

橋の辺りの木曽川の天然石

伽藍の踏分石から上流の眺め

上流の石橋と滝付近

和室から井筒付近を見る

5章 鈍穴の庭、歴代「花文」の代表的庭園作品選

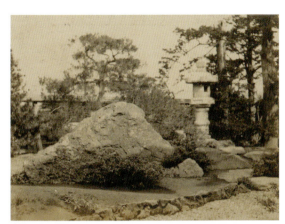
山形の石の石組

「花文」の名の入った半纏

犬上合資会社庭園にて三代目山村文七郎（山村助市の時代）

犬上合資会社庭園にて職人達と記念写真

㉖三代目作 犬上合資会社庭園　205

㉗三代目作 成宮道太郎邸

滋賀県愛知郡愛荘町愛知川

『近江愛知川町の歴史 第二巻(近世・近現代編)、2010』によれば、成宮家は代々愛知川村の名家であり、醸造業を営むかたわら愛知川宿の問屋の任も果し、また文人の家でもあった。その後、分家し、医者を生業とした成宮澹堂家が成宮道太郎の先祖にあたる。

成宮邸の庭園の特徴については、『庭・別冊16 滋賀すまいの庭、建築資料研究社、1980』に以下の様に要領よく解説されている。「旧中山道に面して豪壮な門を持つ成宮邸の庭は豪華でしかも高い品性を偲ばせる庭だ。

建物の南側を芝生として広く取った庭は一見、現代的な雰囲気を感じさせるが隅々まで眺めると長い年月をかけて磨き抜かれた〈鈍穴流〉の手法によって奥深さのある純日本式庭園に仕立てられている。

庭に面した建物の南東と北西の両側にズッシリとした重量感を感じさせる縁先手水鉢を据えている。それに良く調和する鞍馬石の沓脱石は畳二畳以上の広さを持つ巨大なものだ。

建物の座敷から西側の庭を見ると、目隠しの植え込みをバックにした燈籠がストレートに目に飛び込んでくる。そして南側を見ると青々とした芝生を前景に、こんもりした植え込みの中に高く組まれた石組が目に入ってくる。つまり座敷から西、東と視点を変えるとそれぞれ違った景が自然に目につく……。これが鈍穴流の手法の一つ〈庭のしん〉だそうだ。(中略)

植栽も独特だ。高木の樹形は直幹が多く同種類の樹木を数本植えている。これは樹木全体を眺めるのでなく幹の線を見て楽しむというものである。また低木は物を隠す役目で植えられてもいる。石組や燈籠などの一部分を隠すのだ。つまり見え隠れさせながら奥深さとか幽玄さを出す手法である。また塀越しに見える隣の樹木と同じものをその手前に植えている。庭が広く見えるような錯覚を起こさせる手法で、狭い敷地でも利用できる技術だ。」

なお庭の大部分が昭和30年代に完成している成宮邸は、三代目文七郎が作庭している。三代目は昭和45(1970)年2月に亡くなっているが、直前までこの庭に立ち職人を指図していたという。表門の建築や門廻りと門からの見付の庭だけ残して亡くなったので、四代目文七郎がその後を引き継いで仕上げている。

5章 ❀ 鈍穴の庭、歴代「花文」の代表的庭園作品選

旧中仙道から庭内を見る

深山の趣きを感じさせる植栽手法

㉗三代目作 成宮道太郎邸

東側の縁先手水鉢

5章 ◆ 鈍穴の庭、歴代「花文」の代表的庭園作品選

滝口付近から下流を見る

㉗三代目作 成宮道太郎邸

品の良さを醸し出す伝い

5章 鈍穴の庭、歴代「花文」の代表的庭園作品選

自然石の手水鉢で構成された西側の鉢前

門から玄関への伝い

座敷から滝を眺める

㉗三代目作 成宮道太郎邸

表門前の植栽構成

青石で九十九折り

5章 鈍穴の庭、歴代「花文」の代表的庭園作品選

裏門から庭内を見る

大振りの松などで門との調和を図る

㉗三代目作 成宮道太郎邸　213

枯流れに架かる石橋

燈籠、松、捨石2石でまとめる

井筒まわり

5章 ※ 鈍穴の庭、歴代「花文」の代表的庭園作品選

谷川の様子

庭から座敷を見る

滝口の石組

㉗三代目作 成宮道太郎邸　215

㉘ 三代目作 百済寺喜見院庭園

滋賀県東近江市百済寺町

　百済寺は、天台宗湖東三山（他の二つは西明寺、金剛輪寺）の一つに数えられる名刹。寺の開基は古く、推古天皇の御代に聖徳太子によって建立されたと伝えられる。聖徳太子自らが手がけたとされる本尊の十一面観音菩薩像は、その地に生えたままのスギを刻んで作られたという寺伝により「植木観音」の別称がある。中世には三百余塔の塔頭を構えるほどの偉容を誇ったが、戦国時代、織田信長によって全てが焼き払われ、その後、紆余曲折を経て、現在の本堂、仁王門、山門等の建築物は慶安3（1650）年に再建されたものといわれる。

　本坊の喜見院は、昭和15（1940）年、現在の位置に移転改築されたものである。三代目文七郎が、昭和14（1939）年頃より百済寺に庭園を造ることを、秦川村松尾寺の丸橋茂平氏（元秦川村村長）や秦川村常楽寺の高橋嘉十郎氏（元秦川村村長）に勧めていることは、高橋氏からの葉書で明らかである。また、百済寺と親戚関係にあたる金剛輪寺（明壽院は国指定の名勝庭園）から、百済寺庭園の件は大東亜の大事の時期のため、書院前の沓脱石や手水鉢、書院表前の石くらいにしておきたい旨の、昭和17年の葉書が残されている。庭園は東京オリンピックの開催された昭和39（1964）年11月から昭和44（1969）年4月にかけて、実に足かけ5年の歳月をかけて、三代目山村文七郎によって作庭されたものである。74歳最晩年、病を押しての渾身の労作である。その奮闘の様子は当時の新聞紙上（毎日新聞　昭和42年5月31日版、昭和43年2月3日版）で「老庭園師の執念」という見出しで詳しく報じられている。

　庭園の概要は『日本の庭、毎日新聞社、1975』の中で「この庭は、池泉廻遊式かつ観賞式で、さらに山上眺望できる庭園であり、東方の山々を借景とし、谷より引かれた水が流れとなり滝となって池にそそいでいる。およそ100坪の池の護岸の配石が素晴らしく、石橋、沢渡、八ツ橋が変化を持たせている。弥陀、観音、勢至の三尊にまがう石をはじめ、大日、普賢、文殊、不動、矜羯羅、制吒迦に見たてた巨石を配し、仏名による庭造りの手法で表現している。苑路を歩くと、どの位置から観賞しても必ず真になるものが見出されるよう配石されており、苑路を上りきると、湖東の平野が眼下に展開する。廻遊式庭園でこれだけの変化を与える庭園は数少ないであろう。樹種は主にアカマツ、ヤマモミジ、ツバキ、カシ、ヒラドツツジ、サツキを植栽し、四季を通じて観賞できるが、ことに春秋の美しさは格別である。」と解説されている。なお、この文章は、当時「花文」が提供したものが、そのまま使われている。

　また、『滋賀の美　庭、京都新聞社、1985』の中で満田良順は「石組や投げ石として使用される岩も豪華な大岩石が多く、山内の谷川から搬入されたものと、旧庭園のものとで石組されている。（筆者注；旧庭園のものという記述は事実ではない。石組に使われた石は全て山内の谷川から、この庭園の新規工事のために搬入されたものであ

る。）築山を巡る延段は自然石を敷き並べた草の構えと呼ばれるもので、途中の所々に中世の五輪塔や宝塔、宝篋印塔などの残欠を配し、はなやかな庭に、わずかに古色を漂わせる役割をなしている。」と評している。相賀徹夫の編著『探訪日本の庭（8）近江、小学館、1979』では、百済寺の庭園について、「山畔に累々と畳むが如く巨石を組み、滝を落とし、回遊路を廻らした豪華さに圧倒される」と記述されている。

因みに、庭造りの基本は、まず庭にふさわしい石を集めることと、1年がかりで深い山々に入り、5,000個の石を集め、動員した職人は月平均延べ500人、総計延べ15,500人、しかも費用は弟子たちの手間賃だけで結構、「ソロバンぬき、納得ゆくまで」という、まさに三代目の執念は「庭がつぶれるか、会社がつぶれるか」と噂されるほどであった。

本庭の評価の高さは『全国庭園ガイドブック、京都林泉協会、1966』『現代　滋賀の庭25選、1980』『滋賀の美　庭、京都新聞社、1985』『湖国百選　庭、滋賀県、1992』『近江の名園、光村推古書院、2009』など数々の庭園関係の書籍に紹介されていることからも明らかである。また、庭内に植栽されたヤマモミジ等の晩秋の紅葉の美しさも格別で、湖東三山は「日本の紅葉百選」にも選定されている。

なお、学生時代から夏休みや春休みになると帰郷し家業を手伝っていた五代目は、百済寺庭園の後半の庭造りに職人見習いとして工事に携わっている。先先代が作庭した百済寺の庭について、その庭の特徴と工事の難しさについて次のように語っている。

「百済寺の庭は寺院の庭であることから、庭園のすべてが鈍穴流で言う最も格式の高い「真の庭」に構成されている山水の庭である。仏名による石組、沓脱石や鉢前の構成、橋の架け方、飛石の高さまですべてが「真の庭」の決め事で作庭されている庭である。」

本庭は、喜見院が山の斜面を開墾し建築されており、その斜面に泉水を設える場所の掘削した土を幾つもの「山」に見立て峯や谷筋を形づくり、既存の山と一体化する構成として表現している。造成工事は予算の都合か、重機が普及していなかったのか思い出せないが、6t程度のブルドーザー1台のみで行われている。勿論、当時はバックホウもクレーン車も無く、大部分が「花文」の職人による手作業であった。

書院縁先に据えられている沓脱石2個と切石の早渡り（沢飛び）以外の庭石は、すべて山内の谷川から枠（修羅のこと）と神楽、ウィンチ、ボロッコ（滑車）を使い運び込まれたものである。石の据え付けは写真（P.224）にあるように、全て尖棒（三又のこと）とチェーンブロックによる作業である。庭内には重量が20t以上の巨石も据えられている。その据付について、通常5tのチェーンブロックなら5t以上のものが吊り上げられる。百済寺では尖棒（三又）に5tの同型で同規格のチェーンブロックを2個吊るして、10t以上の重さの石を据える工法や、同じ太さと長さの尖棒（三又）2組に、各々5tの同型で同規格のチェーンブロック2個ずつ合計4個のチェーンブロックを使う工法で、尖棒（三又）2組を組み合わせ、チェーンブロック4個を接近させ、5tのチェーンブロック4個で石を移動させる工法が採用された。現在では全く使わない工法が、百済寺の庭では実践されている。

庭の地形についても、滝口から泉水までの高低差や既存の山との調和を図るために急な斜面を設えている、「真の山水の庭」である。平坦な敷地や公園の池泉庭園では、背後の山並みを借景として利用したり、樹木の高低で植栽により山を構成したり池泉主体の庭園などは意外と庭造りが容易である。百済寺は「真の庭」のため谷川も深く、急な斜面が多く、その条件の中で巨石による石組や園路を兼ねた谷筋の設えなど、それぞれに斜面の安定も考慮に入れなくてはならない。急斜面での庭造りのため、土の安定のみならず排水、水路、側溝など水の処理も大変重要であり、土木技術も

兼ね備えていなければならない。平坦地でない山間である百済寺のような山水の庭造りは、あらゆる建設機械が普及している現在においても、大変な難工事になると考える。

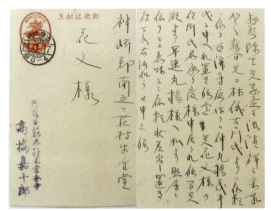

昭和14年3月秦川村常楽寺高橋嘉十郎様からの葉書（百済寺庭作りの用件）

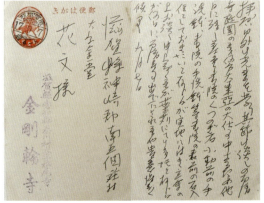

昭和17年9月金剛輪寺様からの葉書（百済寺庭園の件、大東亜の大事の時、沓脱石や手水鉢などの搬入だけにしておきたいとの主旨）

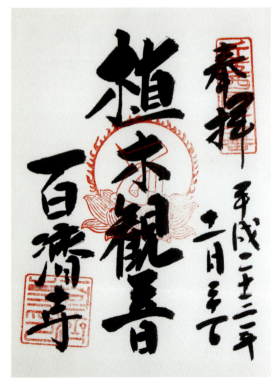

百済寺の御朱印。百済寺の本尊の十一面観音菩薩像は、その地に生えたままのスギを刻んで作られたという寺伝により、「植木観音」の別称がある

山内の谷川から吊り上げた天然彫りの手水鉢

5章 ❖ 鈍穴の庭、歴代「花文」の代表的庭園作品選

正面前景

書院縁先の鉢前からの眺め

㉘三代目作 百済寺喜見院庭園

毎日新聞の記事 昭和43（1968）年2月3日

書院鉢前横の沓脱石と二番石

滝正面

毎日新聞の記事 昭和42(1967)年5月31日

山水の庭造り「真の庭」

切石の筏打ち

5章 ◆ 鈍穴の庭、歴代「花文」の代表的庭園作品選

書院前の飛石

対岸から書院を見る

中島から書院側を見る

滝下の切石の早渡り

㉘ 三代目作 百済寺喜見院庭園

滝口の石組

谷川の上流

滝口石組の様子（作庭時の写真）

5章 鈍穴の庭、歴代「花文」の代表的庭園作品選

山上からの眺め

滝から書院を眺める

谷に湧き出る小滝

㉘三代目作 百済寺喜見院庭園　　225

庭を巡る石段

土留めの石積

谷筋の石段

書院縁先を見る

百済寺で使った尖棒（天然檜）このうち何本かは、昭和61年に五代目実弟の住まい新築に伴い柱に加工されている

5章 ❖ 鈍穴の庭、歴代「花文」の代表的庭園作品選

池泉全景

築山造成（作庭時の写真）

㉘三代目作 百済寺喜見院庭園　227

㉙四代目作 西村賢治邸

滋賀県犬上郡豊郷町四十九院

　明治時代から「花文」の得意先が多い犬上郡豊郷町の四十九院にある、西村家の庭は四代目文七郎の手により、昭和48（1973）年に池泉回遊式の庭園が完成している。その後、門や土塀の新設に伴い玄関前の庭が作庭された。

　昭和のこの年代になると、施主が庭石を積んで売りに来る業者から直接購入していることが多く、その石を使って庭を造ることが増えてきている。本庭においても購入されていた大振りの庭石の扱いに苦心したと思われる。

　三尊石組された滝口付近は、マキとクロマツそして七重層塔を庭の真に構成し、背景の鈴鹿の山々を借景にしている。大振りの石に負けないように、庭木についても大振りのクロマツやツガ、マキ、モミジなどを配植し石が苦にならないように調和を図っている。座敷前の鉢前は、旧志賀町南小松産（西江州産）の立鉢と鉢灯りとして織部燈籠を配しまとめている。門から玄関への伝いから庭門を眺めると、見付に同じく南小松産の化け燈籠（関東でいう山燈籠のこと）が据えられている。

　施主がこよなく愛した庭は、現在も西村家により大切に守られている。

滝付近（作庭中）

4組の三又を立てての庭造り（作庭中）

泉水まわり（作庭中）

5章 鈍穴の庭、歴代「花文」の代表的庭園作品選

木が植え込まれた滝付近（作庭中）

庭門からの見付に化け燈籠

沓脱石から泉水を眺める

㉙四代目作 西村賢治邸

座敷前の庭園全景

5章 ❖ 鈍穴の庭、歴代「花文」の代表的庭園作品選

縁先の鉢前

滝を眺める

㉙四代目作 西村賢治邸

㉚四代目作 西村彦五郎邸

滋賀県愛知郡愛荘町東円堂

　住宅の新築に伴い、三代目が作庭した池泉回遊式の庭園をすべて解体し、新規に平庭として蘇らせた。昭和57（1982）年に四代目文七郎が作庭している。門から玄関までの庭を除いて、座敷前の平庭の材料は、すべて旧庭園の燈籠、庭石、飛石、水鉢などを利用している。

　門を入り玄関への伝いの右手に、回遊式の平庭が開ける。定石通り座敷前には、袈裟形の水鉢を中心に鉢前が設えてある。上の座敷、下の座敷とも沓脱石に続く二番石を据え格調高く構成している。平庭であるので、鈍穴流の飛石の配石の妙が楽しめる。鞍馬石や近くの愛知川の青石や白石の飛石、九十九折り（延段のこと）など伝いも変化に富んでいる。庭の手前には江州雪見（西江州小松で作られているので西形雪見ともいう）、正面は8尺の春日燈籠を庭の真に、庭木と庭石で構成されており、飛石伝いに進むと見付には燈籠を配して石組されている。これも鈍穴流の特徴といえる手法である。

庭の正面（作庭中）

5章 ◆ 鈍穴の庭、歴代「花文」の代表的庭園作品選

完成間近の様子（作庭中）

庭正面の眺め（江州雪見と背後に五重塔）

沓脱石や飛石は全て旧庭園から移設

庭の奥から座敷前を見る

座敷縁先の鉢前

㉚四代目作 西村彦五郎邸　233

㉛四代目作 プラッサ・シガ（滋賀公園）

ブラジル リオ・グランデ・ド・スール州 ポルトアレグレ市

　設計監理、伊藤邦衛　施工、青木建設・花文造園JVで昭和58（1993）年完成。

　池泉回遊式庭園で面積3,860㎡。本庭の概要については、『造園修景№.104、海外の日本庭園特集、日本造園修景協会、2008』によれば、「造園に使用した材料は全て現地調達したもので、敷地の中央部に池を掘り、その土で築山を造成して高低差を実現。池畔には四阿を配置している。池の形は、滋賀県の象徴ともいえる琵琶湖をかたどり、池の中央には石橋をかけている。築山は9mの高さに築き、滋賀県の伊吹山をイメージし、そこから滝が流れ落ちている。石材は近在から調達した丸みを帯びた花崗岩を使用し、植物は成長の早い現地の気候と後の管理を考慮して低灌木の刈り込みを主体とし、喬木は外周植栽に用いられた。
現地ではプラッサ・シガ、日系人にはポルトアレグロの滋賀公園として親しまれているこの日本庭園は、街角の公園広場の位置付にて作庭されている。」と解説されている。

　なお、本庭の誕生のきっかけをつくったのは四代目山村文七郎である。昭和57（1982）年に姉妹都市であるリオ・グランデ・ド・スール州を滋賀県の経済使節団の一員として四代目が訪問し、日本庭園の寄贈が決定する。県からの依頼で施工地の現況図をもとに庭園、四阿の実施設計一式を行い県に提出。数か月後、県よりコンサルタント業務資格の無い造園会社の設計は採用できないとの理由で、設計を東京の（株）伊藤造園設計事務所に委託し、監理業務も伊藤邦衛氏がすることになった。工事は青木建設と花文造園のJVで行い、「花文」からは四代目と技術者一名が出向した。施工は現地の作業員を指導しつつ共に行った。また、「花文」が搬入した材料は七重層塔、西の屋灯籠、織部灯籠、竜安寺鉢であり、庭石、植木等の材料の現地調達も「花文」が担当した。

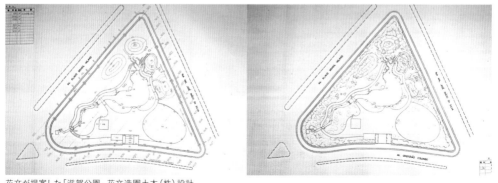

花文が提案した「滋賀公園」花文造園土木（株）設計

5章 鈍穴の庭、歴代「花文」の代表的庭園作品選

不採用となった「花文」のパース案

施工の様子

㉛四代目作 プラッサ・シガ（滋賀公園）

㉜四代目作 西應寺(西応寺)

滋賀県湖南市菩提寺

　浄土真宗大谷派の寺院で、四代目文七郎の最後の作庭となった西應寺(西応寺)の庭は、昭和61(1986)年4月に完成した回遊式の枯山水庭園である。

　この時すでにALS(筋萎縮側索硬化症)を病んでいた文七郎は、完成が近づく頃には病が進行し、社員に背負われながらの庭造りとなった。

　完成時には、読売新聞(昭和61年5月6日版)に「奈良時代の庭園が完成」という見出しで、その概要が記事として紹介されている。

　なお、先にも紹介(P.67～69)したが、現代において、初めて鈍穴流と「花文」庭園作品に着目した庭園史家の村岡正氏は、西応寺の沿革と「花文」の四代目と五代目によって完成された、その庭園の特徴について以下のように書き残している。

　「この地一帯には、もと奈良興福寺の別院で、金勝寺(栗東町)を金勝山大菩提寺と称したのに対し、円満山少菩提寺と呼ばれた大伽藍があった。共に聖武天皇の勅願により、良弁僧正が創設した古刹である。当時の少菩提寺は山上山麓の広域にわたって、大金堂や三重大塔・開山堂などを中心に7社36坊を構え偉容を誇っていたが、このうちの禅祥坊が西応寺の前身である。寺蔵の"明応元(1492)年4月25日　公文所願乗院仲慶下司中之坊長伝"の銘託のある「円満山少菩提寺四至封疆之絵図」(江戸時代の模写)には、盛時の状況が克明に描かれ、現在地の山裾に禅祥坊があったことがわかる。

　室町時代後期の永正17(1520)年、禅祥坊専源は本願寺第9世実如上人(蓮如上人の第8子)に帰依して念仏門に入り、浄土真宗の寺として西応寺と改め、絵図にも載っている巨石禅定岩の傍ら(現在地)に草庵を営んだ。以降、元亀2(1571)年の織田信長の兵火に少菩提寺全山は殆ど焼失し、今日では、西応寺・正念寺・阿弥陀院の三坊を伝えるのみという。

　西応寺の現本堂は正徳2(1712)年の再建であるが、現住職奥野照成師は積年寺観の整備につとめられ、昭和30年代からはじまった庫裡・客殿・書院の建設を着々と達成された。禅定岩を中心とする山裾の園池は50年代の築造であるが、さらに新築成った客殿・書院の庭を1ヶ年半を費して60年12月25日に完成させ、公開されるに至った。

　本庭は、かつて栄えた少菩提寺の盛観を偲ぶべく、住職の発願によって四至封疆之絵図にみられる山や谷を再現し、多くの寺院を燈籠等の配置で表現しようと苦心されたものという。作庭は花文造園の第4代当主山村文七郎氏と、子息文志郎氏が当られた。山村氏は代々鈍穴流を伝える近江の庭匠で、湖東三山の1つである百済寺の本坊喜見院の庭園は、先代文七郎氏の作品として、その規模の雄大なことと、石組の豪壮なことで知られている(昭和43年、5年がかりで完成)。西応寺客殿書院庭園も、喜見院と同様、環境の良さを十分に生かした作庭である。本庭は山と樹林と空を背景として大きい築山の間に枯滝・枯流れを設け、建物の前面から西の山裾にかけて細長い枯池をめぐらした、いわゆる枯山水の庭であるが、水を流

5章 ◆ 鈍穴の庭、歴代「花文」の代表的庭園作品選

せば谷川となり池に湛えられるような写実的な表現をとっている。多数の石組には鈍穴流の手法が生かされており、枯滝石組や渓流に架けた上下ぐいち（筆者注；互い違いのこと）の石橋、曲池西側の石橋、築山の飛石の分岐点に据えられた3石を寄せた踏分石などは独特である。形式を異にし、大小高低さまざまな石燈籠や石擬宝珠柱などが夥しいが、それが所を得ているためそう繁雑ではなく、寺や社を表すという説明がうべなえる。東の一段高い台地には納骨堂が建立され、高さ33尺（約10m）もの巨大な十三重石塔が並び立っているのが目をひく。それに続く山裾にも三尊石を中心とする石組や、降雨の折の排水を兼ねた枯流れが設けられている。主庭のほかに客殿・書院・庫裡をめぐる小空間にも、それぞれに趣向をこらした庭が作られており、本堂前庭の池庭とあいまって、西応寺はまさに庭の寺といえよう。古刹でありながらすべて現代の作庭であるのも面白い。それだけに華やかで明るい。」

なお、庭園の概要は、『湖国百選、庭、滋賀県、1992』にも紹介されている。また、平成5～6（1993～1994）年には西應寺参道の整備（山門の建立計画に伴い、山門の周囲の野面石積と山門の基壇および本堂までの参道の石段工事、植栽工事）が、平成24（2012）年には本堂改築に伴う庭園改修が五代目によってなされた。

圓満山少菩提寺四至封彊之繪圖（明應元年）江戸時代の模写

㉜四代目作 西應寺（西応寺）

奈良時代の庭園が完成

古図をもとに再現

甲西・西応寺 24日に落慶法要

「円満山少菩提寺四至封彊之絵図」をもとに再現された庭園

奥野西応寺住職

甲賀郡甲西町菩提寺、浄土真宗西応寺＝奥野照成住職＝境内に、奈良時代に建立営まれ、三十六坊があったとされた大伽藍（がらん）をしのばせる庭園が完成、二十四日落慶法要をする。

同寺は、奈良時代、奈良の興福寺所別院少菩提寺として円満山（三五三㍍）一帯に造営され、信長の焼き打ちで全山のほとんどが焼失した。

奥野住職は、同寺に伝わる興福寺所蔵の「円満山少菩提寺四至封彊之絵図」の模写古図を頼りに、私財約四千万円をつぎ込み、十年がかりで再現に取り組んだ。

約七百平方㍍の広い境内に客殿、書院などを再建、庭園は自然石を使った枯れ山水の回遊式。サツキやカエデ約五百本を植え、威容を誇った三十六坊の面影をしのばせる見事なもの。

山からの眺め

昭和61（1986）年5月6日読売新聞の記事

5章 鈍穴の庭、歴代「花文」の代表的庭園作品選

書院の縁先で庭を静思する四代目文七郎

植栽前の様子

下草〔低木〕の植える位置を指示する四代目文七郎

植栽中の様子

㉜四代目作 西應寺（西応寺）

山から書院を見る(植栽前)

客殿前(植栽中)

宗泉寺形燈籠付近(植栽中)

5章 ❖ 鈍穴の庭、歴代「花文」の代表的庭園作品選

作庭前の様子

宗泉寺形燈籠を真にした石組

滝口と谷川（植栽前）

滝口と谷川（植栽後）

㉜四代目作 西應寺（西応寺）　241

十三層塔を臨む

書院からの全景

5章 ❖ 鈍穴の庭、歴代「花文」の代表的庭園作品選

正面の滝と谷川

㉜四代目作 西應寺(西応寺)

谷川右方向の峯

橋をわたり山道へ

客殿から書院前へ

書院から客殿前へ

5章 鈍穴の庭、歴代「花文」の代表的庭園作品選

山門への石段

山門からの眺め

㉝五代目作(有)東洋興産庭園

滋賀県東近江市横溝町

　五代目が平成22(2010)年に完成させた鈍穴流の手法による、流れのある回遊式庭園であり、客間からの正面の見付には、高さ3.3mの奥ノ院燈籠を庭の真(しん)に、樹高10mのマキの木と青石の捨石で構成されている。二の滝付近の上下互い違いに渡された自然石の橋も、鈍穴流ならではの手法である。植栽においても高木は直幹が多く同種の樹木を数本配植しているのも特徴の1つで、一の滝と二の滝の流れがある豪華で品性が感じ取れる庭園である。

客間縁先の鉢前

5章 ✤ 鈍穴の庭、歴代「花文」の代表的庭園作品選

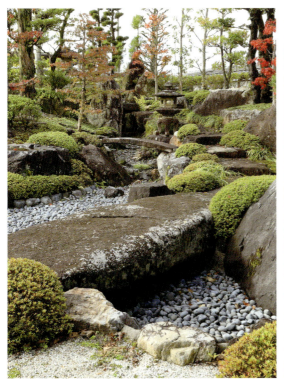

客間から一の滝を眺める

一の滝の谷川

庭門からの眺め

客間から二の滝の方向

二の滝を見る

石橋付近

一の滝周りの植栽

作庭の様子

沓脱石搬入

沓脱石据付

作庭前

作庭前

タブノキ掘取

タブノキ積込

タブノキ搬入荷下ろし

タブノキ立て込み

作庭の様子

アカマツ掘取

アカマツ植付

手水鉢据付

鉢前周辺

客間前

マキの植付

庭門付近を見る

二の滝の立石据付

作庭の様子

井筒据付

一の滝を見る

ちょっと一服

二の滝の滝口石組

二の滝付近の植栽

㉞五代目作 中川清視邸

滋賀県長浜市朝日町

　長浜市の琵琶湖に近いところの住宅地に居を構える中川家の庭は広さ550㎡、平成24（2012）年に完成している、流れに沿って回遊できる庭園となっている。

　入念に施工された茶系鉄平石の乱張りが明るく開放的な雰囲気を醸し、庭と住宅とを融合させる役割も果たして、その存在感を強調している。正面の流れに沿ってアカマツの高木と雪見燈籠、少し下って野面の石橋を渡して護岸の石組に変化をつけている。住宅地内にあるため周辺の建物の目隠しも考慮して常緑樹を多用し、今後の手入れと木の成育によって、庭が完成していく形をとっている。

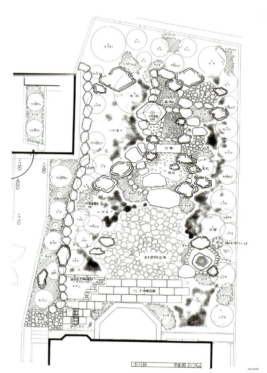

庭園平面図

流れに架かる石橋

テラス前の憩いのスペース

鉄平石の石張作業

流れの石据付

庭正面の緩やかな流れ

㉞五代目作 中川清視邸

㉟五代目作 寶得寺
滋賀県東近江市勝堂町

　寶得寺は三代目文七郎からの得意先で、寺院の表庭と裏の坪庭は三代目の作、住職の曽我家の自宅は昭和54（1979）年に四代目が作庭している。庫裏の庭は新築に伴い平成15（2003）年に五代目が作庭。また、客殿前の庭は平成25（2013）年に客殿が建設されたときに作庭している。

　寺の庫裏である本庭は、客間前には夏目の水鉢を中心に役石と六窓庵型燈籠で設えてある鉢前がある。江州雪見燈籠（西形雪見ともいう）、クロマツ、青石の捨石で、豪華にならないよう純和流の基本に忠実にまとめ上げている。

夏目の手水鉢で構成された鉢前（庫裏）

5章 ✤ 鈍穴の庭、歴代「花文」の代表的庭園作品選

庫裏玄関前の庭

奥行のない庭の設え（庫裏）

門から玄関への伝い（庫裏）

縁先からの眺め（客殿）

鉢前付近（客殿）

庭全景（客殿）

㉟五代目作 寳得寺（ほうとくじ）　255

㊱五代目作 西澤義男邸

滋賀県犬上郡甲良町尼子

　大阪で実業家として活躍し、生まれ故郷と庭をこよなく愛しまれた、西澤家の庭は、昭和62（1987）年に花文五代目が作庭した平庭。西澤氏も同行し、鳥取から調達した幹の直径が30cm余りあるクロマツ3本を中心に構成されている。正面奥に十三層塔、手前に大振りの江州雪見燈籠（西形雪見ともいう）を配置している。座敷の縁からの眺めは、十三層塔と石組、サツキの刈り込みが巧みに配置され、各々その役割を果たす一方、融合してより庭の質を高めている。

作庭後間もない頃の写真（門への伝い）

作庭後間もない頃の写真（蹲踞付近）

5章 鈍穴の庭、歴代「花文」の代表的庭園作品選

座敷からの眺め

仏間からの眺め

㊱五代目作 西澤義男邸

㊲五代目作 太田酒造本社

滋賀県草津市草津

　旧東海道草津宿の草津本陣跡近くに店を構え、江戸城築城の祖として名高い太田道灌を祖先に持つ家柄で、明治7（1874）年創業の太田酒造の庭は、平成24（2012）年の花文五代目の作。

　街道に面して重厚で趣のある佇まいを見せている酒蔵の奥には、住まいとしていた屋敷が残されている。座敷の前には明治期のものと思われる縦長で細長い形の枯山水の庭があり、その庭の修復とその庭の奥にある茶室まわりに新たに庭を造り上げた。既存の庭との連続性をもたせており、既存の庭から飛石伝いに茶室に向かうことができる。茶室側からも眺められる形をとっているため、酒蔵見学で酒蔵を訪れる観光客にも、庭の雰囲気を味わってもらえる庭となっている。

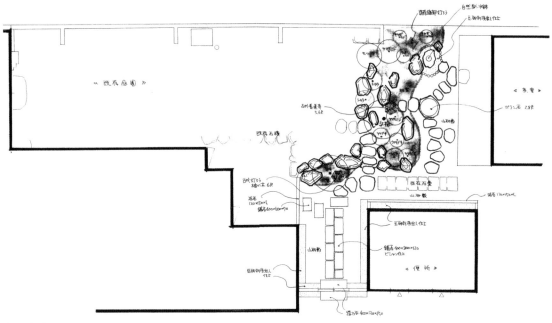

庭園平面図

座敷からの眺め。奥に見えるのが茶室（修復後）

流れの上流（修復後）

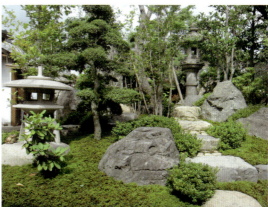
茶室に向かう

茶室からの眺め

茶室前の蹲踞

道の向こうは旧庭園

㊳五代目作 苑友會舘
（旧松居久左衛門邸）

滋賀県東近江市五個荘竜田町

苑友會舘は、さまざまな逸話をもって語られる近江商人の代表格である三代目松居久左衛門（後に遊見と称した 1770〜1855年、屋号は星久と称し、「朝、まだ星のあるうちに家を出し、夜いだいて帰る」という勤勉と忍耐の意味があるという）の旧宅を全面修復再生したものである。

この旧宅一帯は、平成15（2003）年に土地開発によって新たな住宅地になる計画が進められていた。「近江商人の中でも特出される人物である松居久左衛門の屋敷が取り壊されるには忍びない。何とか守ならければ」の一念だけで2,235㎡の敷地を「花文」が購入した。当初、200年を超える建物は老朽化と腐朽が進み、庭園は荒廃していた。

建物を修復するのに左官、屋根葺工、板金工、建具工などの職人の伝統的な高度な技術を結集し、4年の歳月を要して瀟洒な建物が再生された。

その後、庭園の整備にあたっては、屋敷を巡る北庭、東庭、南庭、西庭のいずれもマツなどの多くの樹木が枯損し、荒廃していたため、庭石、沓脱石、飛石、燈籠は一旦全て搬出し、改めて再配置し、甦らせた。既存の樹木も根廻しを行い、適宜、配植している。

その結果、奥座敷と土蔵群との間にある北庭、泉水を設えた東庭、中央の大きな伽藍が重厚な南庭、手前の井筒より水が湧き出る形をとった西庭のいずれも鈍穴流の流儀がいかんなく発揮された庭が出来上がった。また、全ての座敷や部屋からこれらの庭が眺められるように工夫されている。

作業にあたっては場所柄、大型のクレーンやバックホウによる作業は制限されたため、伝統の工法による運搬や据付が主となり、人力による作業が大部分を占めた。特に大きな庭石の運搬は、樫の木で作られた修羅やそりと呼ばれるもの（湖東地域では「枠」と呼ぶ）に載せ、転子、樫板、木梃子を使っての作業となり、また、石組は三又（湖東地域では「尖棒」と呼ぶ）とチエーンブロックを駆使して行った。つまり本庭は昔ながらの伝統的な技術により造り上げられた作品といえる。

なお、これらも含めて「花文」には創業より庭造りに使われていた道具（8章で詳しく解説）が今日まで保管されている。その中には現在も使われている道具もあり、貴重なものや今では見かけない珍しい道具も含まれている。このような道具を展示・解説する「造園道具館」の整備も計画しており、そのための建物も既に苑友會舘の中に建設している。また、苑友會舘の土蔵1階には、本書でその一端を紹介した勝元宗益や明治・大正期の「花文」に関する資料（山村家文書）が収納・展示されており、これらを含めて、苑友會舘から造園文化の一端が発信できればと念じている。

因みに「苑友會舘」の名称は、明治期から昭和45（1970）年頃まで、「花文」の従業員の、今でいう福利厚生的な会を「苑友會」と称し、従業員の慶弔時には、いつも會旗が持ち込まれ、従業員全員がそろい、お祝いやお悔やみを行ってきたという。この「苑友會」に由来する。

5章 ● 鈍穴の庭、歴代「花文」の代表的庭園作品選

正門

苑友會舘全景．石畳の駐車場

㊳五代目作 苑友會舘(旧松居久左衛門邸)

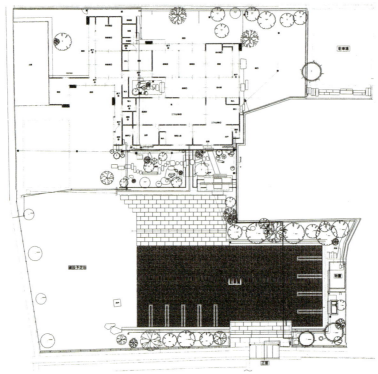

敷地平面図

修復前の様子

庭門(西庭の庭門に移設)

庭門の控柱．金輪継

5章 ◆ 鈍穴の庭、歴代「花文」の代表的庭園作品選

表門

ニワ

居間（奥が中庭）

奥座敷

蔵入口

蔵1階

蔵2階

㊳ 五代目作 苑友會舘（旧松居久左衛門邸）　263

南庭

玄関前の庭

客間から座敷、南庭を見る

座敷からの眺め（南庭）

5章 ◈ 鈍穴の庭、歴代「花文」の代表的庭園作品選

縁先の鉢前（南庭）

沓脱石からの伝い（北庭）

南庭

奥座敷縁先の鉢前（北庭）

㊳ 五代目作 苑友會舘（旧松居久左衛門邸）

沓脱石から滝を見る(東庭)

客間縁先の手水鉢(東庭)

花文苑友會會旗

花文苑友會會旗

5章 ✦ 鈍穴の庭、歴代「花文」の代表的庭園作品選

鞍馬石の丸形井筒からの湧水と沢飛び（西庭）

奥座敷からの眺め（西庭）

㊳ 五代目作 苑友會舘（旧松居久左衛門邸）

㊴五代目作 陽明園（中国式庭園）

滋賀県高島市安曇川町青柳

　陽明園は、陽明学の始祖である王陽明（1472～1528）の生地である中国浙江省余姚市と、日本の陽明学の祖・中江藤樹（1608～1648年）の生地である滋賀県安曇川町との友好交流を記念して建設された滋賀県唯一の本格的中国式庭園。陽明園の設計に際しては、上海の豫園、蘇州の拙政園や留園などに配した「太湖石」と呼ばれる奇岩なども全て中国から輸入したものが使われている。工事は平成4（1992）年3月に着手し、同年9月に完成している。

　なお、陽明園の中心の建築物である八角平面の二層式東屋（四阿）の「陽明亭」は、明代の建築様式である余姚市にある龍泉山公園に建てられている陽明亭を基に復元したものである。

　因みに亭から瓦まで中国からの輸入は全て「花文」が行っており、屋根葺職人の招聘に関する手続きなども任されていた。

陽明園平面図（建築設計：日本プランニングオフィス→造園設計：ランテック計画事務所）

5章 鈍穴の庭、歴代「花文」の代表的庭園作品選

平成4（1992）年6月11日朝日新聞の記事

中国の陽明亭そっくり再現
安曇川に完成

髙島郡安曇川町が同町上小川に建設中の中国式庭園に、中心施設の陽明亭が十日完成した。同町は日本陽明学の祖・中江藤樹の生地。藤樹が学んだ王陽明の故郷である中国浙江省余姚市と交流を深め、同市にある陽明亭を再現させた。

余姚市の陽明亭は王陽明の業績を顕彰するため、約四百年前の明時代に建てられた。しかし文化大革命のときに壊され、その後コンクリート柱で再建された。元の姿を復元するため、余姚市の古建築工程公司がクスやスギで建築資材を整え、安曇川町に運んだ。公司の技術者八人が、先月二十六日から組み立てる技術指導を続けていた。

中国風あずま屋の同亭は八角形二層で、高さ七㍍、広さ十九平方㍍。天井には中国でらでふき、天井には中国でたくさんのシンボルになっているツルと松が描かれ、壁は花模様、柱は朱色。八方の軒下に竜の彫り物、拓本をもとに彫った「陽明亭」の額がかかる。

近江聖人中江藤樹記念館や藤樹神社に隣接しており、町は同亭一帯千八百平方㍍を中国式庭園「陽明園」として整備している。中国福建省から取り寄せた太湖石を組んで川をつくり、陽明門を建設、中国原産のクスやヤマモモ、メタセコイヤなどを植栽し、八月に完成の予定。陽明亭の建設費は約六百万円。庭園の総事業費は約二億四千万円。

技術指導した訪日団の団長謝裂創さん（ ）は「陽明亭を中国以外で建てたのは初めて。中日友好の役にたってほしい」と話している。

1992年4月、中国上海園林公司における検品状況

飾窓製作

㊴五代目作 陽明園（中国式庭園）

陽明亭

王陽明の石像

回廊

5章 ◆ 鈍穴の庭、歴代「花文」の代表的庭園作品選

石橋

回廊に沿って太湖石の石組

㊴ 五代目作 陽明園（中国式庭園） 271

（3）代表的庭園作品から解る鈍穴流庭園の流儀の特徴

　以上、鈍穴流ならではの庭園の特徴を理解してもらう意味を含め勝元宗益から花文五代目までが手がけた庭園作品39箇所を選び、個々の庭園の概要を紹介した。改めて鈍穴流の特徴を一言で言い表すと、木や石そして燈籠により、庭が幾つもの「真副体」（「天地人」ともいう）で構成され、庭全体も「真副体」で構成されている。

　鈍穴流では庭造りの基本として、構成する各材料の「見立て」や「見極め」に重きを置いている。「真」に見合う木であるか、この燈籠は「真」に据えられる価値を有する燈籠か、などの見極めが特徴であり重要である。また木、石、燈籠により「真副体」を構成する配置、組み合わせが、調和融合した結果として、鈍穴流の美を見出すこととなる。

　なお、鈍穴流庭園の特徴を言葉だけで説明し、それを理解してもらうのはなかなか難しい。「百聞は一見にしかず」ということが言われるが、ここでは先に紹介した39作品（一部は他の作品も含む）の中から鈍穴流ならではの特徴が色濃く解る庭造りの流儀の具体例を写真で解説したい。

石の形や筋目などにより「陰陽行」が決められ、それをわきまえて石組を構成することを基本としている。**写真上**：東洋興産、**写真下**：苑友會舘

木や石、燈籠を庭の「真」とする時などに、各々の形により木や石を添えて補ったり、「副」として扱い配植、配石することも多い。複雑で高度な手法となるこの手法は記念碑などでも使い、碑石の形を見極め石を添えることもある。**写真上**：苑友會舘、**写真下**：全国豊かな海づくり大会　御製碑

5章 鈍穴の庭、歴代「花文」の代表的庭園作品選

和室が二間続く場合は、沓脱石は同じ仕上げで同じ色のものを続けて据えない。据付高さ（縁からの下がり）や和室の広さにより沓脱石の大まかな大きさについても取り決めがある。**写真上：中江準五郎邸、写真下：山村文志郎邸**

谷川に左右互い違い「五一」に差し出した石を、谷川に現れた橋と見立て、谷川の情景を醸し出す。極めて珍しい手法である。**写真上：西應寺、写真下：東洋興産**

燈籠の正面とする向きが、一般的な解釈と顕著に異なる。雪見燈籠、火袋が四方抜きの西の屋燈籠、主に四方抜きの火袋の三重塔・五重塔・七重塔や層塔が該当する。**写真上：西應寺、写真中：苑友會舘、写真下：山村文志郎邸**

床の間が設えてある和室（座敷）には、「鉢前」を構成することを基本とする。和室前の庭が数か所になる時は、「蹲踞」を構成し単純さに変化をつけることもある。「鉢前」「蹲踞」とも役石の据え付けに関する決まり事は全て口伝による。**写真上：苑友會舘南庭、写真下：外村市郎兵衛邸**

渓流に設える、沢飛びの石に橋石の片方を架けることも、山の谷川ではよく見かける光景であるが、一般的にはあまり使わない手法といえる。**写真上：外村市郎兵衛邸裏庭、写真下：東洋興産**

(3) 代表的庭園作品から解る鈍穴流庭園の流儀の特徴　　273

飛石に使用する石は、平面の形による「陰陽」の配石、石種（産地）や色目による打ち方など、多くの事柄が口伝として伝えられている。据付高さもそれぞれの家の格式により取り決めがある。**写真上**：外村宇兵衛邸、**写真下**：西應寺

伽藍石を踏み分け石として使うことが多い。**写真上**：苑友會舘、**写真下**：中村治郎兵衛邸

造園では通常、三個の飛石で踏み分けに使うのは忌み嫌うが、鈍穴流では三個の飛石を踏分石として配置することがある。**写真上**：外村宇兵衛邸、**写真下**：金剛苑

自然石の飛石2枚を縦に「筏」に打つ手法がある。**写真上**：外村吉太郎邸、**写真下**：百済寺

2個の飛石を一石に見立て、据える手法がある。（庭石の場合も同様）**写真上**：外村宇兵衛邸、**写真下**：外村吉太郎邸

「大小の飛石」と「切石の筏打ち」そして「九十九折（延段のこと）」を織り交ぜた伝い（つたい）の構成が多い。**写真上**：西澤吉太郎邸、**写真中**：外村吉太郎邸、**写真下**：辻市左衛門邸

5章 鈍穴の庭、歴代「花文」の代表的庭園作品選

石臼は人が食するものを作る道具のため、飛石などに使用することは少ないが、井筒の古材は伝いとして有効に利用する。**写真上・下**：金剛苑

同種の針葉樹を数本植え、山の木々の情景を形づくる。**写真上**：山村文志郎邸、**写真下**：外村宇兵衛邸

サツキやヒラドツツジなどの丸物の刈り込みの扱いが多岐にわたるのは特質している。**写真上**：成宮道太郎邸、**写真下**：西澤吉太郎邸

直幹の高木を主体にし、奥深い庭を演出する。**写真上**：外村宇兵衛邸、**写真下**：外村吉太郎邸

モミジや紅梅などを除くと、針葉樹や常緑樹を多く用いる。**写真上**：山村文志郎邸、**写真下**：外村宇兵衛邸

樹木の植付けは自然の摂理に従い、庭内の植える位置（建物側、石や燈籠の側、斜面など）により、地際からの幹の出る方向や幹の曲がり、枝振りを考慮して植付ける。**写真上**：東洋興産、**写真下**：西應寺

(3) 代表的庭園作品から解る鈍穴流庭園の流儀の特徴

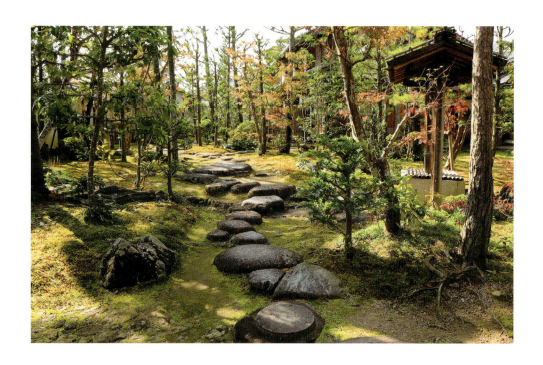

6章

近江商人によって育まれた「花文」の庭園業

近江商人によって育まれた「花文」の庭園業

　洋の東西を問わず、庭園事業は時の有力者の権勢を示す邸宅や別荘あるいは寺社の付き物として発展してきたと言える。江戸時代の大名庭園がその典型である。そのお陰もあり、庭園業という生業も成立してきたと言える。

　近代日本を代表する庭園業「植治」もしかりである。このことに関連して建築史家の鈴木博之は、その著『庭師小川治兵衛とその時代、東京大学出版会、2013』の中で、「植治が多くの仕事をなしたのは、彼が山縣有朋、住友吉左衛門友純、西園寺公望、大原孫三郎など、近代日本を建設していった有力な施主たちに気にいられたからであった」と述べている。

①「花文」の得意先で
　光彩を放った近江商人

　「花文」もその誕生から今日の五代目に至るまで近江の地で営々と庭園業で禄を食むことができたのは、まさに数多くの近江商人（主として江戸から明治期にかけて、当時の近江国・現滋賀県出身で、近江に本宅を置き、全国に進出して活躍した商人の総称、当時の長者番付に名を連ねる豪商も数多く輩出）のお陰といってよい（写-6-1）。

　先に紹介した5章1節の「勝元宗益から『花文』五代目までの庭園作品一覧」から読み取ると、幕末から昭和の初期までの歴代「花文」による作庭数320箇所の内、実に3割以上の100箇所余りが近江商人や繊維関係の実業家の邸宅や別荘、工場の庭園であったことからしても「花文」の庭園業は、まさに近江商人によって育まれたと言える。改めて「花文」が、その庭造りを手がけた代表的な近江商人を挙げると**表-6-1**①〜③に示す通りとなる。近代の産業史に名が刻まれる豪商、経営者ぞろいであることに驚かされる。

　近江商人の立派な邸宅や別荘の庭の作事をまかされ、勝元宗益から伝授された鈍穴流の庭造りの技術を練磨・継承し、庭園業「花文」の礎が築き上げられたといえる。

②近江商人の経営理念
　「三方よし」「お助け普請」
　「陰徳善事」と庭造り

　近江商人は、「花文」の得意先でもあった石馬寺村（現・東近江市五個荘石馬寺町）の中村治兵衛家の先祖が書き残した家訓（経営理念）にある「三方よし（売り手よし、買い手よし、世間よし）」の精神にあるように商いだけではなく、神仏への信仰が篤く、地域社会の事業にも貢献した。神仏への信仰が篤いことの証としては、五個荘金堂という限られた地域の中に近江商人の支援の下、滋賀県内では比叡山の根本中堂の次に大きい本堂を持つ弘誓寺、大きな鳥居と巨石を用いた石垣（玉垣）で荘厳な神域の菅原道真公を祀る大城神社があることでも明らかである。

　近江商人の地域貢献策の具体的取組みの1つとしては『Q＆Aでわかる近江商人、NPO法人三方よし研究所、2010』を参考に言えば「お助け普請（飢饉や不況によって仕事がなくなり生活

に困っている地域住民の雇用を創出するための救済策、すなわち地域活性化のために豪商がその屋敷や土蔵などを建てること）」と呼ばれる事業がある。勝元宗益が作庭した庭がある又十屋敷（現・豊会館）は天保飢饉に見舞われていた天保7（1836）年、二代目藤野四郎兵衛がお助け普請によって建築したものと言われている。

また、近江商人特有の経営理念と言われる「陰徳善事（見返りを求めることなく、仏の心のように無心で人のためになる善いことを行うこと）」も言うならば、近江商人を地域貢献に駆り立てる精神的支柱と言える。5章の「鈍穴の庭、歴代『花文』の代表的庭園作品選」で紹介した豊郷出身で伊藤忠商事の前身にあたる伊藤忠兵衛商店専務の古川鉄治郎が建築家でもあるヴォーリズに設計を依頼し、当時としては珍しい鉄筋コンクリート造の東洋一の小学校（豊郷小学校）を建設し、敷地とともに寄贈した話が具体的事例として挙げられている。なお、陰徳善事を実行した人物として最も有名なのが、同様に5章で紹介した松居久左衛門（星久）であり、その屋敷・庭園は五代目によって苑友會館として修復・整備されたことは既述の通りである。

また近江商人は質素倹約を旨とした暮らしのなかで風雅を心得、自然を愛で楽しむ性向があったがため、屋敷内に庭を構えることが積極的に行われた。

このような風雅を楽しみ、質素倹約を旨とし、常に社会に貢献することを意識しながら商にいそしむという近江商人特有の高潔さ・経営理念が庭造りを生業とする「花文」を支えてきたと言えなくもない。

③近江商人と庭造りの特徴を通しての長い付き合いと奉公

近江商人の本宅の多くはもともと広い屋敷ではなかった。江戸の後期頃から商いが順調になると、自宅の周囲の住居を順次譲り受け屋敷を広げていったと言われている。それ故に建物の増改築だけではなく、前栽（庭）も拡張整備が進められ、一代に幾度も前栽を広げ増やした商人も多い。その証拠に現在では井筒（井戸）からの湧水を流れとして意匠し、配することはあるが、一部近江商人本宅の前栽には井筒（掘り抜き井戸）が数基も見られるのは、このような理由からである。したがって、「花文」では時には二代・三代にわたり、建物の増改築に伴う庭の修復工事を請け負うケースもあった。

因みに「花文」では、近江商人宅の出入り職人として、主だった得意先への盆と年始の挨拶回りは明治の頃からの習わしであった。また出入り職人として、庭の手入れのみにとどまらず、屋敷の外周り全般の雑事を任されていた。樋の詰まりの除去や屋根瓦の差し替え、表門の拭き掃除、排水溝の泥上げなど諸事にわたる。丸紅の伊藤忠兵衛家に関しては、昭和50年頃まで畑堀りや便所の糞尿の畑への肥入れ、大根の種まきなども行っていた。出入りの職人の仕事振りに満足し、信頼していたから生活全般に係るいろいろな雑事も任されていたのであろう。その一例として「山村家文書」の中には、「明治四拾参年七月買物帳〇紅方花文」が残されているが、これは丸紅こと伊藤忠兵衛家の明治43年の買物帳であり、記載されている内容は近隣の商店での買い物を依頼された時の買物控で、「シャボン」「ササラ」などの品名が書き留められている。両者の密接な関係の証といえる。

以上のような関係を通して「花文」あるいはその職人達も第一級の近江商人の暮らし振りに触れ、何かと学ぶことも多く、さまざまな見識を身につける格好の機会になったと思われる。このことからも、まさに「花文」は近江商人によって育まれたといえる。

④近江商人が庭の作事にかけた経費

近江商人は当時、邸宅や別荘の庭の作事に関してどの程度の経費をかけたのかは大変興味深いことである。事前に近江商人側から大まかな予算が

提示され、作事が進められたのか。あるいは経費も一切、作庭者である「花文」の判断にまかされ、出来上がった時点で手間や材料代等のかかった経費が累計され、支払われたのかは定かではない。通常支払いは庭造りや葉刈りを含めて、年2回であった。

先にも紹介したが、「花文」が手がけた近江商人の邸宅の庭の作事に関する材料代や手間賃は、その都度大福帳に克明に記載されているが、総計幾らの費用がかかったのかについては、大福帳の記載からだけではなかなか読みとれない。一部のみトータル経費がそれとなく読みとれる大正期から昭和初期の事例を整理すると表6-2の通りである。

なお、先にも述べた通り、近江商人は商いの繁栄に伴い屋敷を拡張し、それに伴い庭についても広げたり改修したりし、その作事を「花文」が請け負っている。その際、燈籠などは施主である近江商人の予算も考慮し、一時には入れず、据える場所を数箇所予め設けておいて数年をかけ設置することも多い。つまり当初の庭造りにかけた費用がすべてではなく、燈籠が設置し終わるまでの間、毎年葉刈りをし、庭を完成させていく。その時点までの経費を含んだものが、庭造りの経費ということになる。

⑤近江商人が庭の葉刈りにかけた手間と経費

近江商人は、庭の完成後も毎年、葉刈りも含め、芽摘みや肥入れなど、相当の経費をかけ、庭の維持に務め、それらの作業も「花文」が請け負い、社業としてきた。近江商人が自邸の庭の葉刈り作業にどれだけの経費をかけてきたのか、明治39年から昭和2年にかけ、大福帳の記録に残されている主たる近江商人宅の葉刈り手間とその代金を示すと表-6-3、6-4の通りとなる。庭の規模、実施の年代も異なり、相互の代金の多寡の比較もできないが、当時、近江商人宅の庭の葉刈りに、これだけの手間と経費がかかったという記録資料として掲げておきたい。

⑥近江商人の事業の発展に伴い、「花文」の出張所も各地に展開

少なくとも「花文」三代目までは、その仕事の大半は近江商人の邸宅や別荘の庭づくりや葉刈り作業が占め、ある種、近江商人に依存しながら庭園業を営んできたといって過言ではない。その関係を如実に表す例として「花文」の得意先であった近江商人は事業の発展に伴い、徐々に活動地域を全国に展開し始め、本店や支店の近くに近江の本宅とは別に屋敷や別荘を構えた。その別宅の庭の維持管理のために花文は出張所を設け、職人を常時配置していた。

京都市岡崎最勝寺町七番地に京都出張所を設けたのは、明治38年で外村宇兵衛南禅寺別荘は明治40年に着手し、明治43年に完成している。主な得意先としては、南禅寺の外村宇兵衛家（御幸毛織創業者の1人）、木屋町の外村与左衛門家（京都の外与（株）の創業家）、岡崎法勝寺町の外村八郎兵衛家と外村彌八郎家、四条烏丸の田中源治家（東京の（株）田源の創業家）、あるいは現在の京都府立植物園や永観堂近くにあった小泉重助家（大阪の小泉産業（株）創業家）一統の屋敷などであった。

昭和の初めには兵庫県芦屋にも出張所を置いており、精道村蘆屋の丸紅商店初代社長の伊藤長兵衛家の別宅の庭の手入れが主であったが、丸紅や伊藤忠関連の個人宅の得意先もあった。地元精道村の庭師「植嘉」こと西村嘉一氏にも葉刈りの協力を得ている。その他、武庫郡住吉町の伊藤忠兵衛家別宅にも出入りしていたと思われる。昭和30年頃まで芦屋市や西宮市の得意先の手入れのために、西宮市産所町で住まいを借りている。

また大阪ではNHKの連続テレビ小説のモデルにもなった竹鶴政孝の恩人、摂津酒造の社長阿部喜兵衛の工場内（大阪市住吉区住吉町）にも出張所を置いている。大阪には阿部家の他、外村家一統、小泉家一統の得意先があった。昭和9年には

大垣市笠縫町の若林製糸紡績大垣工場内にも置いている。

　上記の出張所は太平洋戦争勃発に伴い、職人が兵隊に召集されるなどして縮小、撤退を余儀なくされ全て閉めているが、本宅や別宅の出入りとしては戦後も取り引きは続いた。

写-6-1：五代目が旧五個荘町に寄付した近江商人像（外村宇兵衛邸）

表-6-1①　花文の得意先となった主要な近江商人一覧（繊維関係の実業家を含む）

得意先名	所在地 現所在地	概要
珠玖清左衛門 三代 （松前屋清左衛門）	栗田村 滋賀県愛知郡愛荘町	天保10年生まれ。珠玖清六の分家で、千坪近く有る屋敷の周りに幾つもの分家屋敷があり、村民からは本家とあがめられており、北海道函館で呉服商を営む。明治12年から県会議員を8年、明治22年には八木荘村初代村長を務める。
藤野喜兵衛	枝村 滋賀県愛知郡豊郷町	江戸後期、「又十」の商標と「柏屋」の屋号で廻船業を営み北海道松前貿易を繁盛させた近江商人。四代にわたり栄えた藤野家の礎を築く。明治20年官営工場の払い下げを受け、四代目辰次郎はスター印の商標でサケ缶製造（藤野缶詰所）で一躍名を馳せた。
辻市左衛門	金堂村 東近江市五個荘金堂町	天保年間には、すでに呉服商として活躍している近江商人。弘化3年には金堂村の「年寄」に選出されている。昭和25年に芥川賞を受賞した辻亮一は大正3年にこの屋敷で生まれている。
松居久右衛門	位田村 東近江市五個荘竜田町	星久こと近江商人松居久左衛門（松居遊見）の本家に当たる松居久右衛門は、寛文4年（1664）には農業の傍ら行商をはじめている。太物商として江戸後期から有数の近江商人。
小杉佐兵衛	下八木村 滋賀県愛知郡愛荘町	初代佐兵衛は、天明年間（1701〜）麻布の製造を始め、広く販売した近江麻布の始祖と言われている。三代は大阪で麻布販売し、四代は明治18年大阪本町に店を構え各地の呉服太物を扱い隆盛を極める。
柴田源左衛門	西黒田村 長浜市鳥羽上町	早くに実業界に身を投じ、長浜二十一銀行、滋賀県農工銀行、大津電軌の取締役で、県会議員や国会議員として地域の発展に寄与した。
珠玖清六	栗田村 滋賀県愛知郡愛荘町	嘉永3年生まれ。代々麻布商を営み、全国に近江麻布の名声をあげる。珠玖家の本家に当たり、清左衛門とは同年代で村政や県政に貢献し、窮民救済、教育振興、社会福祉など支援を惜しまない篤志家である。
外村与左衛門	金堂村 東近江市五個荘金堂町	外村一統の本家。江戸弘化の頃の近江商人資産家番付「湖東中郡日野八幡在々持余家見立角力」では「惣後見」として番外、安政7年の「大日本持余丸長者鑑」では東前頭に位置する。庭は与左衛門十代、十一代、十二代にわたって作庭。
外村宇兵衛	金堂村 東近江市五個荘金堂町	享和2年外村与左衛門より分家、文化10年本家の支配人を退役し独立して商いを始める。二代目は桐生店のほか天保12年に江戸店、慶応2年に京都支店を設ける。四代目宇兵衛は南禅寺に別荘を構える。
外村市郎兵衛	金堂村 東近江市五個荘金堂町	天保14年外村与左衛門より分家、文久2年独立して近江麻布、木綿、呉服を取り扱い商いを拡大する。明治8年には大阪店、明治22年には京都店を開業する。現在の外市株式会社。
外村宗兵衛	金堂村 東近江市五個荘金堂町	外村与左衛門の分家で、嘉永5年には京都店に呉服と太物の部門を有し、関東上州あたりで事業を展開する。屋敷は後に塚本喜左衛門（塚喜商事株式会社）家の本宅となる。表庭は花文二代目文七郎の作庭。
阿部市郎兵衛	能登川村 東近江市能登川町	阿部一統の本家で、五代目阿部市郎兵衛は麻布商を営み紅染め業を始め「紅市」の名を広める。七代目市郎兵衛は阿部ペイント製造所、金巾製織、阿部製紙所、近江銀行などの創業者の1人。明治初期花文初代と二代目の作庭。
稲本利右衛門	山本村 東近江市五個荘山本町	代々農業を営んでいたが、商売を志し呉服太物類の行商を始める。文化10年蒲生郡市辺村の西村重郎兵衛と共同して大阪に稲西屋を創業する。明治初期花文初代の作庭。
中村治郎兵衛	石馬寺村 東近江市五個荘石馬寺町	「三方よし」の精神を説いた五個荘出身の近江商人中村治兵衛の分家に当たり、屋敷は本家に隣接している。天保の初め独立し呉服・太物を奥羽・関東地方へ持ち下る。

注）表-6-1を作成するために、『五個荘町史　第二巻　近世・近現代、五個荘町役場、1994』『秦荘の歴史　第三巻　近代・現代、愛荘町、2008』『近江愛知川町の歴史　第二巻　近世・近現代編、愛荘町、2010』『東近江市史　能登川の歴史　第3巻　近代・現代編、滋賀県東近江市、2014』等の資料を参考にした

表-6-1② 花文の得意先となった主要な近江商人一覧(繊維関係の実業家を含む)

得意先名	所在地 現所在地	概要
田附新兵衛	五峰村(鍛冶屋村) 東近江市佐野町	田附太郎兵衛の分家で、明治19年には佐野村総代、五峰村村長を明治末期から昭和期にかけて5度延13年以上を務め、初代能登川町長を歴任。庭をこよなく愛した人物で、昭和13年には湖東紡績能登川工場(後の日清紡績)の緑化を先頭に立ち推し進める。
田附太郎兵衛	五峰村(鍛冶屋村) 東近江市佐生町	田附一統の本家。明治初期に八条村、五峰村の村長を務める。近江麻布の買置商で明治末期の取引先には、伊藤忠兵衛、伊藤長兵衛、外村与左衛門、外村市郎兵衛、村西茂左衛門、小泉合名会社など著名な近江商人が含まれる。
田附政次郎	五峰村(鍛冶屋村) 東近江市佐生町	大阪船場に田附商店を開業、綿糸相場で成功を収め「田附将軍」と呼ばれた。大正8年日本カタン糸株式会社設立、その後東洋紡、日清紡などの設立にも関わる。社会事業にも熱心に取り組み、現在も五峰興風会として受け継がれ活動している。
伊藤忠兵衛	八目村 滋賀県犬上郡豊郷町	初代忠兵衛は安政5年泉州・紀州へ麻布の持ち下り行商を行う。明治18年サンフランシスコに支店を設置。明治36年初代逝去のため二代目伊藤忠兵衛を襲名。大正3年伊藤忠合名会社設立。大正10年伊藤忠商店と伊藤長兵衛商店が合体し、丸紅商店設立。神戸市東灘区住吉町と熱海市田原町、その後、梅園町に別邸を構える。
伊藤長兵衛	八目村 滋賀県犬上郡豊郷町	伊藤家の本家で、代々「紅長」の名で繊維品の小売りを行っており、六代目長兵衛の弟は初代伊藤忠兵衛に当たる。七代目兵衛は川瀬村の若林又右衛門の弟で、六代目の養子となり、大正14年私財を寄付し豊郷病院を開設した。兵庫県精道村蘆屋にも別邸を持つ。
宮川彦一郎	愛知川村 滋賀県愛知郡愛荘町	麻布・蚊帳・呉服の仲買商で、明治14年の中宿村営業税課対象者の上位に位置する。近江麻布営業組合の設立に尽力し、京都・大阪方面に金融業も展開している。阿部市郎兵衛とは親戚関係にあり、愛知川村長なども務める。
高田吉兵衛	愛知川村 滋賀県愛知郡愛荘町	嘉永5年頃より東海道筋に行商を始め、麻布・蚊帳、薩摩絣などを持ち下がる商いを行う。明治30年には能登川駅で内国通運高田運送部を開設する。同じく30年には愛知川村長に就任する。
田中源治	愛知川村 滋賀県愛知郡愛荘町	文政元年に目加田村の本家から分家し、京都店、嘉永年間に江戸に進出し、明治4年日本橋長谷川町に支店を構え、麻布、蚊帳の製造、販売で事業を拡大する。京都本店は京都市四条烏丸に置いている。現在は東京日本橋での老舗の呉服問屋株式会社田源。
中江勝治郎	金堂村 東近江市五個荘金堂町	三代目勝治郎には、金堂の西村家の養子となった久次郎をはじめ、富十郎、準五郎の弟がおり、四兄弟で明治から昭和の初めにかけて、朝鮮半島や大陸で呉服と百貨店事業を展開する。三中井百貨店は本・支店を合わせた総売上額で三越を超え朝鮮で最大となった。
市田太郎兵衛	東五個荘村北町屋 東近江市五個荘北町屋町	明治11年10月12日明治天皇が北陸東海巡幸途次、市田太郎兵衛邸で小休し帰途も中山道を通ることになり、21日も市田邸で休憩している。当時から豪商であったことが推察される。
中村芳三郎	五峰村 東近江市林町	石馬寺村の呉服太物卸小売商中村治郎兵衛の三男で、中村合名会社、合資会社麻糸商会を設立。明治36年近江麻布同業組合長、五峰村村長を延べ12年以上務める。工場の緑化にも早くから取り組み、地域の発展に努めた。
伴傳兵衛	八幡町 近江八幡市小幡町	江戸日本橋通一丁目に江戸初期から店を出した近江屋傳兵衛は八幡出身であるが、先祖は大伴氏と言われる。畳表・木綿・蚊帳など扱い伴一族の江戸店は近代になっても、同郷の近江商人である西川家と共に活躍した。
小杉五郎左衛門	龍田村 東近江市五個荘竜田町	五個荘出身で、明治16年函館で呉服織物の卸店を創業。明治36年小杉合名会社を発足し、大正3年本社を東京に移転し昭和18年小杉産業株式会社を設立し事業を拡大する。1970年代に「ゴールデンベア」「ジャンセン」などのスポーツウエアを販売し業界大手となる。
小泉重助	旭村山本 東近江市五個荘山本町	衣料品・テキスタイル、照明器具・家具、家電・理美容器具を扱う企業で構成する小泉グループの創業家。初代小泉重助は五代目小泉新助の次男で万延元年に分家する。庭は幾度か拡張されており三代目小泉重助の頃作庭。本宅は国の登録有形文化財。

表-6-1③　花文の得意先となった主要な近江商人一覧（繊維関係の実業家を含む）

得意先名	所在地 現所在地	概要
村西茂左衛門	秦川村我孫子 滋賀県愛知郡愛荘町	江戸後期創業の木綿太物卸商で、明治17年には大阪東区に支店を持つ。主力とした麻布の仕入れの必要性から、本店は我孫子村に置き湖東地域の雇用にも貢献した。
阿部喜兵衛	能登川村 東近江市能登川町	阿部一統は繊維以外の業種に関わっており、分家である二代目阿部喜兵衛は明治40年摂津酒造会社をおこしアルコール製造に着手。大正5年当時、摂津酒造、神谷酒造、大日本製薬が三大アルコール製造会社であった。工場緑化を推進し作業環境の向上に努めた。
若林乙吉	川瀬村犬方 彦根市犬方町	明治24年、長兄若林又右衛門と共に若林製糸場を開業する。丸紅商店の七代目伊藤長兵衛は次兄にあたる。若林製糸紡績株式会社の社長となり、川瀬工場、長浜工場、大垣工場、山口県の小郡工場、熊本県の小川工場と次々に建設し昭和初期の繊維業界を牽引する。
川口傳左衛門	北五個荘村中 東近江市中町	十一代川口傳左衛門は安政3年愛知郡元持村で麻織物を始める。大正10年丸三商會（現．近江織物株式会社）を設立し、大正12年に十二代川口傳左衛門が社長に就任し、昭和元年に北五個荘村に工場を移転。昭和11～12年にかけて本社工場と津工場の緑化を推進する。
川口宇蔵	秦荘町元持 滋賀県愛知郡愛荘町	初代川口宇蔵は明治22年、栗田村の麻布商珠玖清六に奉公し「織」の技術を習い、明治26年開業し小杉佐兵衛商店、稲西合名会社などの取引先を増やす。二代目宇蔵はさらに経営規模を拡大し、昭和55～63年にかけて「近江上布手織りの里金剛苑」を完成させる。

表-6-2①　近江商人が庭にかけた金額（繊維関係の実業家、医師を含む）

西村久次郎家

「山村家文書」大正9年3月「日家栄日記覚　京都出張所」より、昭和5～7年の記録
三中井（みなかい）呉服店社長中江勝治郎の実弟

所在地	滋賀県神崎郡南五個荘村金堂（現．滋賀県東近江市五個荘金堂町）
作庭年	昭和5年～7年
職人の手間	手間799.7人、小人39.9人
代金	材料手間代3,986円84銭

田中新左衛門家

「山村家文書」昭和6年10月「田中新左衛門様　物品手間出面控（図-6-1）」より
近江商人田中源治の分家、屋敷は平成20年に国の登録有形文化財に指定

所在地	滋賀県愛知郡愛知川村中宿（現・滋賀県愛知郡愛荘町中宿「料理近江商人亭」）
作庭年	昭和6年10月～9年4月 但し、葉刈りの期間である6月から9月は中断している。
代金	材料手間代5,741円67銭5厘 ＊大正8年には6人手間で葉刈りをしている記録があり、庭造りするまで毎年しており、ある程度の庭木があり、庭が存在していることが推測できる。主庭である奥座敷前の庭は、昭和7年5月頃に完成している。

谷　謙次郎家

「山村家文書」大正8年「大寶惠」より大正10年の記録
五峰村林の中村合資会社の中村芳三郎家と親戚関係に当たる医者

所在地	滋賀県犬上郡東甲良村北落
作庭年	大正10年
職人の手間	手間　296人4分　（代632円44銭、品代1691円98銭）
代金	材料手間代2,324円42銭

表-6-2②　近江商人が庭にかけた金額（繊維関係の実業家、医師を含む）

奥野幸三郎家	
「山村家文書」大正8年「大寶惠」より大正10年の記録	
所在地	滋賀県蒲生郡八幡町（現.滋賀県近江八幡市仲屋町）
作庭年	大正10年
職人の手間	手間242人7分5厘（代546円18銭7厘、品代691円38銭、コケ6円）
代金	材料手間代1,243円56銭7厘

若林又右衛門家	
「山村家文書」大正8年「大寶惠」より大正12年の記録　若林製糸場取締役、丸紅商店初代社長の伊藤長兵衛と若林乙吉は実弟	
所在地	滋賀県犬上郡川瀬村犬方（現.滋賀県彦根市犬方町）
作庭年	大正12年
職人の手間	手間8人（代9円60銭）手間36人3分（代87円42銭）（品代4,722円50銭）
代金	材料手間代4,819円22銭
作庭年	大正14年
職人の手間	67人（代167円50銭、品代73円、馬車5円）
代金	材料手間代245円50銭

図-6-1 ①〜⑤：田中新左衛門様物品手間出面控

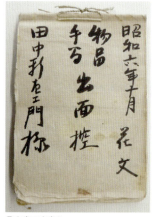
①文書の表書き

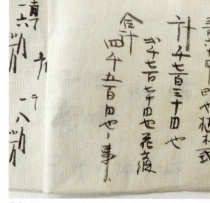
②「九百円　彦根　五重塔一本　春日一本」などの記述

③「四百五拾円　坂本石天然水鉢二個」などの記述

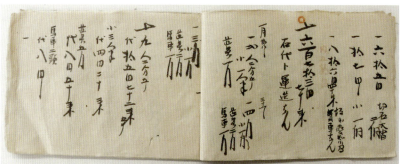
④「八拾六円四十銭　坂本愛知川間気車ちん」などの記述

⑤「弐百円　丹波石青二貨車」「百五拾円　隠岐赤石一貨車」などの記述

表-6-3 近江商人が庭の葉刈りにかけた手間と経費（「山村家文書」明治39年「大福勘定帳」より抜粋）

名前	葉刈り手間	代金内訳	合計	作業年
伊藤忠兵衛	79人6分	39円80銭・分まし8円10銭	47円90銭	明治39年
稲本利右衛門	79人3分	39円65銭・分まし11円89銭5厘、小人1円14銭、弁当85人6分80銭	59円48銭5厘	明治39年
外村市郎兵衛	55人	30円25銭、杢極葉刈り2人1円10銭	31円35銭	明治40年
田附新兵衛	86人4分4厘	内下仕事8人、43円22銭4厘・分まし12円66銭7厘、小人6人8分1円37銭	57円26銭1厘	明治40年
外村与左衛門	88人5分5厘	48円70銭2厘・分まし13円62銭、小人3人75銭	63円7銭2厘	明治40年
外村宇兵衛	130人（請負）	110円、京都行手間代39円10銭内20円受取	129円10銭	明治41年
中江勝治郎	18人	（庭拡張前）11円88銭・分まし3円51銭	15円39銭	明治41年
田中源治	32人4分	21円38銭4厘・分まし6円41銭5厘	27円79銭9厘	明治41年

＊分まし：夏季葉刈りの朝夕の早出残業の割り増し
＊小人：職人見習い

表-6-4 近江商人が庭の葉刈りにかけた手間と経費（「山村家文書」大正8年「大寶惠」より抜粋）

名前	葉刈り手間	代金内訳	合計	作業年
外村市郎兵衛	104人	156円、3分まし46円80銭	202円80銭	大正8年
若林乙吉	128人	295円55銭・まし127人58円42銭	353円97銭	大正15年
若林又右衛門	70人	162円15銭、小3人4円50銭	166円65銭	大正15年
阿部市郎兵衛	73人	153円30銭・まし35人16円10銭	169円40銭	大正15年
伊藤忠兵衛	98人3分	226円9銭・まし98人3分45円21銭、小8人9円60銭	280円90銭8厘	大正15年
伊藤長兵衛	69人3分	159円39銭・まし69人3分31円87銭8厘	191円26銭8厘	大正15年
田附新兵衛	133人3分5厘	293円37銭・まし84人9分5厘37円37銭8厘、小3人3円60銭	334円34銭8厘	大正15年
中江勝治郎	73人2分5厘	161円15銭・まし73人2分5厘32円23銭	193円38銭	昭和2年
小泉重助	35人半	78円10銭・まし15円62銭	93円72銭	昭和2年
外村宇兵衛	89人8分	197円56銭　うち50円かり	147円56銭	昭和2年

＊まし：夏季葉刈りの朝夕の早出残業の割り増し
＊小：職人見習い

7章
近代から現代に継承される作庭の流派としての「鈍穴流」の評価と価値

近代から現代に継承される作庭の流派としての「鈍穴流」の評価と価値

①作庭流派「鈍穴流」の認知度

　本書で言うならば、現在の滋賀県東近江市五個荘金堂の地で、茶道「遠州流」の中興の立役者と言われる辻宗範の直弟子で、『長浜人物誌』等でも作庭家として高く評価されている勝元宗益（1810〜1889年）によって創始され、その後、五代150有余年にわたり庭園業（花文造園）を営む山村家によって代々継承されてきた作庭流派「鈍穴流」の足跡と業績をまとめ上げたものと言える。

　ただし、流派独特の作庭方式・技法が勝元宗益直筆の秘伝書（庭造図絵秘伝等三巻）や口伝によって相伝され、あるいは現存する最古の庭園設計図の部類とも言える宗益直筆の庭景図が現在まで伝えられ、それらの作庭技法によって幕末から明治・大正・昭和の初期にかけて、あまたの有数の近江商人の邸宅・別荘あるいは寺社の庭造りを手がけ、その多くが現存している。また現在でも花文造園土木として伝承されてきた流儀を守り、脈々と造園業を営んでいるにもかかわらず、今まで作庭流派「鈍穴流」の名、その存在はそれこそ滋賀県内の造園関係者以外、ほとんど知られることはなかった。

②日本庭園の流派の起源と展開

　作庭の流派の起源と展開については、庭園史家の重森完途氏の遺作『日本庭園における流派の研究、龍居庭園研究所、1993』に大略以下のようなことが記されている。「庭園において実際に流という言葉を用いて庭園作風を呼称するようになったのは江戸初期の貞享3（1686）年の嵯峨流（嵯峨流庭古秘傳書なる作庭書がある）や四条流がある。これらは、いつの間にか一般の人達によって言われだしたものであるが、その後、作庭家自らが流を名乗るようにもなり、その代表が夢想流であり、その延長線上で金岡流、金森流、利休流、遠州流、雪舟流がある。いずれも今日では、その流儀は全く遺されていない。それを名乗った人が、そのあと一代か二代で消滅してしまったものと思われる。江戸末期になると江戸で作庭の仕事がなくなった作庭家が各地に流れ、作庭を行い、桑原流（土佐流）、出雲の玄丹流、青森の武学流（大石武学流）などを名乗る。武学流は青森地方において明治から大正にかけて隆盛を誇ったが、現在までどのように継承されているのか不明である。結論として、茶道や華道のように、所作を中心として行うものには流儀の継承はそれなりの意味があるが、日本庭園のような意匠の創作となると、流儀の継承は不向きである。そのためか日本庭園においては流というものが、ついに発展しなかった。現代においても、流を名乗る人が若干いる。流というものは、1.相伝してその授受が行われなければならない。2.型の特徴が必要である。3.流は第三者の多くから支持を受けたものでなければならない。4.流を率いる者は、芸とともに集団の統率的な力量が必要である。5.流の相伝や継承は、その芸術的な才能と、学問的裏付が必要である。

相伝の伝授をしても、才能がなく、学問的な形成が不可能な場合、その流は消滅する。日本庭園の長い歴史において、流が生まれ、そして消え、また生まれ、そしてまた消えていったのは故なしとしない。」

因みに「武学流（大石武学流）」については、『「次代の文化を創造する新進芸術家育成事業」文化財庭園保存技術研修報告書、文化財庭園保存技術者協議会、2017』によれば、「大石武学流は、茶道や華道と同じく宗家制度を継承してきており、宗家が大石武学流庭園のあらゆることの総括者・指導者としての役割を果たしてきた。代々宗家に伝承されていた「大石武学流築庭極意傳書」などの文書は、昭和4（1929）年5月、五代・池田亭月宅の火災によって全て焼失したため、大石武学流の築庭技法だけではなく、由来・沿革に至るまでの全てが不明になった。」とされている。

③「花文」が継承した「鈍穴流」は由緒ある作庭の流派として認められるか

以上、庭園史家重森完途による日本庭園の流派の起源と展開についての見解等を紹介した。

これらの見解を基に、勝元宗益を開祖とし、代々山村家によって継承されてきた庭園作風（庭園術）が、「鈍穴流」という日本庭園の流派として認められるのかを考察してみたい。

まず勝元宗益の残した『庭造図絵秘伝』の中巻冒頭と下巻の最後に「家元皆傳　70翁　勝元宗益」と記されており、家元の字義は「技能文化における一流一派の統率者」の意味であり、勝元宗益自身が、自らの庭園の作風術を1つの流儀・流派と考えていた節がある。

昭和40年代以降になり、第三者、それも庭園の専門家が始めて勝元宗益の庭園の作風（特徴）を「鈍穴流」と称したのは村岡正氏である。氏は『滋賀の美　庭、京都新聞社、1985』の中の一節「近江の庭と人――遠州と鈍穴――」の中で、「滋賀県神崎郡五個荘町金堂には花文造園の本宅がある

が造園業を始められた初代と二代目は鈍穴に師事されたということで、代々鈍穴流を継いでおられる。」「花文さんには鈍穴自筆の上中下三冊の庭造秘伝書が伝えられており、ほかに鈍穴の描いた庭景図（設計の姿図）が5枚あり、これらの資料や作品を見て回り、鈍穴流の地割や手法が何となく分かってくる。」「幸い鈍穴流の庭づくりは花文さんに受け継がれ、幾多の作品となっている。」というように鈍穴流という言葉を3度使っている。

また、これも既述したが滋賀県立大学の堤雄一郎・村上修一氏は研究論文『庭造図絵秘伝、及び実作にみる鈍穴こと勝元宗益（1810～1889年）の石組意匠、ランドスケープ研究（オンライン論文集）3巻、日本造園学会、2010』の「補注及引用文献」の2箇所で具体的に「鈍穴流を継承する花文造園」「鈍穴流作庭術の継承者である山村文志郎氏」という記述で鈍穴流という言葉を使っている。

これらのことと、先に述べた重森完途氏の日本庭園の流の条件などと照合し、総合的に考えると、「鈍穴流」は江戸末期に勝元宗益によって創始され、その後、五代150有余年にわたり「花文」こと山村家に、その庭園技法が現存する秘伝書や口伝によって平成最後の年まで脈々と相伝され、伝統的な作法、流儀によって庭づくりが行われ、現存する庭園作品も数多く、由緒正しい、しかも現代では稀有な日本庭園の流派とみなすことができる。

さらに言えば、華道や茶道は言うならば各流派の集合体であり、華道や茶道の作法を身につけるためには、いずれかの流派に属さなければならない。一方、作庭に関しては過去から現在に至るまで流派という存在が極めて希薄、散発的であり、現在では庭園の流派そのものがほとんど相伝されていない。作庭の技法を身につけるためには、技術者集団でもある関係企業（造園会社）に属し、日々の仕事を通じてさまざまな技法を会得する。その技法は所属する企業によって多少異なるが、ある流派独特の技という訳ではない。作庭に関しては流派という存在があまり重きをなさないし、

なじみもない。このような事情もあって「鈍穴流」という流派の認知度が限定的なものとならざるをえなかった。

また、「鈍穴流」を継承してきた山村家（花文）代々も、実際の庭造りに関しては、伝授された「鈍穴流」の技法による庭の造形表現に徹底してこだわってきたが、自らの流儀が「鈍穴流」であることを折あるごとに口にしたり、情宣(じょうせん)することもしてこなかった。

以上の様な事由もあり、筆者が滋賀県以外の造園関係者に聴取した範囲でも、現在の「花文造園土木」が由緒ある「鈍穴流」の継承者であると認知している人は極めて少数であった。

今後、改めて作庭技術が伝統的な工法であることを広く世間に知らしめるために現代でも脈々と「鈍穴流」という伝統的な庭園流儀を継承し、今の世情に合わせながら、伝統的な工法を新たな空間造りに生かしている企業があることを希少性、貴重性という観点から高く評価し、広く世間に流布しても良いのではないかと考える。

8章

鈍穴流「花文」の作庭を支えた伝統工法や道具類

（1）石組や鉢前、飛石の打ち様

①鈍穴流石組の特徴とは

　日本庭園では、その石組を見て作庭者が誰であるか判断するのは、庭園研究家ですら困難なことであり、古文書や伝承、屋敷の所有者の先祖代々の言い伝えなどにより、作庭者を究明することが多いと推測される。造園の大家である小堀遠州は、全国各地に庭を造っていることから「遠州作」と言われている庭が多いが、「遠州作」と言われながら遠州の作でない庭も非常に多いと言われている。遠州の石組の特徴を語られることは非常に少なく、その特徴が明確でないためと考えられる。因みに過去から現在まで、あまたの造園家の中で、その石組のデザインが最も個性的で、その石組を見ただけで作者が誰であるかおおよそ検討がつく造園家の1人が重森三玲であろう。

　三代目文七郎は、勝元宗益が辻宗範の弟子であり遠州流の茶道を修得していることから、「花文は遠州流の庭造り」であるという書きつけを山村家に残しているが、確たる根拠があるものではない。

　鈍穴流の庭園構成の基本である石組については一部別項でも述べている。石組につには「秘伝書」三巻にも絵図や記述があるが、大部分は口伝となっている。その特徴について全てを文章では表現しきれないが、もう少し具体的にわかりやすいよう以下に、写真や庭景図の下書きで説明する。

〈庭景図〉三間続き（店の間・座敷・仏間）の座敷前の庭：
手前の峯の裾に組まれた燈籠と三石による石組
奥の峯の裾に組まれた雪見燈籠と石組
庭の左に組まれた燈籠と二石の石組〈花文二代目画〉

8章 鈍穴流「花文」の作庭を支えた伝統工法や道具類

写-8-1：庭の正面奥の燈籠を「真」に、後ろに大振りの赤松、左奥に2石(1石は副石)、燈籠横に1石、燈籠の前に1石。(外村吉太郎邸.花文二代目作)

写-8-2：大振りの五重塔を「真」に、右背後に塔に負けないように大振りの立石ともう1石による石組、塔の右横に1石、塔の前の特大の平石を1石に見立てている。写真左側にある座敷からも眺められる石組になっている。(外村市郎兵衛邸.花文二代目作)

写-8-3：奥の院灯籠を「真」に、右背後に青石の立石(1石は添石)、燈籠の前に同じ青石を据付。燈籠を「真」、青石の立石を「副」とし、もう1石を「体」にした組。(西村久次郎邸.花文三代目作)

写-8-4：正面に奥の院燈籠、その横に大振りのマキを配し、前に山型の捨石ともう1石でまとめている。(東洋興産.花文五代目作)

(1) 石組や鉢前、飛石の打ち様　295

写-8-5：八尺二寸の宗泉寺型燈籠を「真」にした石組。左後ろと右手少し前に石を配した石組、燈籠背後には赤松を配植している（同じ個所の施工中の写真は作品選の「西應寺」に掲載している）。（西應寺庭園.花文四代目作）

写-8-6：古代善導寺型燈籠を「真」にした庭。燈籠と中国産の奇岩五石による石組 燈籠の左には大振りの一行寺モミジを配植している。（山村眞司邸.花文五代目作）

写-8-7：古代型六角燈籠を「真」にしてアカマツと青石2石で石組。（苑友會舘.花文五代目作）

写-8-8：石碑における石組。(忠魂碑，愛知郡愛荘町沓掛，昭和29年，花文三代目作)

写-8-9：4尺3寸の宝珠型燈籠と石組。(西應寺庭園，花文四代目作)

写-8-10：6尺の髙桐院型燈籠を「真」にした石組。ラカンマキ、キンモクセイ、ヤマモミジ、ハマヒサカキを配植。(山村眞司邸，花文五代目作)

写-8-11：井筒周りの石組。(西應寺庭園，花文四代目作)

②鉢前（縁先手水鉢）

　礼法を重んじる鈍穴流では、「鉢前」を設えることを定石としている。二方や三方を座敷や客間に面している庭では、そのうちの1つを「蹲踞」に代えて庭に変化をつけることもある。
　「鉢前」は通常、座敷の床の間側の縁先に設けるが、三間続きの場合に奥の仏間の縁先でなく真ん中の座敷の縁先に「鉢前」を設えることもあり、また座敷や客間が多い場合は、その部屋の縁先にも「鉢前」を設ける場合も多い。座敷前の沓脱石近くにある「鉢前」は沓脱石と同様に慶弔時には重要になってくる。例えば自宅で葬儀を執り行った場合、願い寺の住職は沓脱石から座敷に出入りさせる、また輿は座敷前の沓脱石から送り出す。婚儀の場合も昔は自宅ですることが多く、花嫁は座敷前の沓脱石から迎えることになる。このような事柄から、沓脱石と鉢前は生活において、大変重要で神聖な場所となり、商人に限らず農家の庭にも必ず設えた。施主の誰もがその材料には「より良いものを」という強い思いがあった。
　鉢前や蹲踞に関しては、二代目文七郎の日誌、「山村家文書」明治16（1883）年「諸覚」の記述の通り、口伝となっている。「鉢前」の役石の呼び名は蹲踞と同じく、前石、湯桶石（花文では桶台と呼んでいる）、手燭石、蟄石となる。
　明治期の庭では、手水鉢に橋杭鉢や夏目型の水鉢が多く見かけられるが、当時は相当高価な材料で一般の家では使えなかった。夏目鉢は昭和後半頃でも値段の高い水鉢だった。12章（2）「五代目が韓国に設立した石材会社」に記した通り、花文五代目は西江州産の夏目鉢や江州雪見を一般の庭でも使える価格にするために、その加工技術を韓国に持ち込み、のみ切り仕上やビシャン仕上の古代燈籠など、手加工による上物の燈籠の製作を始めた。

③飛石・踏分石

　飛石の打ち方や据付高さについては一部前述（5章⑤五代目が語る勝元宗益著「庭造図絵秘伝」等三巻の特徴）しているが、口伝が多い中で鈍穴流の特徴と思われる事柄を説明する。
　宗益が残した「秘伝書」には、「四辻」と「三辻」の踏み分けの場合の良い例と悪い例の絵図で飛石の配置を伝えている。また一般的には忌み嫌う三石による踏み分け（踏分石）を説明しているが、三石を踏分石に配石するのは鈍穴流の特徴でもある。飛石の打ち様についても悪い例を交えながら説明しているが、詳細は口伝となっている。飛石はその形と大きさにより「日と月」つまり「陽と陰」があり、配石が決められる。また、「同じ産地で且つ同系色の石を、3個以上続けて打たない」という鉄則がある。このことは鈍穴流の解り易い大きな特徴といえる。例えば、守山石の飛石を2個や3個続け、その後に鞍馬の飛石や青石を打つのはいいが、守山石を4個続けて打った後に、産地や色違いの飛石がくるのは禁じている。在る材料を活かすために、使う理由か定かでないが2個の石を1個の飛石として使うことも多々ある。
　飛石は庭内で手前から奥へ、左から右へなどいろいろな方向に打つが、座敷から見て横使いになることも心がけなければならない。このことと相反するかも知れないが、右脚が乗る位置に飛石を据える場合、平面から見て右脚の外側が強くなり内側が弱くなる。解り易い説明をすると、飛石も同様に右脚の外側には大きい方を内側には細くなっている方を持ってくる。合端を合わすのは当然であり、理屈では理解できるがなかなか難しい、飛石に使える材料と石の形の見極めが重要であると言う口伝でもある。

(2)「花文」が作庭に際し、重量物の運搬、据え付け等に使用してきた道具類

　近代に入り、庭づくりに際し、どのような道具を使い、その作業を進めてきたかについては大変興味深いことであるが、その種のことを書き記した情報は極めて少ない。特に重い庭石、燈籠、庭木の運搬や据え付け、移動は、相応の道具なしの手作業では実行は不可能であり、さまざまな工夫を凝らした道具類が使われてきたものと思われる。

　庭園史家の森蘊氏は、その著『日本の庭園、吉川弘文館、1964』の中で、「造庭用具の種類」と題し、京都のある古い庭園業者が使っている道具を13種類に分けて紹介している。その中で「石木など重量運搬、据えつけ道具」として、こした（転の下に敷く〈枠〉）、金ころ（普通短い丸太を使用）、金棒（かなべら）、ばち、ロープを、「重量吊り上げ運搬道具」として、重量用くさり、ワイヤーロープ、10tジャッキ、チェーンブロック、木のブロック、かねのブロックを挙げている。

　また、小形研三氏は『造園修景大事典、同朋舎出版、1980』の「造園用器具機械」の用語解説の中で、明治以来現在までの運搬用の造園用器具機械類として、明治中期から戦前頃まで使用されてきたものとして、コロ、ソリ、ヒラ、チェーンブロック、箱ジャッキ、キリンジャッキ、カグラサン、ウィンチ、ワイヤーロープ、馬車（牛車）、手車、地車（木製）、トラック（トレーラー）、トロッコ、モッコを挙げている。

　全国各地に点在する幕末から明治期にかけて創業した造園系企業の中には、かつて使用した古い道具類が残されていたようであるが、震災や戦争によって、その多くは焼失してしまい、その実物を見ることができない。

　幸いにも「花文」には代々が使用してきた道具類のほとんどが倉庫に保管されている。中でも代々がその都度、創意工夫を凝らし、使用してきた道具類については目を見張るものがある。それらについては以下、写真と短文の解説で紹介する。なお、「花文」では保管する道具類の主要なものについては、「5章 鈍穴の庭、歴代『花文』の代表的庭園作品選、P.260」で紹介した苑友會舘内の一棟に一括展示する算段を既に計画している。

キリンジャッキ：重量物を上方に持ち上げる道具で、軸を30cm程度水平に移動できるものと固定して使う種類がある。10t程度の重量物を押し上げることができる。造園図書に掲載される一般的なキリンジャッキと比べると、製造年代は古く明治中期頃と推測される。花文には写真と同じ形状のジャッキは、錆びて使えないものを含め4台残されているが、50年以上は使われていない。

写-8-12：「キリンジャッキ（製造メーカー🈂の刻印）

写-8-13:「CAST STEEL」(鋳鋼)と製造メーカーの $ の刻印

写-8-14:「CAST STEEL」と製造メーカーの「◇」の刻印

写-8-15・8-16:「10TON TRACK JACKS」と製造メーカーの「TOYO JACKS」の刻印

箱ジャッキ：下端にある爪に庭石をひっかけ、上方に持ち上げる道具。クレーンが進入できない場所での庭石や大振りの沓脱石の据付に現在でも使う道具。箱ジャッキは立てて使用するだけでなく、ジャッキを横向けに倒して使うこともできる。箱の上部から出てくるシャフトを利用して、沓脱石を奥の方へ押し込むこともできる。名前は聞いたことはあるが実物を見たことがなく、使い方もわからない造園技術者も多いと思われる。1組で10t以上の石の据付が可能。明治中期頃から使われていた道具と考えられるが、最近では「花文」でも3年に1度程度しか使わないが、梃子で、はねられない大振りの庭石の据付には、大変便利な道具である。

写-8-17・8-18:現在でも使っている10t用の箱ジャッキ

写-8-19・8-20:製造メーカー「TOYO JACKS」の刻印と「東洋製鉄」の銘板がある10t用の箱ジャッキ

ボロッコ（滑車）：重量物の移動や、吊り上げ・吊り下げの作業に用いる。「神楽（かぐら）」や「ウィンチ」、「三又」と組み合わせて使うことが多い。

写-8-21：木製滑車と鉄製滑車

写-8-22：鉄製滑車

写-8-23：現在も使用している滑車

ロープ（マニラロープ）：滑車や牽引に使用するマニラロープ。保管されている中で一番太いロープは、運動会の綱引きで使われるのと同じ太さで、五個荘金堂の大城神社秋の祭礼時に、山（やま）（山車）が引かれることがあれば、このロープが貸し出される。

写-8-24：滑車と共に使用する太さのロープ

チェーンブロック：クレーンが進入できない場所では、現在でも使う機会が多い。現在のチェーンブロックは以前と比べると相当軽量化されおり、扱いやすくなった。

写-8-25・8-26：昭和10年代の5tのチェーンブロック、形状はアメリカYALE社チェーンブロックと酷似している。刻印は「STANDARD SPUR GEARD BLOCK」とあり、銘板には「5TON VALLEY HIGH SPEED HOIST」「NOBLE・SPUR GEARED・CHAIN BLOCK・MFG.CO.」の表示。重量：148 kg

写-8-27・8-28：「Osaka Yoshida」製のチェーンブロック。銘板には「Osaka Yoshida Test 7Ton 5mtr 5Ton」の表示。重量：131 kg

写-8-29：当社に残されている旧式のチェーンブロック

写-8-30：松原鐵工所製のチェーンブロック

写-8-31：松原鐵工所製5tのチェーンブロック（昭和38年11月製造）

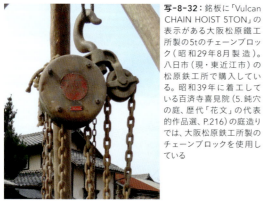

写-8-32：銘板に「Vulcan CHAIN HOIST 5TON」の表示がある大阪松原鐵工所製の5tのチェーンブロック（昭和29年8月製造）。八日市（現・東近江市）の松原鉄工所で購入している。昭和39年に着工している百済寺喜見院（5.鈍穴の庭、歴代「花文」の代表的作品選、P.216）の庭造りでは、大阪松原鉄工所製のチェーンブロックを使用している

写-8-33：松原鐵工所製3tのチェーンブロック（昭和41年9月製造）

写-8-34・8-35：当社で一番古いドイツ、クリンゲルンベルグ社製の3tのチェーンブロック。大城神社（5.鈍穴の庭、歴代「花文」の代表的庭園作品選、P.176）の石垣築造の工事のため昭和3年頃に購入したチェーンブロック。重量：131kg

大八車（荷車）：主に植木や石材の運搬に使われた。

写-8-36・8-37：グッドイヤー製のタイヤ（6.00−16）がはめられている大八車で、戦後タイヤに付け替えられている

馬車（牛車）：牛や馬に牽引させ、庭石や大振りの植木を運搬した。京都での庭造りにおいても江州から牛や馬を使って、庭石や植木を運んでいる。

写-8-38・8-39：木製の車輪に鉄の「たが」をはめた馬車。車体に製造者「八日市㋹」の焼印

写-8-42：タイヤ付け替え以前の鉄の「たが」が嵌められた木製車輪。左は大八車に嵌められていた車輪

神楽（神楽桟）：滑車や三又、二又などを用いて、ロクロの軸にロープ巻きつけながら庭石や大振りの植木などの重量物を吊り上げたり引き寄せたり、移動させる道具。神楽は明治期から使っているが、大城神社（5章 鈍穴の庭、歴代「花文」の代表的作品選、P.176）の石垣築造では牛車で運べない 10t 以上の巨石の運搬に、相当数の滑車と共に使われた。

写-8-40・8-41：戦後まもなく、後部の車輪をタイヤに付け替えた馬車。タイヤは昭和19年中央ゴム工業株式会社製（日本ダンロップの前身）で、戦闘機のタイヤ。車体に製造者「宇」の焼印。明治後期から昭和初期にかけて、「山村家文書」に牛や馬と記されているのは、牛車や馬車による運搬代のことである

写-8-43：神楽

写-8-44：相当使い込んでいる神楽

写-8-45：「金堂 ⑪ 花文」の焼印

ウィンチ：軸にワイヤーを巻き付け、庭石などの重量物を吊り上げたり引き寄せたりする道具で、重量物の移動運搬に使用する。巨石を移動させる時、巻き上げ中に歯車の歯の一部が欠落しワイヤーが滑ることがあり、ウィンチでの作業は非常に危険を伴う。当社には2台のウィンチが保管されている。

百済寺喜見院（5章 鈍穴の庭、歴代「花文」の代表的作品選、P.216）の庭造りで、四代目文七郎（勇治郎）は新しいウィンチを購入し、より効率的に谷川からの石の引き上げと据付を図ろうとしたが、三代目文七郎は山内の急な斜面での作業のため、危険を伴うウィンチの使用を許さず、神楽での安全作業を強く説いたと言う。後に三代目文七郎自身が立ち会うことで、ウィンチを使うことを許している。

写-8-46・8-47：現在では使わなくなったウィンチ

枠（修羅）：枠の上に石を置き、転子と樫板や盤木を用いて移動させる道具。現在でもトラックやクレーンが進入できない場所では、よく使う道具。

写-8-48：当社で最大の枠。縦2m75cm横1m28cm、外枠11cm×20cm角、ころφ13.5cm×1m91cm、樫の木の盤木13.5cm×20.5cm×4m76cmの大きさ（30t〜50tの石の移動が可能）

写-8-49：縦2m75cm横1m23cmの枠

写-8-50：縦1m50cm横75cm程度の枠3組

そり：山から石を採り出す時に使う道具。そりの下に竹を敷き並べ、滑らせて山から石を運び出す。

写-8-51：そり

転子：樫の木の丸棒で、重量物を移動させる時に枠や樫板と共に使用する。大振りの転子以外は、現在でもよく使う便利な道具である。

写-8-52・8-53：各種の転子

樫板：厚さ2寸の板で、樫や椋の木で作られている。重量物を移動する時に敷設する以外にも、庭造りでは様々な用途がある道具。

写-8-54：樫板

木梃子：庭石や大振りの木をはねたり、起こしたり、回したり、動かすための道具。樫や椿などの堅い木で作られことが多い。また、木梃子は先端を上にして片付けることが習わしとなっている。

写-8-55：木梃子

梃子鋤：鋤の形をしており、鋤先を石と石の隙間に差し込み、梃子にして燈籠などの部材の傾きを直したり、少しはねたりする時に使う道具。普通の鋤とは、鋤先の焼き入れが異なる。

写-8-56：梃子鋤

写-8-57：梃子鋤の鋤先

刈込み鋏：昭和初期の刈込み鋏だが、形は現在とさほど変わらない。刈込み鋏は当時でも職人の貴重な道具の一つであったことが、柄に押された「花文」の焼印で確認できる。

写-8-58：昭和初期頃に使われていた刈込み鋏

三又：同じ程度の長さと太さの3本の丸太を上部（末部）で結束し、丸太の下部（元部）を3方向に開き、結束部にチェーンブロック等を吊り下げ、重量物を吊り上げる道具。花文では尖棒と呼ぶ。

三又の立て方については、各部材の呼び名、扱い方は地域や各造園業者によっても多少異なる。丸太3本の上部の結束は東京においても、3本の丸太を2本ずつ別々に結束する方法や、丸太3本をまとめ結束し割掛（わりが）けする方法などがあり、各業者によって多少対応が異なる
「花文」では3本まとめて結束し、割掛（わりが）けは行わない。この方法が関西では一般的だと思われる。三又を立てた後、チェーンブロックを吊り下げるためのワイヤーを掛けるのだが、このチン吊リワイヤー（東京辺りではおにがみという）の掛け方が安全作業を行う上で重要で、注意を払わなくてはならない。石組などの施工において、2本の丸太にしか荷重が効いていないワイヤーの掛け方をしているケースも散見されるが、チン吊リワイヤーは3本の丸太に荷重が分散されるように掛けなくてはいけない。三又を使っての作業はチェーンブロックが軽量小型化され、便利な道具でもあるが基本を忠実に習得していないと、たいへん危険な作業にもなる。以下、その取り扱いの手順と要領を写真とその解説文によって示す

①丸太3本を2分程度のワイヤーで結束

②3本まとめて結束

③割掛けは行わない

④丸太の結束完了

⑧ボロッコ(滑車)の吊り下げ(ボロッコを吊るす位置が重要)

⑤丸太を立てた時の結束部

⑨3本の丸太に荷重が分散する(荷重が効く)ように、チン吊りワイヤーを掛ける(誤ると事故の原因ともなる)

⑥・⑦ボロッコ(滑車)を吊り下げるために、ロープを結束(結束はフックが掛かる位置ではなく、横側で行う)

⑩ボロッコでチェーンブロックを吊り上げる

⑪チン吊りワイヤーにチェーンブロックを掛ける

(2)「花文」が作庭に際し、重量物の運搬、据え付け等に使用してきた道具類

(3)「葉刈り」の技術とその得意先

　「葉刈り」とは、上原敬二の『造園大辞典、加島書店、1978』等によれば「植え込みものや単木状の低中高木あるいは地被植物、芝生の梢端・葉先を刈込むこと」を言う。また「剪定」と同義的な扱いをする場合もある。
　「花文」では、先のような意味あいだけではなく、庭全般の手入れを「葉刈り」「葉刈」「はがり」と言っている。また関連して、松の「みどり（新芽）摘み」のことを「芽つみ」、サツキやヒラドなどのツツジ類の刈り込みを「サツキ刈り」、「透かし剪定」のことを「雑木切り」、松の「葉むしり」については、手でむしる「葉むしり」、鋏で行う葉刈りは「鋏刈り」、病んでいる赤松では「古葉取りだけ行う」と言う使い方をする。さらには、「施肥」のことを「肥入れ」と呼んでいる。
　なお、花文では女松の葉刈りが済むと、「猿皮落とし」「猿皮取り」と言って小ほうき（庭箒の小さいもの）で幹を擦って猿皮を落とす。等で擦れない小枝は前もって、枝ごとに葉刈りが済んだ時に手でしごいておく。戦前は幹や枝を傷めないように、施主さんが出してくれる草履で松に上がっている。地下足袋は底がゴムのため木の枝や幹を傷めるので、藁草履で木に上がり葉刈りをしている。また、猿皮も履いている草履で幹を擦り落としている。
　モクセイ類やモチノキなどでは「割る」と言って、葉を切らないで葉刈りをする手法もあり、他にも木によって、いろいろ葉刈りの方法と用語がある。葉刈りの手法は鈍穴流ではなく、花文独自のものなので「花文流」と言えなくもない。
　なお、「花文」ならではの独特の技法を生かした「葉刈り」つまり庭全般の手入れ仕事は他の庭園業（植木屋）と同様、草創期から現代に至るまで重要な商いとなっていた。「花文」が作庭した所はもちろんのこと、他の業者が施工した庭でも用命があれば葉刈り仕事を請け負っていた。明治期から昭和初期にかけて、一体どのような「葉刈り」の得意先があったのか、「花文」の足跡を知る上でも大変興味深いことである。山村家の残されている「大福帳」等から拾い上げると**表-8-1**①〜③の通り整理できる。近江商人や繊維関係の実業家の邸宅、寺社、企業の庭等が主な得意先となっている。

表-8-1① 明治期から昭和初期にかけての葉刈り等の得意先
(作庭記録がない及び相続による世帯主変更等で検証できない庭.植栽のみ.材料売の得意先含む)

名称	所在地	葉刈り以外特記	葉刈り時期・備考
中村勘次	常楽寺村	宗益建碑篤志簿の発起人の一人であり、何らかの形で宗益と関りがある。	
橘 久兵衛	常楽寺村	宗益建碑篤志簿の発起人の一人であり、何らかの形で宗益と関りがある。	
東福寺	浅井郡曽根村		明治17年記載
竹嶋利三郎	大津材木町		明治17年記載
野村治郎右衛門	北五個荘村宮荘	袖垣	明治28年記載
山中利右衛門	北五個荘村五位田	植木販売	明治28年記載
田附甚三郎		守山石	明治28年記載
安達又七		植木	明治28年記載
西澤青吉		椿	明治28年記載
榎 清		椿、キンカン	明治28年記載
外村文兵衛		植木、ガラン、燈籠	明治28年記載
川添源右衛門		守山石、コガラ	明治28年記載
篠原直七	八幡村垣見	枕	明治28年記載
山村嘉七	南五個荘村金堂	植木	明治28年記載
福應寺	南五個荘村川並		明治28年記載
上田善兵衛		ヌレサギ燈籠	明治33年記載
小杉五郎右衛門	北五個荘村竜田	燈籠、クマラ飛石	明治33年記載
小杉宇右衛門	北五個荘村竜田	守山石	明治33年記載
西澤芳平		守山石	明治33年記載
川島才兵衛		植木、紀州石、クマラ飛石	明治34年記載
松居㐂三郎	南五個荘村竜田	赤松、枕	明治34年記載
塚本太三郎		守山石、袖垣、植木	明治34年記載
清村与吉		石、沓石、伽藍、植木	明治35年記載
猪子役場	五峰村		明治38年記載
松居甚三郎		竹垣材料	明治38年記載
川島才蔵			明治38年記載
北岡久兵衛	愛知川村		明治39年記載
中村治兵衛	南五個荘村石馬寺		明治39年記載
野村単五郎	北五個荘村宮荘		明治39年記載
川島嘉兵衛			明治39年記載
中村八郎兵衛	南五個荘村石馬寺		明治39年記載
中村茂兵衛	南五個荘村石馬寺		明治39年記載
辻庄兵衛	南五個荘村金堂		明治39年記載
浄栄寺	南五個荘村金堂		明治39年記載
塚本貞次郎	愛知川村		明治39年記載
奥井和兵衛	南五個荘村川並		明治39年記載
加地善次郎	東五個荘村北町屋		明治39年記載
中村武兵衛	南五個荘村石馬寺		明治39年記載
稲本儀三郎	東五個荘村山本		明治39年記載
高田佐一郎			明治39年記載

表-8-1② 明治期から昭和初期にかけての葉刈り等の得意先
(作庭記録がない及び相続による世帯主変更等で確証できない庭.植栽のみ.材料売の得意先含む)

名称	所在地	葉刈り以外特記	葉刈り時期・備考
猪田仁蔵	北五個荘村築瀬		明治39年記載
加地兼二郎	東五個荘村北町屋		明治42年記載
小川又七	秦川村目加田		明治42年記載
中村鹿太郎	南五個荘村		明治42年記載
塚本完治郎(完二郎)	愛知川村		明治45年記載
外村宗二郎	京都市	花文作庭	明治45年記載
外村善右衛門			明治42年記載
中江重三郎	南五個荘村金堂		大正期記載
中江久次郎			大正期記載
宝満寺	愛知川村		大正期記載
梶原平太郎			大正期記載
塚本茂七			大正期記載
某市	能登川村		大正期記載
鍛治屋村説教所	五峰村		大正期記載
岸善五兵衛			大正期記載
麻糸商會	愛知川村		大正期記載
山本豊次郎	北五個荘村和田		大正期記載
田中武右衛門	愛知川村		大正期記載
田中太七	秦川村目加田		大正期記載
大堀正平			大正期記載
三上源兵衛			大正期記載
郡田(こおりた)	八幡村小川		大正期記載
近江銀行能登川出張所	能登川村		大正期記載
田中清吉			大正期記載
村西和平	秦川村我孫子		大正期記載
金堂区長	南五個荘村金堂		大正期記載
蚊帳會社	能登川村		大正期記載
阿部芳太郎			大正期記載
西村愛三			大正期記載
西村禎介	八幡町仲屋町		大正期記載
山田末次郎			大正期記載
夏原音次郎			大正期記載
渡辺秀太郎	豊郷村四十九院		大正期記載
向坂政平	稲枝村		大正期記載
森甚三郎			大正期記載
石田梅吉			大正期記載
藤井利兵衛	川瀬村		大正期記載
西沢庄右衛門			大正期記載
野村 仁			大正期記載
山本庄助			大正期記載
小濟喜兵衛	八幡村小川		大正期記載
丸糸商会(田中源治)	愛知川村		大正期記載

表-8-1③ 明治期から昭和初期にかけての葉刈り等の得意先
(作庭記録がない及び相続による世帯主変更等で確証できない庭.植栽のみ.材料売の得意先含む)

名称	所在地	葉刈り以外特記	葉刈り時期・備考
辻井四郎兵衛			大正期記載
猪田松太郎			大正期記載
北川勇吉	秦川村目加田		大正期記載
西和醤油醸造所	八幡町仲屋上		大正期記載
寺本仁兵衛（瓦仁）	八幡町		大正期記載
前川太郎兵衛	高宮町		大正期記載
五峰小学校	五峰村		大正期記載
西 良三			大正期記載
阿部市太郎	能登川村		大正期記載
藤野宗次郎	豊郷村四十九院		大正期記載
古川半六（鉄次郎）	豊郷村四十九院、兵庫県精道村蘆屋		昭和初期記載
古川善八	豊郷村四十九院		昭和初期記載
古川善七	豊郷村四十九院		昭和初期記載
西 喜助	旭村奥（大津市錦織町）		昭和初期記載
藤井亀次郎	稲枝村金沢		昭和初期記載
成宮甲太郎	豊郷村石畑		昭和初期記載
国松孝三			昭和初期記載
藤井彦四郎	北五個荘村宮荘		昭和初期記載
乎加神社	五峰村神郷	（化け燈籠は花文据付）	昭和初期記載
市田末太郎			昭和初期記載
田附伊之助			昭和初期記載
山本 勇			昭和初期記載
佐生米次郎		植木販売	昭和初期記載
山本国太郎			昭和初期記載
四十九院区長	豊郷村四十九院		昭和初期記載
豊郷村長	豊郷村		昭和初期記載
山脇治平	南五個荘村金堂		昭和初期記載
犬方公會堂	川瀬村		昭和初期記載
佐野末次郎			昭和初期記載
八目区長	豊郷村		昭和初期記載
辻信次郎			昭和初期記載
辻寅治郎	京都市錦小路烏丸西入		昭和初期記載
南五個荘村小学校	南五個荘村塚本		昭和初期記載
商業学校			昭和初期記載
田附源兵衛	五峰村		昭和初期記載
阿部義蔵	能登川村		昭和初期記載
青年教會道場	南五個荘村金堂		昭和初期記載
伊藤忠兵衛須摩別邸	神戸市東灘区住吉町		昭和初期記載
橋本八重三		植木販売、手間	昭和11年記載
川口傳左衛門	神戸市東灘区		昭和初期記載
外村哲三郎	京都市岡崎円勝寺154		昭和17年記載

Column.3

葉刈りの高所作業時に身を守る、腰なわ・肩なわ・引きなわ

「花文」に入社すると、最初に腰なわ（ロープのこと）を買ってくるように言いつけられる。最近では先輩がホームセンターで必要分のロープを買ってきているようである。葉刈りの時に使用するロープで、高所での作業の時などは安全を確保するために、非常に重要で、扱いには細心の注意を払わなくてはならない道具の1つである。

ロープの素材は近年ではクレモナロープ使っているが、以前は麻ロープであった。自分のロープは職人自身で編まなくてはならなかった。ロープは使用目的により、腰なわ、肩なわ、引きなわに分けられ、腰なわは一般的だが、木の幹を回し腰に巻いて結束する、肩なわは枝先に体をのり出す時に、幹から両肩に張る。引きなわは梯子を引っ張る時に使用する。引きなわは梯子を掛ける枝がない時や梯子を掛けると自分の体重で枝に負担がかかる時、木に登れない細い木などに対して布掛け支柱の横竹のように、竹を横に通し、その竹に梯子を掛けて木の外側から葉刈りをする時に梯子を引っ張る。最近ではアルミの三脚の脚立が普及した影響か、木に登り幹側から葉刈りのできる職人も少なくなった。

腰なわ、肩なわのロープ径は16mmくらい、引きなわは12mmくらいである。腰なわの長さは4尋、肩なわは6尋、引きなわは8尋と決められている。なお尋とは、両腕を広げた長さのことである。

その他に梯子や脚立や通し竹を結束したりするときに使う、6mmくらいの太さの細なわ（ロープ）も必要である。長さは職人それぞれで決まりはないが、数本持っていると便利である。また自分の乗る枝や丸太を吊り上げたり、結束したりするロープも備えておくと、何かの時に役に立つものである。

五代目がまだ現役で使っている腰なわ、肩なわ、引きなわ

葉刈りの様子

Column.4

剪定鋏の「きりばし(切箸)」と「蕨手(わらびて、輪鋏)」

　職人に限らず、造園に携わっている者ならだれでも一番たいせつにする道具で、拘りを持っているのが「鋏（はさみ）」である。現在、木の剪定（葉刈り）に使う鋏にはいろいろ種類があるが、花文では創業当初から「きりばし（切箸）」を使っている。このことは、初代文七郎が使っていた切箸の木箱の蓋があり「湖東金堂村　花屋助三郎主」と書かれているので、江戸時代末期頃のものである。一方、現在も使っている「蕨手（わらびて）」（輪鋏・わばさみともいう）はいつ頃から使われ始めたかは定かでない。昭和初期以前は、チャボヒバなどのヒバ類の葉刈りにおいても、「鋏でつまむと切り口が黄変し見苦しくなるので、その家の格式によって葉先を手でつまんで葉刈りをしていた」と四代目文七郎から聞かされていた。花文は創業時から「蕨手」を使っていたかどうかは、古い蕨手も残されておらず、また戦後は京都の口清作の蕨手を使っている職人もおり、いつ頃から使い始めたのか、解らないが、2代目文七郎が明治13年3月26日に買い求めた蕨手の木箱の蓋が残されている。

　「きりばし」は、戦後の昭和の時代までは愛知川町や能登川町の金物店でも取り扱っていた。その後は新潟県の三条市の金物店から仕入れていたが、金物店も鍛冶屋も廃業し入手できなくなった。三条には鋏のほかに、竹垣や板塀に使う「階折釘（かいおれくぎ）」も相当な数を今まで注文していたので、仕事への影響はたいへん大きかった。当時「きりばし」の値段は1000円までで、今日のように高くはなかった。鋏は「定弘」や「元房」の銘がはいったものを、よく使っていた。多賀町で作られた鋏を使っている職人もいたので、戦前はまだ滋賀県内でも「きりばし」を作る鍛冶屋が何軒もあったと考えられる。

　最近は花文でも、木鋏を使っている社員もいるが、「きりばし」は葉刈りのみならず、特に根巻きの時などは巻いたわら縄の下にわら縄を通して、鉢巻きを仕上げるのに、鋏の箸の部分が使えるので大変都合がいい。松の葉むしりの時も、その都度腰に戻さず松の枝に差し掛けておいたものである。また、蕨手よりも太い枝が切れるので便利である。また、現場作業の休憩時にカキやリンゴの差し入れがあると、包丁やナイフがない時は「きりばし」で剥いて食べたものである。「きりばし」を上手に使いこなすのも、職人になるための修行には欠かせないことであった。

　花文で創業以来、長きにわたって使われてきた鋏、「きりばし」は、今後も大切にしていきたい道具の1つである。

五代目が使っているきりばし、蕨手、のこぎり

(4) 大木の移植技術

　花文造園土木株式会社は、平成11（1999）年3月に滋賀県八日市市（現．東近江市建部堺町）の都市計画街路の工事に伴い支障となるクスノキの大木の移植工事を受注した。工事期間は1年で、移植するクスノキは近くの神社のご神木として崇められ、長年氏子や地域の人々に守られてきた木で、約10m先の移植地へ移動させ活着させるのが条件となっていた。

　移植の担当責任者は五代目山村文志郎で、現場に出て直接指揮をとった。クスノキは高さ20m、胸高直径が96cm、重量がおよそ40tと、かなりの巨木で、移植の準備工事として先ず直径10〜15cm程度の枝を切り落として樹形を整えた。その後、葉を全て落として幹だけとし、幹の乾燥を防ぐために幹にコモを巻いて養生を行った。次に根切りは、底根だけ残して周囲の根をすべて切り取り、土壌改良材を混合し埋め戻した。かん水等を行いながら生育管理を行ったところ、6月頃には新芽がたくさん出始めた。

　翌年の3月に入り、移植作業に取りかかった。掘り取ってからの根巻き作業では、代々受け継がれてきた高度な技能と技術を駆使し、わら縄での根巻きのあと、大型クレーンで吊り上げ移動している。

　この一連の作業で最も検討したことは、重量が40tで根鉢の直径が4m、根鉢の厚さ1.3mのクスノキの、幹や根鉢を傷つけずに移動させ根付かせることである。事前に幹と根鉢の模型を作り、ロープの長さを確認し（根鉢と幹のどの位置で2点吊りを行うか決定し、ロープの長さを決める）、特注でメーカーに製作依頼した30cm幅のベルトスリングのモッコを使い、根鉢の底部から吊り上げる工法である（写-8-60〜64）。

　移植工事は無事安全に完了し、6月には新芽が勢いよく芽吹き、無事活着したことが確認できた。本工事は重量物を扱うため危険も伴い、社員の安全確保の上で1つ1つの作業もおろそかに出来ず、緊張感が張り詰めた現場であった。何十年造園の仕事に携わっていても経験できない工事なので、花文造園土木にとって記憶に残る工事の1つとなった。

　移植したクスノキは、20年経った今でも極めて健全な生育状態を示し、堂々とした樹貌を誇っている（写-8-59）。

写-8-59：移植工事から20年後の生育状況

8章 ✤ 鈍穴流「花文」の作庭を支えた伝統工法や道具類

写-8-60、8-61：吊り上げ開始（現場に緊張感が漂う。根鉢の左側に五代目）

(4) 大木の移植技術

写-8-62:移植前に社員と(前列右端が五代目)

写-8-63:根鉢の直径4.0m、高さ1.3m

写-8-64:大型クレーンによる吊り上げ(クスノキ・樹高20m、幹の直径95cm)

8章 ● 鈍穴流「花文」の作庭を支えた伝統工法や道具類

写-8-65、8-66：移植先へ移動

写-8-67：移植先での植付の様子

当時の新聞の記事

(4) 大木の移植技術　317

(5)「花文」独自の棕櫚縄の化粧結び

　棕櫚縄の結び方は、「男結び」とか「いぼ結び」と言われる結び方が一般的で、建仁寺垣や金閣寺垣、銀閣寺垣などの竹垣では、上部の玉縁の結束に化粧として「飾りいぼ結び」を施すことがほとんどである。

　花文には代々伝わってきた棕櫚縄の化粧結びがある。呼び名は伝えられていない。通常の太さの棕櫚縄で結束する際には、それほど難しい結び方ではない。そのため「花文」以外にも、この化粧結びを承知している職人がいると思っていた。実はそうではなく、「花文」独自の結び方であることが解ったので改めて紹介したい。

　この化粧結びは主に竹垣や袖垣、格式の高い庭の井筒に設ける井戸蓋で行い、棕櫚縄は極太の黒染めを使用する。黒染めは極太のため扱いにくく、見栄え良く固く結ぶには、技術と長い経験が必要となる。また、袖垣には庭の設置する場所や袖垣の種類によって、結束する位置や間隔、結び目の向きなど多くの決めごとがある。

写-8-69：「花文」独自の化粧結びで仕上げた井戸蓋

写-8-68：「花文」独自の化粧結びで仕上げた萩の袖垣

写-8-70：「花文」独自の化粧結び

9章

庭園に使用した材料から見た鈍穴流作庭の特徴について

（1）植木（庭木）

　庭木の植栽に関して、株立ちの木はあまり植えないのが大きな特徴である。ただし、山取りの木で当初から2～3本立ちで、枝ぶりなどを判断し2～3本立ちの形で仕立てた方が良い場合や、既存の庭の大振りの木を買い付けた場合などでは、2本立ちの木を植えることはある。また木の性質上、株立ち（2本立ち）になりやすいコウヨウザンなどは幹を眺める場所への植栽や、庭の奥に山の木立として植えられることも明治期の庭には多い。

　木の幹の色について、黒っぽい色の常緑の針葉樹・広葉樹を多く植えるのも特徴の一つである。とはいうものの、現在でもモミジやヒャクジツコウ、ドウダンツツジなどの落葉樹は以前と同様に植えている。明治期の庭ではアテ（ヒノキアスナロ）やヒノキ、ナギ、ツバキもよく植栽されている。また少し幹の色が白く感じられるモクレンやカリン、アオギリなども庭の背景となる常緑樹の間に以前はよく植栽されていた。庭は近江の山の景色を取り入れているため山の木が多く、鈍穴流には、山の雰囲気を表現するためや遠近感を強調するために直幹の木を何本も配植し、座敷からの眺めを、山の景趣に変化させる手法もある。また、紅梅（コウバイ）を鉢前に植えるのは定石であるが、八重咲の紅梅を上位と考え、基本としている。

　配植の特徴では、山と見立て茂りとしたい場所には同種の常緑樹を数本、樹高の高低を見極め植栽する。この配植を理解しやすい庭が5章「鈍穴の庭、歴代『花文』の代表的庭園作品選」の「外村宇兵衛邸」の鉢前奥のヒノキの植栽である（写-9-1）。また、マツを植える時の手法として、実際の山の景趣を取り入れるためと、数十年の間に下枝が下がる（下枝が枯れる）ことがあるので、その先を見越して枝の下にモミジ等を植えることが多い。万が一、マツの枝ぶりの良い下枝が枯れればモミジ等を伸ばし、茂りが欠けるのを早急に補うためでもある。

　作庭当初から大振りの名木ばかりで庭を造るのではなく、当初意図した庭の植栽景観が将来的に達成できるようにしかるべき位置に若木や「あらき」（山野に自生し、これまで根回しを行ったことがなく根が荒れている樹木）を植えておき、経年生長と手入れによって、十数年後に完成に近づける庭造りを基本としているのは昔も今も変わらない。

写-9-1：ヒノキの植栽（外村宇兵衛邸）

(2) 下草（低木・地被）

　低木の扱いは「秘伝書」の絵図に描かれているように、丸く刈り込まれた低木が多く配植されている。以前は灌木も含めて下草と呼んでおり、樹種ではサツキやヒラドツツジがよく植えられる。白花など色違いのものを使うのも、現在と変わらない。低木のなかでもドウダンツツジを多く使うのは鈍穴流の特徴でもあるが、カンツバキと同様に刈り込まず、「かい（貝、階）仕立」に剪定するのが口伝で伝えられている。これは木の性質を考慮して刈り込まないもので、花文が手入れを行っている庭園では、刈り込んだものは一切見かけない。

　刈り込む形にも決まりがあり、修得するのに経験を必要とする。刈り込まれた低木として仕上げるために、配植する場所は、捨石や沓脱石や飛石などの見苦しい箇所（石が痩せている所、欠けている所など不具合で不釣合いな所）を、見えないように隠したり、厚さのない立石や捨石を大きく見せる時にも使う。採取や搬出が容易でない貴重な庭石を有効に使う手段でもあった。作庭当初に刈り込める大きさの低木を植えることは稀で、多くは数年間の手入れで丸い刈り込みの形が出来上がる。捨石や役石などを見極め、どの高さに刈り込んで仕上げるか、美的感覚とバランス感覚を修得できるまでに、また何年かの経験が必要となる。

　地被としては、草本性のもの、シダ、笹、苔、芝などがあるが、草本性の植物が使われ始めたのは明治後期からであり、シダ類に関しては明治期にはあまり植栽された記録がないが、植えられていたのは間違いない。付近に自生していて容易に入手できる植物なので商品にならなかったものと思われる。笹類では明治の初めには、「かむろ」や「熊野ザサ」の記録がある。山間の風情を醸し出したり、根締や斜面の土留にも使われている。苔類の記録では「杉苔」しか見当たらない、「杉苔」を米俵に詰め俵単位で搬入している。江戸末期には「地苔（じごけ）」を植えている売上控の記録もある。

　芝生の仕入れに関して珍しい郵便葉書（出荷案内書）が残されている。昭和9年若林製糸紡績（株）大垣工場に芝550坪を愛知県丹羽郡古知野町の安達幸三郎商店（関西店）から、昭和12年5月には豊郷小学校の校庭の芝生として、東京市淀橋区の安達幸三郎商店が、横浜の保土ヶ谷駅から豊郷駅（近江鉄道）まで「芝（高麗芝）」400坪、境駅から800坪を貨車で着けている。昭和15年には東京市杉並区の芝萬が東京の吉祥寺駅から稲枝駅（国鉄）へ「芝草」130坪を着けている。これは若林製糸紡績（株）川瀬工場で使う芝生である。当時、大阪市天下茶屋の芝草商の上林梅太郎が取引先であったが、大阪では大量の芝生を調達するのは難しかったのが、その理由のようである。

（3）庭石・沓脱石・飛石

　庭石に関しては、現在と同様、青石や赤石が珍重されている。造園の一般論として、青色や群青色、青紫色、赤紫色、赤色などの川石や海石で形や肌合いが優れている石が最上とされている。

　色目に関しては特徴的なことは無いが、鈍穴流の庭では、稀に鞍馬石の川洲（鞍馬の川から産出した名石）が捨石（景石のこと）に使われているが、このような茶系の石は例外と考えるべきであろう。

　川石は山の谷が深い所にあり、調達するのが困難なため、江戸から昭和の初めの頃までは、山石を庭石として使った庭が多い。

　明治以降、守山石（琵琶湖の西岸、今の大津市八屋戸付近）が盛んに産出されるようになると、近江や京都では庭石に利用されることが非常に多くなった。これは産出量の多さもあるが、琵琶湖の東岸の常楽寺港（今の近江八幡市安土町常楽寺）まで船が着けられ、比較的容易に運搬でき、しかも安価であったからでもある。京都で庭造りを行うに際しても、南禅寺まで石屋が船で運んでくれるので手軽に調達できる庭石であった。明治中期以降の売上帳によると、船一艘ごとの注文も多く、黄褐色の太い筋線が幾条にもなる模様が特徴で、天端がある庭石で扱いやすい守山石は、捨石のほかに飛石にもよく使われ、重宝された材料である。

　明治25年以降、京都の庭石商との取引が増えてくると、運搬や据付道具の普及もあり大振りの銘品や貴船石、加茂川石を扱うことが多くなる。

地元の石でよく使われたのは尾上石、愛知川石（赤、青）、守山石などである。明治から大正期の「山村家文書」では真黒石、フグロ石、友ケ島石、隠岐石、富士石、伊勢石、根府川沓石、坂木石（木曽川から産出した天然彫りの石）、鹿児島石、但馬水鉢、名古屋石などの売上の記録がある。

　江戸末期から明治の初め頃までは、庭石と同様に飛石においても地元の山石が使われていることが多いが、鞍馬石や日野鞍馬石（現在の蒲生郡日野町から産出した鞍馬によく似た川石）、守山石、山上石（山上村から産出した愛知川の青石、「愛知川石」の記録もある）などもよく使われている。明治中期に入ると紀州の青石や白系の川石も頻繁に使われるようになる（写-9-2）。

写-9-2：鞍馬石の沓脱石

（4）燈籠

　慶応3年の「注文請取帳（山村家文書）」に記述されている燈籠では、春日燈籠7尺、同6尺5寸、同5尺がまた、雪見、春日7尺、春日6尺5寸、小燈籠、大春日などの燈籠を据えている庭園は4箇所に過ぎない。明治初期の頃までは作庭当初から燈籠を据える庭は少なかった。

　明治中期から大正期になると、燈籠の売上の記述が多くなるが作庭時は2～3本で、5年、10年と時間をかけて燈籠を増やしている。つまり作庭時に予め燈籠を据える場所を設け、庭全体のバランスを考えながら徐々に配置しており、むやみに燈籠や塔を配置している訳ではない。大正から昭和に入ると、燈籠の加工業者も多くなり大振りの燈籠も増えてくる。

　特に近江商人の庭には、西村嘉平（嘉兵衛）作の燈籠が1～2本据えられている。近江の南小松地方には良質の花崗岩が産出し、西村嘉平（嘉兵衛）が山から採る石は、薄茶色を帯びた細目で硬く「あて石」と呼ばれ、嘉平が作る燈籠は細工も秀逸で最高級品とされた（写-9-3）。

写-9-3：年代物の古代燈籠

図-9-1：日家栄日記覚　京都出張所（大正9年）より大正10年「木屋町外村様」

中央線美乃坂本駅前の天野泰一から送られて来た「木曽川天然彫り水鉢」の写真（名古屋市中区　稲石謹写）

10章

「山村家文書」に見る
近代の庭仕事の手間賃
ならびに庭園材料の
値段と仕入れ先

（1）近代の庭園作業・材料の単価を検証する意義

　本書の編著者らが刊行した『絵図と写真でたどる明治の園芸と緑化、誠文堂新光社、2017』の中で紹介した明治23（1890）年に創業した総合園芸会社、横浜植木株式会社が、明治34年以降、毎年刊行した「海外向英文カタログ」、あるいは明治40年前後から刊行した「国内向けカタログ（定価表）」には、園芸植物はもちろんのこと数多くの庭木や燈籠等の単価が形状寸法別に詳細に示されている事実に大変驚かされた。

　そのことが契機となり、庭造りが生業となった江戸時代から明治・大正期にかけての庭石や燈籠、植木等の値段（仕入れ値、売値）あるいは庭造りや手入れの手間賃は一体幾らぐらいだったのか、現在の貨幣価値に換算すると、いか程の金額に相当するのか、庭園業を営む人々にとって生計をたてるための十分な稼ぎとなったのか、言うならば当時の「庭園業の会計学」について興味をいだくことになった。

　これまで江戸から明治期にかけての庭園材料の値段や手間賃が記載された文献は極めて少ない。稀少なものとして、前島康彦がその著『樹芸百五十年、（株）富士植木、1986』の「幕末明治初年の植木屋の仕様書」の項で、明治9（1876）年に酒井伯爵邸の作庭の記録が紹介されている。その中に植木屋滝沢八十右衛門が酒井家に出した仕様書と積算の文書の中に庭園材料費や職人の手間賃が具体的に示されているものがある。また、明治28（1895）年に七代目小川治兵衛が完成させた平安神宮苑築造に際して使用した庭園材料の値段（単価）が小野健吉の著『日本庭園の歴史と文化、吉川弘文館、2015』の中で紹介されているものが散見される程度である。

　日本各地に幕末から明治期にかけて創業し、現代まで代々庭園（植木）業を営んでいる造園系企業の中には、その祖先が代々、書き記した大福帳の類が震災や戦災で焼失しなければ残っているはずである。それらの資料を子細に解読すれば、当時の庭園材料の値段や手間賃の情報が明らかとなる。現実にはそれらの大福帳もほこりをかぶったまま「お蔵入り」しており、日の目を見ることはないと思われる。

　「花文」には歴代の大福帳が数多く残されている。これまでも折々、その一部の内容を断片的に読み解かれていたが、今般、本書の刊行にあたり、精読すると、歴代が作庭に使用した庭園材料（庭石、燈籠、植木等）の当時の値段（仕入れ値、売値）、庭造りや手入れに際しての職人の手間賃がつぶさに記録されていることが明らかとなった。

　これらの記録は、これまであまり明らかにされてこなかった近代すなわち幕末から昭和の初期にかけての庭園作業や庭園材料の単価・仕入れ先を知る上で極めて重要な資料となると考え、本稿で一括紹介することとした。

(2)「花文」の職人の庭造り・葉刈りの手間賃

　慶応元年に創業した「花文」の当時から戦前までの間の職人の手間賃の大まかな推移を山村家に残されている大福帳から拾い上げ、一覧表に整理した。

　職人１人当たりの手間賃は時代が進むにつれ徐々に増えているように見えるが、これはおそらく貨幣価値の変動そのものの影響と考えられる。なお、年代ごとの手間賃が相場より高いのか、安いのか、さらに現代のそれと比べてどうなのかも全く判断がつかない。何とかこの点について言及したいと苦慮した結果、山本博文監修の『明治の金勘定、洋泉社、2017』の中に「江戸時代の大工は他の職人よりも手間賃で優遇されている」という記述に触発され、『明治大正国勢総覧、東洋経済新報社、1927』を基に、「花文」の職人の手間賃の記載のある各年代ごとの大工の手間賃と日雇い労働者の賃金を並列させてみた。年代によっても異なるが、極めて大雑把に言えば、「花文」の職人の手間賃は大工の手間賃と日雇い労働者の賃金の中間あたりの金額となっていることが読みとれる（表-10-1）。

表-10-1① **「花文」職人手間賃の推移と大工手間賃、日雇い労働者賃金との比較**
（「山村家文書」の売上帳類に記載されている庭造り、葉刈りなどの請求した手間賃）

年代	職人一人一日の手間賃	夏期 葉刈り分まし	大工手間賃 （1日）	日雇い労働者 賃金（1日）
慶応3年〜明治元年	810文〜820文（1両は4分、1分は4朱、1朱は250文で換算）	—	—	—
明治2年	1100文	—	—	—
明治4年	新貨条例制定	—	—	—
明治9年	15銭〜18銭	2分まし	明治8・42銭	明治8・21銭
明治13年	20銭	—	明治13・34銭	明治13・17銭
明治14年	24銭	—	明治18・47銭	明治18・27銭
明治25年	27銭	—	明治23・50銭	明治23・28銭
明治34年	50銭（庭造り）	—	明治33・84銭	明治33・45銭
明治35年	55銭（庭造り）	—	—	—
明治39年	50銭（葉刈り）　55銭（庭造り）　小人20銭〜25銭	3分まし	明治38・85銭	明治38・44銭
明治40年〜41年	60銭　小人25銭　小人30銭（庭造り）	3分まし	—	—
明治42年〜43年	66銭	3分まし	明治43・1.1円	明治43・58銭
明治44年	70銭	3分まし	—	—
明治45年	80銭	3分まし	—	—

表-10-1② 「花文」職人手間賃の推移と大工手間賃、日雇い労働者賃金との比較
(「山村家文書」の売上帳類に記載されている庭造り、葉刈りなどの請求した手間賃)

年代	職人一人一日の手間賃	夏期葉刈り分まし	大工手間賃(1日)	日雇い労働者賃金(1日)
大正2年~4年	80銭及び73銭　小人40銭~50銭	3分まし	大正4・1.1円	大正4・63銭
大正6年	80銭(葉刈り)、75銭、	3分まし	―	―
大正7年	1円(葉刈り)、村外95銭、85銭~90銭(葉刈り以外)⇒1円10銭	3分まし	―	―
大正8年~9年	1円30銭(村外庭)、1円20銭(庭造り)、1円50銭(葉刈り)⇒1円60銭、1円90銭	3分まし	大正9・2.9円	大正9・1.6円
大正9年~10年	2円　小人1円40銭　村外2円20銭~30銭、1円80銭~2円10銭(庭)	3分まし	―	―
大正11年~12年	2円、村外2円10~20銭⇒2円20銭、村外2円40銭、小人1円~1円80銭	3分まし	―	―
大正14年~昭和3年	2円20銭、村外2円30銭、小人1円20銭~1円50銭	2分まし	大正14・3.5円	大正14・2.1円
昭和5年	2円30銭　五個荘村内2円	2分まし	昭和5・2.5円	昭和5・1.6円
昭和6年	2円~1円70銭　小人1円30銭　大阪出張3円	2分まし	―	―
昭和7年	1円80銭~1円60銭　小人1円20銭~1円50銭	2分まし	―	―
昭和10年	1円80銭　五個荘村内1円70銭	2分まし	昭和10・2.0円	昭和9・1.3円
昭和14年	2円　村内外共　小人1円50銭	2分まし	―	昭和14・2.0円
昭和15年~16年	2円50銭　村内外共　小人1円50銭~1円60銭	2分まし	昭和15・3.0円	―

注) **分まし(ぶまし)**：夏期(7月~9月)における葉刈りの、「早出と残業」の手間の割り増しのこと
　葉刈りの売上帳で分ましの記述のあるものを記載する
　手間賃50銭で3分ましだと、1人手間65銭になる
　小人：職人見習い等
　大工手間賃、日雇い労働者賃金は『明治大正国勢総覧、東洋経済新報社、1927』

（3）幕末から昭和の初期にかけて「花文」代々が使用した庭園材料（石材）とその価格

　庭造りにおいては、独特の作風を表現するために各種の燈籠、庭石、飛石、沓脱石、手水鉢、玉石、白砂等の石材が使用されてきた。それらが当時、どのくらいの価格であったのか、大変興味深い話である。また、貨幣価値も全く異なるため、単純な比較は困難であるが、その相場が現代と比べてどうであったのかも、できることなら言及してみたいと思ったが、不確定要素があまりにも多過ぎ、断念せざるをえなかった。

　ただし、幕末から昭和の初期までの近代における石材の価格について明示されている関連資料そのものが少ないことを鑑み、本稿では資料的価値が大であると判断し、山村家が所有保存している幕末から昭和の初期にかけての各種の大福帳に克明に記録されている「花文」代々が庭造りに使用した庭園材料の種類、数量、価格を拾い上げ、大福帳ごとに一覧表（表-10-2～8）に整理した。なお、本稿では庭園材料という言葉で一括したが、大福帳には石材以外にも竹垣、磨竹、杉皮、丸太、棕櫚縄、針金、瓦、セメント、ホウキ、牛車代、馬車代、汽車賃、船賃まで雑多なものが含まれている。

　また、**表-10-2～8**に示した庭園材料名はそれぞれの大福帳に記述されている通りの表記で示し、規格・数量・価格はアラビア数字に変換して示した。

表-10-2　「山村家文書」慶応3年「注文請取帳」に見る慶応3年～明治3年の庭園材料の価格
（布屋勘助家、伊藤惣助家、珠玖清左衛門家他）

庭園材料名	数量	価格
春日燈籠7尺	1本	7両2分
春日燈籠6尺5寸	1本	7両
角鉢	1個	2両2分
春日燈籠	2本	16両

庭園材料名	数量	価格
くらま石	2個	9両
がらん石	1個	3両
切石沓ぬぎ	1枚	7両2朱

表-10-3①　「山村家文書」明治28年「売上帳」に見る明治28年～明治30年の庭園材料の価格
（田附新兵衛家、宮川彦一郎家、外村市郎兵衛家他）

庭園材料名	数量	価格
袖垣	1枚	2円50銭
愛知川青石	2個	5円
石燈籠	1本	27円50銭
鞍馬飛石	24個	20円

庭園材料名	数量	価格
白河石丸型三重日垣塔	1本	22円
燈籠	1本	12円
紀州立石	1個	13円50銭
守山石大	2個	6円50銭

表-10-3② 「山村家文書」明治28年「売上帳」に見る明治28年〜明治30年の庭園材料の価格
(田附新兵衛家、宮川彦一郎家、外村市郎兵衛家他)

庭園材料名	数量	価格	庭園材料名	数量	価格
守山石	1個	2円75銭	守山石	1艘	13円50銭
川原石沓石		3円	丸山赤石		25銭
江州石	6個	14円	守山石	50余り	4円
守山石大	1ツ	2円50銭	板石8尺	1枚	2円40銭
青飛石	3ツ	1円50銭	守山石	16個	14円50銭
井筒	1組	11円	青桶臺		7円50銭
青前石		2円	手燭石		3円
鏡石		2円	鉢臺		3円50銭
束石		5円	火上げ石		3円
白飛石6尺	6個	3円60銭	青飛石2尺	6個	1円20銭
白飛石	13個	3円90銭	守山石	79個	31円50銭
岩倉石 橋6尺、3尺		6円	守山玉石	200個	3円20銭
山石 着値	1個	7円50銭	青飛石	2個	1円50銭
腰越山石 大小	7個	25円	守山石	16個	6円
友ケ島石 ※紀州	2個	1円	愛知川赤石	3個	1円5銭
守山石	10個	40円	井筒	1組	6円25銭
守山ツカ石	2個	6銭	守山鉢前ツカ石、飛石		40銭
丸山石		25銭	青捨石	2個	6円
守山飛石	5個	1円20銭	青ジャグレ	2個	1円50銭
守山石小	2個	50銭	大飛石	2ツ	12円
中飛石	4ツ	10円	飛石青	3個	1円20銭
飛石白	8個	2円	飛石青	2個	40銭
飛石小	6個	60銭	鉄鉢		9円50銭
なつめ手水鉢		10円	春日燈籠	2本	30円
夏目鉢		7円	沓小松切石	2個	8円
ガラン		7円50銭	雪見	1本	19円
尾上石	3個	2円	守山石	半艘	9円50銭
守山石	1艘(27ケ)	19円	肥前飛石	1個	1円60銭
守山石玉石	7ツ	14銭	尾上石	1個	55銭
鞍馬飛石	3個	5円50銭			
二寸ナグリ 丈		38銭	檜杭	6本	15銭
針金	150目	31銭5厘	わらびなわ	9把	67文5厘
しょろなわ	5把	6文	コガラ磨竹	4本	6文
けんねんじ高サ6尺	4間	5円20銭	けんねん寺1丈5寸	2間	2円60銭
莚萩		10銭	ワラビ縄	5把	50銭
小ホウキ	5本	15銭			

表-10-4 「山村家文書」明治33年「売上帳」に見る明治33年～明治35年の庭園材料の価格

(外村市郎兵衛家、稲本唯七家、中江勝治郎家他)

庭園材料名	数量	価格
利休好燈籠	1本	18円85銭
春日燈籠8尺、吉野型		79円
北サガ形	1本	50円
ヌレサギ形トウロ	1本	36円
濡鷺形トウロ1本、利休好1本		40円
守山石台付小トウロ	1組	15円
日垣五重塔5尺5寸	1本	16円50銭(着代25銭)
丸竿雪見、太平形		30円
守山石	6個	6円
春日5尺5寸1本、七本形1本		26円
紀州石鉢臺	1個	12円
トウロ臺石	1個	3円
春日7尺	1本	27円
守山石	47個	30円
飛石	20個	13円
守山石	1艘	35円
春日形8尺		29円
角鉢		5円
立石添山石		65銭
青石	3個	2円40銭
守山石	40	18円
伽藍		10円80銭
沓石		14円
青石	20個	17円50銭
青石小トビ	4個	1円
白砂	3斗	75銭
白米砂	2斗	1円40銭
刈萩	10文目	84銭
セメント	13〆目	2円86銭
アツタセメント	半樽	3円50銭
砂	3俵	1円95銭
砂	5升	12銭5厘
袖垣	1枚	2円50銭
ジャキン　カリ賃		1円20銭
上雪隠竹割松明垣		3円
人造石江戸切形20個セント白米砂		1円10銭
守山石	13個	9円70銭
春日形	1本	20円
宗和形トウロ	1本	8円
春日燈籠1本、クラマ飛石2個		16円
万壽寺形	1本	25円
春日燈籠9尺　着立渡し	1本	45円(組渡し1円50銭カカル)
野面燈籠	1本	4円
鉄鉢大1個、守山石25個		20円
鉄鉢		1円50銭
クラマ飛石	2個	2円
守山石	8個	
遠州好4尺5寸	1本	15円
長福寺沓2枚、太平形6尺トウロ		44円
白飛石	10個	2円50銭
守山石大	2個	6円
沓石		5円
鉢前石	5個	5円
小沓		1円
大飛石	3ツ	16円
沓石		11円
ガラン		7円50銭
山ゴロタ石		2円20銭
青石大トビ	1個	1円50銭
ケコミ　クラマ		3円
白砂	2俵	1円50銭
セメント	12〆目	2円64銭
浅野セメン	半樽	3円70銭
セメントウ	2〆目	30銭
色瓦角	7枚	70銭
色瓦三角	2枚	16銭
しおり開き	2枚	4円50銭
仏間脇便所口垣		3円80銭
仝　手間代		1円80銭

表-10-5① 「山村家文書」明治41年「覚帳」に見る明治41年～明治45年の庭園材料の価格
（小泉嘉兵衛家、伊藤忠兵衛家、中村芳三郎家他）

庭園材料名	数量	価格	庭園材料名	数量	価格
尾上石	2個	16円	紀州石二番石大	1個	15円
紀州石	7個	15円	トウロ	2本	55円
渋河トビ	2個	7円	鴨川	1個	70銭
紅石		2円50銭	クラマ沓		12円
束石		6円	二番石		6円
冨士石	7個	48円	湯トノ沓石		5円
五重トウ		95円	飛石	3ツ	1円80銭
桃形トウロ	1本	10円	井筒	1組	3円
紅石	1ツ	1円20銭	捨石	2個	3円20銭
紀州	1個	50銭	がらん	1個	13円50銭
雪見	1本	85円	菱形	1本	25円
名古屋大小	2個	20円	伊吹石	1個	5円
伊吹石	1ツ	1円80銭	飛石	1個	2円50銭
冨士石	2ツ	4円	飛石	1個	1円50銭
守山石小	4個	1円	瓦砂	1はい	35銭
砂白	1俵	1円20銭	青石小	2ツ	5銭
◯井ト　　※丸形井筒		50円	白砂	2升	5銭
瓦砂	3はい	1円50銭	白砂	2俵	2円
沓石	1個	26円50銭	白砂	5升	15銭
飛石	2個	1円50銭	垣竹、根石13個、砂5升		50銭
山上石大	1個	50円	四日市石大	1個	30円
ナツメ鉢	1個	22円	ガラン	1個	6円
白砂	1斗5升	40銭	捨石山上石	13個	200円
紀州長石　三ばん石		85円	紀州　にばん石		20円
雪見臺		30円	長福寺石　火上石		13円50銭
地山石長　捨石		46円	船板	7間半	5円40銭
紀州捨石大		8円50銭	紀州トビ石	8個	27円
クラマトビ	6個	20円	クラマ河スレ	3個	12円
伊勢トビ石	4個	8円	仝　大	6個	42円
仝　小	5個	2円80銭	仝　極大	1個	30円
仝　正面立大	1個	25円	仝　中	1個	15円
渋河トビ石	7個	28円70銭	伊勢捨石カン谷石大		20円
伊勢捨石カン谷石小		5円	湯殿沓石	2個	9円80銭
山上栗石鉢前又九折用		14円	伊勢栗石垣臺用		5円
ガラン		6円	表鉢前石	5個	7円
捨石	4個	6円	菊形手水鉢		6円
ナツメ	1ツ	22円	仝　役石	6個	32円
奥座敷沓石		15円50銭	沓石		3円50銭
二番石		30円	捨石	16個	65円
丹波石	2個	300円	伊勢石捨石	2個	10円
鹿児島捨石		19円	白砂	2俵	2円10銭
春日形	1本	45円	山石	1個	8円50銭

表-10-5② 「山村家文書」明治41年「覚帳」に見る明治41年〜明治45年の庭園材料の価格
(小泉嘉兵衛家、伊藤忠兵衛家、中村芳三郎家他)

庭園材料名	数量	価格	庭園材料名	数量	価格
赤石	4個	10円	桃形トウロ		17円
井筒	1組	9円50銭	春日形6尺5寸		24円
臺石	1個	6円	善道寺	1個	20円
飛石	6個	7円	沓石	2個	7円
○井　※丸形井筒		30円	源字形	1本	65円
角	1本	25円	油の木形	1本	43円
捨石	1個	95円	赤石	4個	4円
赤石大	5ツ	173円50銭	玉石柱	7個	2円10銭
がらん5尺	1枚	40円	沓石大	1個	120円
クラマガラン	1ツ	40円	沓石	1個	145円
クラマケゴミ石		23円50銭	シヅハラ捨石　※京都静原		27円
クラマ柱石		6円60銭	宇治捨石		6円
遠州形	1本	16円	角形	1本	16円
汐見形	1本	12円	蓮花寺		50円
玉石クラマ	167個	16円70銭	春日	2本	41円
クラマ鉢	1個	50円	クラマ沓石	1個	50円
吉野形	1個	21円	飛石	2個	7円
日野石		150円	源氏形	1本	65円
筒　※井筒	1組	28円	伊勢小石	160個	4円80銭
利休形　馬代共	1本	20円	沓石	1個	30円
春日9尺5寸　馬代共		45円	守山石	1個	6円50銭
オノヘ1個、日野石1個		5円	鉢代石　岩	1個	80銭
ナツメ鉢	1個	12円	ガラン	1個	18円
クラマ沓石	1個	27円			
ナツメ鉢	1個	11円	春日六五寸		15円
沓石	1個	25円	八千代　赤	1個	5円
飛石	7個	5円60銭	くらま	2個	4円
鞍馬	1個	5円30銭			
鞍馬大小	2個	3円50銭	源氏形	1本	55円
青石	2個	15円	大捨石　90,30,35,4.5	4個	159円50銭
冨士石	1個	10円	春日9尺		70円
青石	1個	25円	角登籠	1本	7円50銭
石	1個	2円	クヅヤ　※葛屋	1本	9円50銭
源氏形6尺5寸		40円	地蔵形	1本	25円
鉢前石		1円70銭	鉢臺石		12円
井　※井筒	1組	25円	飛石	5個	6円
善道寺	1本	57円	雪見	1本	55円
春日登籠		38円	青石大	2個	230円
鞍馬沓		10円	青石大	2個	210円
立石	1個	12円	青石	1個	25円
山石	1個	7円	青石　馬2代	2個	11円
飛石大	1個	3円50銭	飛石小	4個	4円

表-10-5③ 「山村家文書」明治41年「覚帳」に見る明治41年〜明治45年の庭園材料の価格
(小泉嘉兵衛家、伊藤忠兵衛家、中村芳三郎家他)

庭園材料名	数量	価格	庭園材料名	数量	価格
青石	1個	3円50銭	クラマ	2個	3円
井筒	1組	32円	青石	4個	50円
クラマ沓石		31円50銭	名古屋石沓	1個	6円50銭
日野石	1個	5円50銭	クヅレ石赤白	4俵	2円50銭
砂瓦	2俵	65銭	クツレ石	1俵	1円
エチ川青石　小中		1円50銭	青石	3個	20円
捨石	1個	100円			
砂	2升	6銭	岩グサリ	1斗	5銭
砂	3斗	90銭	石炭		30銭
れんが	58枚	46銭4厘	砂	5升	15銭
井戸屋方		3円37銭	彦根　馬三代		4円60銭
セメンド	16ト	3円20銭	砂	1斗5升	37銭5厘
硫黄花ツタイ仕根		13銭	京都までの1ウロ馬車代		2円
わらびなわ	30把	2円70銭	黒もじ	25〆目	2円55銭
黒もじ	22〆目	2円20銭	杉皮	3束	8円25銭
7分名栗2間	30本	13円50銭	檜丸太	3本	2円55銭
刈萩	40〆目	4円80銭	萩ノシ手間　8人		5円60銭
京　汽車代		9円10銭	京　馬車	3代	6円
京　馬車	1代	2円			
瓦□　　※四角瓦	12枚	96銭	瓦△　　※三角瓦	4枚	20銭
中門脇垣竹代割仕上		22円	セメント	2樽	10円
□瓦	60枚	4円80銭	△瓦	8枚	40銭
えんかん　　※鉛管		85銭	露地下駄赤杉	2足	1円20銭
下駄下等	4足	16銭	置タゴ		4円
角瓦	2枚	35銭	砂	2升	6銭
飴色敷瓦	200枚	36円	わらび縄	2把	30銭
馬代ちん		60銭	馬一代		1円20銭
袖垣	2枚	7円50銭	エチ川より車代トウロ		2円40銭
□瓦	10枚	1円50銭	△　上	4枚	48銭
石炭	40個	9円	砂	6升	18銭

表-10-6① 「山村家文書」大正9年「日家栄日記覚」に見る大正8年〜大正9年の庭園材料の価格
(外村与左衛門家京都木屋町別邸)

庭園材料名	数量	価格	庭園材料名	数量	価格
貴船龍眼	2個	45円	ヒヨタン形平石		450円
天然ホレ野面鉢		620円	中沓	1個	20円
中沓	1個	10円	丹波石　着値	9個	1100円
クラマ川石沓		70円	筋入大沓石		780円
クラマ本産かわ大沓石		780円	クラマ束石、クラマ木目石、ネブ川沓石		200円
クラマ沓		170円	クラマ二番石		110円

表-10-6② 「山村家文書」大正9年「日家栄日記覚」に見る大正8年〜大正9年の庭園材料の価格
(外村与左衛門家京都木屋町別邸)

庭園材料名	数量	価格
かも川沓		520円
七本形トウロ		950円
元禄古トウロ		325円
鉢前属石及鉢臺		43円
古トウロ		450円
貴船栗石	354〆	21円34銭
ウラマ柱石	31個	50円
加モ川青石	4個	165円
丹波大捨石		110円
玄関前捨石	3ケ	900円
北木石イカダ沓		40円

庭園材料名	数量	価格
フグロ大捨石　※畚下石		250円
朝鮮形古形トウロ		1450円
クラマ川石野面鉢		80円
但馬ヲンジャク鉢、ニジリマクロ沓石		60円
クラマトビ上等	12個	90円
クラマ小玉九折用	140〆	28円
朝鮮キボトウロ		230円
真黒鉢臺		62円
丹波青		60円
美術春日トウロ		370円

表-10-7① 「山村家文書」大正9年「日家栄日記覚」に見る大正9年〜昭和7年の庭園材料の価格
(若林乙吉家、西村久次郎家、中江富十郎家他)

庭園材料名	数量	価格
冨士石　32個	9トン	140円
守山石　97個		110円
小松切石　上	3ツ	30円
橋石、沓　彦根石		65円
蓮花寺	1本	150円
桃山	1本	80円
雪見	1本	65円
橋15尺・2尺		35円
雪見　四六		100円
山石	10個	305円
守山石		180円
春日　一丈二尺		250円
雪見	1本	130円
飛石	5個	35円
塔		100円
冨士石	1個	10円
玉石　29ハイ	4車	24円
サビ石　50個	4車	50円
雪見		325円
山石	7個	150円
砂利	20車	16円
鉢石	1個	380円
丹波沓	1個	150円
丹波着全部、長福寺石8個		330円
台石		17円

庭園材料名	数量	価格
同左　代ちん		25円
同左　代ちん		55円
守山沓石	2個	10円
守山	10個	12円
利休	1本	45円
春日　丈三		200円
橋	1個	20円
雪見　五三		150円
台石		10円
雪見		250円
春日　一丈		280円
橋		35円
クラマ沓石		50円
サビ石	3車	18円
山本石	15個	180円
長福寺	27個	285円
丹波石8個、小4個		12円
春日　丈三		300円
台石		30円
雪見	1本	210円
橋	1個	45円
クラマ石	5個	28円
丹波石3個、但馬石1個		350円
夏目		80円
ガラン		28円

表-10-7② 「山村家文書」大正9年「日家栄日記覚」に見る大正9年〜昭和7年の庭園材料の価格
（若林乙吉家、西村久次郎家、中江富十郎家他）

庭園材料名	数量	価格
春日		230円
五重塔		170円
橋石	1個	30円
川石	10個	25円
ガラン	1個	11円
橋石		20円
山石6個、クラマ1個、バケ1本		300円
水コケ	3車	5円
牛車	1代	7円
牛	1ツ	6円
馬	2代	9円
牛	8日	40円
ウヲタイト ※防水材		20円
朱呂ナワ　小	10把	40銭
舟ちん		20円
自働車　土	4車	10円

庭園材料名	数量	価格
沓造石		17円
沓石	1個	15円50銭
鉢	1個	55円
クラマトビ	5個	25円
雪見		70円
川トビ	5個	10円
鳥形石	1個	17円
古手水鉢	2個	40円
馬往復	1代	4円50銭
わらびなわ	2把	60銭
馬	1代	4円50銭
馬	3日	12円
黒染ナワ	13把	1円30銭
セメント	17本	78円20銭
常楽寺牛車代		21円

表-10-8 「山村家文書」昭和6年「田中新左衛門様物品手間出面控」に見る昭和6年の庭園材料の価格（田中新左衛門家）

庭園材料名	数量	価格
五重塔1本、春日1本		900円
西江州ヨリ五点		370円
坂本石天然水鉢	2個	450円
切石大沓	2個	65円
隠岐赤石	1貨車	150円
丹波沓石汽車ちん共	3個	330円
大雪見	1本	230円
山石	2個	50円
馬車三頭		12円
坂本五個荘間汽車ちん		54円57銭
馬車六頭		24円
坂本愛知川間汽車ちん		86円40銭
愛知川運送店様石ヲロシト手数料		4円
丹波沓石汽車運送店手数料		2円
馬車16人8分		67円20銭
ワラビナワ　大	8ツ	3円80銭
馬車		1円50銭

庭園材料名	数量	価格
尾上	1個	100円
カラン	1枚	18円
坂本大石1個、トビ石30個		270円
切石小	1個	17円
丹波石青	2貨車	200円
山砂	2車	4円
同左　台石	1個	30円
トビ石	30個	60円
大車	1日	5円
五個荘愛知川汽車ちん		5円53銭
西ヨリ能登川ニハイ舟運ちん		40円
舞鶴愛知川間汽車ちん		43円44銭
彦根ヨリオノエ石運ちん		16円80銭
舟ちん　（西江州ヨリ）		15円
袖垣	6枚	50円
ワラナワ		50銭
道具2人		3円40銭

（4）幕末から昭和の初期にかけて「花文」代々が使用した植木の種類と価格

　先に紹介した石材等の庭園材料と同様に、「花文」代々の庭造りにおいて独特の作風を表現するため、あるいは時には施主の要望によって、さまざまな種類の植木が使用されてきた。その中には、後出の11章で詳しく述べるが一般的には庭木としてなじみが薄く、「花文」の庭造りを特徴付ける、档（あて、ヒノキアスナロ）なども含まれる。

　本稿では、「山村家文書」の内、慶応3（1867）年の「注文請取帳」、明治28（1895）年の「売上帳」、明治41（1908）年の「外村宇兵衛様庭木庭石手間扣」、明治45（1912）年の庭造覚帳の中の外村宇兵衛嵯峨別荘の記述、昭和6（1931）年の「田中新左衛門様物品手間出面控」の中に書き留められている植木の種類と価格（請求値）を**表-10～14**に一覧した。その中には中高木の類だけではなく、低木やササ、コケ、芝生なども含まれている。数量、価格はアラビア数字に変換して表記した。

　これまで幕末から明治期にかけての植木等の価格については極めて断片的な情報しか紹介されておらず、本稿で紹介した各年代の植木等の価格についての資料的価値は大であると思われる。ただし、個々の植木等の形状寸法が、それぞれの大福帳には記録されておらず、何とも残念であった。

表-10-9①　「山村家文書」慶応3年「注文請取帳」に見る植木の価格
数量、価格はアラビア数字に変換している

表記	植木名	請求値	表記	植木名	請求値
白蓮1本	ハクモクレン	1分3朱	紅葉3本	モミジ	2分1朱310文
かいど1本	カイドウ	3分2朱	＊美蘭2かぶ		6分
いまめかし小1本	ウバメガシ	1分2朱	百日紅1本	ヒャクジツコウ	2分
いまめかし大2本	ウバメガシ	3両3朱	樫木32本	カシ	8両1分
なぎ1本	ナギ	2両1分	くす1本	クス	1分
一行寺	イチギョウジモミジ	1分1朱	紅葉4本	モミジ	2分
南天3本	ナンテン	3朱3文	ナギ1本	ナギ	1分
唐竹	トウチク	1分3朱	ちちみかし3本立、いまめかし2本立、同大3本立		8両
とか21尺	ツガ	1両2分	小まき5本	マキ	705文
ちちみかし	チリメンガシ	3両	柘榴1本	ザクロ	1朱
水柳6尺	スイリュウヒバ	1両1分	小松6本	マツ	800文

＊美蘭：植木名不明

表-10-9② 「山村家文書」慶応3年「注文請取帳」に見る植木の価格
数量、価格はアラビア数字に変換している

表記	植木名	請求値	表記	植木名	請求値
黄孫	イチョウ	13両	杢こく2本	モッコク	3両2分
百日紅1本	ヒャクジツコウ	3分2朱	椎イ	シイ	13朱
かりん1本	カリン	2分	大めい竹30本	ダイミョウチク	1両1分
山茶花2本	サザンカ	12朱	かむろ100本	カムロザサ	3朱3文

表-10-10① 「山村家文書」明治28年「売上帳」に見る植木の価格
数量、価格はアラビア数字に変換している

表記	植木名	請求値	表記	植木名	請求値
野村紅葉	ノムラモミジ	1円20銭	地放し女松大2本立	メマツ	1円70銭
柳	ヤナギ	20銭	仝　7本	メマツ	2円10銭
トチ	トチ	50銭	仝　大1本	メマツ	1円20銭
槙3本	マキ	90銭	仝　1本	メマツ	35銭
山茶花3本	サザンカ	1円50銭	仝　1本	メマツ	40銭
口なし1本	クチナシ	15銭	ユズリハ　ムラ立	ユズリハ	1円50銭
カナメ7本	カナメモチ	2円10銭	仝　1本	ユズリハ	90銭
青桐1本	アオギリ	10銭	檜25尺1本23尺1本	アスナロ	2円55銭
笹かし4本	ササカシ	1円80銭	紅葉野村4本一行寺2本	ノムラ、イチギョウジモミジ	30銭
桂1本	カツラ	40銭	檜1本	アスナロ	15銭
杢コク2本	モッコク	50銭	ドウダン4本	ドウダンツツジ	1円35銭
ウツギ1株	ウツギ	10銭	あて5本	アスナロ	55銭
杉4本	スギ	52銭	めかし30株	ウバメガシ	24銭
柳1本	ヤナギ	10銭	あて8本	アスナロ	1円28銭
高野槙苗5本	コウヤマキ	1円7銭5厘	海棠1本	カイドウ	3円
白木蓮3本	ハクモクレン	1円80銭	鉄モチ、伊吹	モチノキ、イブキ	1円
白木蓮1本	ハクモクレン	20銭	ビャクシン杉	ビャクシン	75銭
女松6本	メマツ	3円60銭	ハイビャク10本	ハイビャクシン	50銭
仝　2本	メマツ	1円10銭	金杢せん	キンモクセイ	2円50銭
仝　2本	メマツ	5円	水柳	スイリュウヒバ	1円40銭
土佐樫	トサガシ	1円50銭	紅山茶花2本	サザンカ	1円60銭
熊野かし	クマノガシ	1円30銭	一行寺2本	イチギョウジモミジ	1円10銭
芽樫30株	ウバメガシ	60銭	蓮花	レンゲツツジ	70銭
ヒラド3株	ヒラドツツジ	1円50銭	大もみじ1本	モミジ	1円50銭
芽樫3本	ウバメガシ	60銭	あて3本	アスナロ	1円
杉5本	スギ	90銭	おたふくカシ1本	オタフクカシ	30銭
斑入枇杷	フイリビワ	30銭	灰ビャク3本	ハイビャクシン	3銭
エンコウ杉	エンコウスギ	10銭	檜11本	アスナロ	1円43銭
紅葉5本	モミジ	30銭	仝　2本	アスナロ	1円

表-10-10② 「山村家文書」明治28年「売上帳」に見る植木の価格
数量、価格はアラビア数字に変換している

表記	植木名	請求値	表記	植木名	請求値
紅葉5本、水柳1本	モミジ、スイリュウヒバ	50銭	仝　2本	アスナロ	75銭
牡丹桜2本、海棠	ボタンザクラ、カイドウ	3円50銭	檜2本	ヒノキ	60銭
紅葉苗10本	モミジ	95銭	仝　3本	ヒノキ	1円5銭
ほふき3本	フキ	6銭	山茶花白2本、紅1本	サザンカ	2円
サツキ7株	サツキ	1円75銭	檀4本		1円60銭
仝　18株	サツキ	1円70銭	南天上1株		30銭
サツキ4株	サツキ	50銭	茶圃ひば2本		2円90銭
水柳2本	スイリュウヒバ	90銭	吉の杉4本		1円
サツキ15株	サツキ	1円50銭	杉4本		1円12銭
獅子ひば1本	シシヒバ	40銭	梅2本		1円60銭
紅シダレ1本	ベニシダレ	15銭	仝　1本		45銭
サツキ、ヒラド3株	サツキ、ヒラド	30銭	きんかん2本		16銭
サツキ2株	サツキ	50銭	なつみかん3本		48銭
椿2本	ツバキ	30銭	女松1本		2円
ウコン桜1本	ウコンザクラ	25銭	男松1本		2円
色々桜12本	サクラ	84銭	池田苗色々		1円30銭

表-10-11 「山村家文書」明治33年「売上帳」に見る植木の価格
数量、価格はアラビア数字に変換している

表記	植木名	請求値	表記	植木名	請求値
金杢せん1本	キンモクセイ	40銭	黄蓮華1本	キレンゲツツジ	60銭
女松二本立	業売　メマツ	8円50銭	むべ1株	ムベ	60銭
槙1本	業売　マキ	1円50銭	三州	サンシュユ	35銭
吉野枚6本、一行寺2本	業売　ヨシノスギ、モミジ	3円80銭	水柳	スイリュウヒバ	20銭
一行寺紅葉12本	業売　イチギョウジ	4円80銭	白木蓮	ハクモクレン	1円
一行寺黄葉	イチギョウジモミジ	35銭	斑入しい	シイ	80銭
紅葉	モミジ	35銭	紅杢こく	モッコク	30銭
アテ3本	アスナロ	1円	たれひば	タテヒバ	50銭
なてん10本	ナンテン	25銭			

表-10-12① 「山村家文書」明治41年「外村宇兵衛様庭木庭石手間扣」に見る植木の価格
数量、価格はアラビア数字に変換している

表記	植木名	請求値	表記	植木名	請求値
花木扣（花木園用と推測される）			紅皮甘柘榴	ザクロ	1円50銭
リンチョキ白1本、赤1本	ジンチョウゲ	2円40銭	淡紅柘榴牡丹咲	ザクロ	75銭
白柘榴	シロザクロ	1円50銭	黒柳	コクリュウ	5銭
神楽柘榴	カグラザクロ	75銭	赤木蓮1本	モクレン	1円20銭
仝源平	ゲンペイザクロ	80銭	コボシ1本	コブシ	75銭
スーヲー紫花	ハナスオウ	75銭	凌生花		60銭
土佐ミヅキ	トサミズキ	1円30銭	黄桜	キサクラ	1円50銭
黄ソケ	キソケイ	25銭	三州2本	サンシュユ	3円50銭
石楠花小1本	シャクナゲ	50銭	花梨2本	カリン	1円20銭
サンザシ	サンザシ	30銭	ザボン	ザボン	5円50銭
白山吹単ベン	ヤマブキ	15銭	苗代グミ	ナワシログミ	50銭
斑入枇杷2本	フイリビワ	1円50銭	玉柳	タマリュウ	2円
淀川ツツジ2株	ヨドガワツツジ	1円20銭	レンギョ	レンギョウ	70銭
万咲梅2本	マンサク	1円70銭	石楠花	シャクナゲ	14円
ソシン蝋梅2株	ソシンロウバイ	1円20銭	ムベ	ムベ	8円
カリン木瓜	カリン	1円	モツコー花	モッコウバラ	1円
白百日紅	シロヒャクジツコウ	70銭	白多福桃	モモ	1円70銭
大平戸	ヒラドツツジ	3円50銭	童子桃緋桃2本	モモ	1円20銭
ニハトコ	ニワトコ	1円	手マリ花	テマリバナ	70銭
キリシマ	キリシマツツジ	3円50銭	梅モドキ1本	ウメモドキ	1円20銭
単弁山吹1株	ヤマブキ	50銭	赤ウツギ大、白小	ウツギ	1円
白木蓮1本	ハクモクレン	1円50銭			
庭梅2本	ニワウメ	70銭			
品物扣			紅葉15本	モミジ	18円
紅梅大小2本	コウバイ	10円	吉野杉10本	ヨシノスギ	20円
玉ガク4本	ガクアジサイ	4円	檜4本	ヒノキ	16円
茶圃ひば苗60本	チャボヒバ	12円	男松6本	オマツ	19円
平戸苗45本	ヒラドツツジ	4円95銭	出しお紅葉4本	デショウモミジ	2円40銭
仝　80本	ヒラドツツジ	17円60銭	白梅2本	ハクバイ	2円
多行松4本	タギョウショウ	1円60銭	大梅2本	ウメ	15円
女松3本	メマツ	14円	檜30本	ヒノキ	51円
檔10本	アスナロ	1円	梅もどき2本	ウメモドキ	1円30銭
仝10本	アスナロ	2円	蝋梅3本	ロウバイ	2円
仝27本	アスナロ	5円55銭	千両4株	センリョウ	1円20銭
カイヅカ伊吹3本	カイズカイブキ	2円61銭	□黄バラ3本	バラ	1円
極上茶圃ひば5本	チャボヒバ	10円	栗3本	クリ	40銭
檜40本	ヒノキ	8円40銭	寒梅2本	カンバイ	50銭
山取男松3本	オマツ	10円	サンシュ2本	サンシュユ	50銭
仝小1本	オマツ	1円20銭	樫4株	カシ	14円
仝ひば代1本	ヒバ	2円30銭			

＊**凌生花**：植木名不明

表-10-12② 「山村家文書」明治41年「外村宇兵衛様庭木庭石手間扣」に見る植木の価格
数量、価格はアラビア数字に変換している

表記	植木名	請求値	表記	植木名	請求値
全2本	ヒバ	4円	檔2株	アスナロ	2円50銭
檜上等2株	ヒノキ	10円	大南天4株、白実1株	ナンテン	25円
樫55本	カシ	49円50銭	土佐かし1本	トサガシ	5円
博多サツキ100株	ハカタ	8円	大檔1本	アスナロ	10円
口なし100本	クチナシ	2円50銭	中3株	アスナロ	13円50銭
七草	ナナクサ	1円75銭	小3株	アスナロ	6円
女松1本	メマツ	14円	柳1本	ヤナギ	1円
茶圃ひば15株	チャボヒバ	3円75銭	柊南天1株	ヒイラギナンテン	1円
石楠花6株	シャクナゲ	18円	樫3株	カシ	10円
全7株	シャクナゲ	10円50銭	千両9株	センリョウ	3円30銭
桜拾種	サクラ	7円50銭	多行松苗7本	タギョウショウ	1円5銭
石楠花大1株	シャクナゲ	5円	ヒリヨ山茶花2本	サザンカ	1円80銭
芝草50本	シバクサ	32円50銭	文人松6本	ブンジンマツ	22円
檜9本	ヒノキ	45円	コケ2車、笹、ハゼ、リンドウ、川原石竹		18円
熊笹239株	クマザサ	12円25銭	文人松3本	ブンジンマツ	10円
檔大7本	アスナロ	4円90銭	山吹	ヤマブキ	1円
檜14本	ヒノキ	49円	コケ4はい	コケ	1円50銭
樫3本	カシ	2円70銭	椎ノ木5本	シイ	7円50銭
大檔6本	アスナロ	24円	女松4本	メマツ	30円
中檔4本	アスナロ	4円	大女松1本	メマツ	55円
檜5本	ヒノキ	16円	茶圃ひば10本	チャボヒバ	10円
博多五月30株	ハカタ	2円4銭	全18本	チャボヒバ	4円64銭
〃15株	ハカタ	3円45銭	百合十種	ユリ	1円
平戸30株	ヒラドツツジ	3円60銭	芍薬二十種	シャクヤク	4円50銭
長春十七種27本	コウシンバラ	2円70銭	牡丹十種	ボタン	4円50銭
野ショビ紅7株	ノショビ	70銭	白玉桜	タマサクラ	1円30銭
木瓜8株	ボケ	3円	コケ、笹	コケ、ササ	1円
チンコアヤメ	アヤメ	5株	男松2本	オマツ	9円50銭
熊野笹　二十	クマザサ	2円	黄蓮華2株	キレンゲツツジ	7円50銭
紫木蓮8本	モクレン	2円60銭	雲新梅	ウメ	1円20銭
檔6本	アスナロ	6円	大柚	ユズ	55銭
松10本	マツ	50円	樫2本	カシ掘手間別	7円
檜9本	ヒノキ	3円15銭	檔2本	アスナロ　〃	40銭
檜大3本	ヒノキ　堀手間別	12円	土佐樫1本	トサガシ　〃	4円
シイ4本	シイ　〃	12円	檜10本	ヒノキ	3円50銭
吉野杁6本	ヨシノスギ	16円	山茶花	サザンカ	40銭

表-10-13 「山村家文書」明治45年庭造り覚帳（文書の表書き無し）の「明治45年外村宇兵衛嵯峨別荘」の記述に見る植木の価格

数量、価格はアラビア数字に変換している

表記	植木名	請求値
吉の桜大500本	ヨシノザクラ	90円
仝小500本	ヨシノザクラ	35円
紅葉大300本	モミジ	66円
仝小1000本	モミジ	50円
大白ふじ1本	フジ	3円
仝紫白色交ぜ10本	フジ	2円
平戸2000本	ヒラドツツジ	80円
五月1000本	サツキ	40円
檜1500本	アスナロ	30円

表記	植木名	請求値
紅葉67本	モミジ	8円
紅葉70本	モミジ	30円14銭
檜10本	アスナロ	2円
杉100本	スギ	15円
シバ100個	シバフ	22円22銭
吉の杉150本	ヨシノスギ	6円
ツツジ2350本	ツツジ	70円50銭
アセボ410株	アセビ	30円75銭

表-10-14 「山村家文書」昭和6年「田中新左衛門様物品手間代覚控」に見る植木の価格

数量、価格はアラビア数字に変換している

表記	植木名	請求値
紅梅2本	コウバイ	70円
女松3本	メマツ	100円
男松3本女松3本	オマツ、メマツ	160円
オッコ1本	キャラボク	5円
モチ2本	モチノキ	70円
梅1本	ウメ	17円
サツキ70本	サツキ	7円
チリヒメ5本	サザンカ	4円
冨士峯2本	サザンカ	3円
サツキ、日ノ出23本	サツキ、ヒノデキリシマ	2円30銭

表記	植木名	請求値
キンコーカ3本	アカシヤ	1円50銭
ツゲ10本	ツゲ	3円
平戸10本	ヒラドツツジ	2円
貝塚10本	カイヅカイブキ	16円
吉野杉2本	ヨシノスギ	2円
モミヂ2本	モミジ	70銭
ヒバ3本	ヒバ	13円
オウコ1本	キャラボク	16円50銭
ヒツシヤ1本	トウヒ	1円70銭
ヒマラヤ2本	ヒマラヤスギ	10円

(5) 庭園材料の仕入れ先

「花文」歴代は、近江商人等の得意先に恵まれその邸宅や別荘等のどちらかといえば品格の高い庭造りに長年、従事してきた。上質の庭を作り出すためには、作庭者の作庭術だけではなく、使用する庭石、燈籠、植木等の庭園材料がそれにふさわしい品格を有することが不可欠である。代々、そのことに腐心してきた。それらの材料をどこから入手してきたのか、つまり取り引き先の相手は、どのような人々であったのか、大変興味深い。明確な資料はないが江戸中期以降になれば、各地に庭石、燈籠植木等の庭園材料を商う商人も勃興していたはずである。

この点に関しても「花文」には歴代が綴った大福帳（仕入帳）に、その旨記されている。明治中期から昭和の初期までの仕入れ先（取り引き相手）に関して仕入帳から拾い上げると**表− 10 − 15 〜 18** の通りとなる。相手先の名、所在地も明記されている。当時、彼らがどの程度の力量をもっていたのか、つまり銘品と呼ばれるような商品を扱う優良な業者であったのか、知る由もない。ただし近江商人の邸宅にふさわしい庭の材料を商っているということを考えれば、いずれも相応の業者であったものと推察される。

その証として、明治32（1899）年の仕入帳の燈籠の仕入先として、名のあがっている「三州岡崎裏町、嶺田久七」は、明治10（1877）年、東京・上野公園を会場として殖産興業の国是を達成するために開催された「第一回内国勧業博覧会」ならびにその翌年の明治11（1878）年に開催された「愛知県名古屋博覧会」でも出展した「石製燈籠」「花崗岩」が褒章を授与されていることから相当の銘品を製作する業者であったと推察される**(図- 10 - 1・2)**。明治32（1899）年には8基（49個）の石燈籠についての嶺田久七から山村文七郎に宛てた貨車の「送り状」や石燈籠7種類で8基の金額をしたためた見積書及びその仕入れの記述も「仕入帳」で確認できる**(図- 10 - 3・4)**。仕入れた燈籠のうち、九尺の柚の木形燈籠一対は注文時に二代目文七郎が描いた図面**(P.179)**も残されており、その燈籠は現在も五個荘金堂の大城神社に奉納されている**(P.180)**。また、明治41〜45年、大正10年〜昭和2年にかけての仕入帳の庭石、燈籠の仕入先である「京都四条大宮、井上清兵衛」は明治27（1894）年に二条城本丸庭園作庭に係った人物である**(図- 10 - 5)**。

この2人も含め「花文」の仕入帳に記されている仕入先の人物は、いずれも当時は庭園材料屋として相応の力量を有する面々であったと推察される。

表-10-15 「山村家文書」明治32年「仕入帳」に見る庭園材料の仕入れ先

材料名	仕入先	表記住所	備考
燈籠	嶺田久七	三州岡崎裏町	愛知県岡崎市
燈籠	柴田勝治郎	三州岡崎裏町	愛知県岡崎市
燈籠	秋山兼四郎	三州岡崎裏町	愛知県岡崎市
燈籠	酒井孫兵衛	三州岡崎裏町	愛知県岡崎市
燈籠	筒井龍蔵	三州岡崎門前町	愛知県岡崎市
庭石.燈籠	中島久兵衛	京都市小川通り押小路南入	京都府京都市
庭石（守山石）	松居順次郎	江州木戸村八屋戸	滋賀県大津市
庭石（守山石）	高橋甚三郎	江州小松村北比良	滋賀県大津市
長福寺石（沓石、切石、山石）	宮村与惣吉	馬淵村長福寺	滋賀県近江八幡市
山上石（愛知川青石、飛石）	安井松之助	山上村山上	滋賀県東近江市
植木	三輪伊佑	東五個荘村木流	滋賀県東近江市
植木	辻 清治	老蘇村石寺	滋賀県近江八幡市

表-10-16 「山村家文書」明治41年から大正年間の「売上控」に見る庭園材料の仕入れ先

材料名	仕入先	表記住所	備考
燈籠	嶺田久七	三州岡崎裏町	愛知県岡崎市
燈籠	柴田勝治郎	三州岡崎裏町	愛知県岡崎市
燈籠	秋山兼四郎	三州岡崎裏町	愛知県岡崎市
燈籠	酒井孫兵衛	三州岡崎裏町	愛知県岡崎市
燈籠	筒井龍蔵	三州岡崎門前町	愛知県岡崎市
燈籠	杉田 菊	三州岡崎	愛知県岡崎市
庭石.燈籠	中島房次郎	京都市小川通り押小路南入	京都府京都市
庭石.燈籠	吉岡和助	京都押小路	京都府京都市
庭石.燈籠	井上清兵衛	京都四条大宮	京都府京都市
庭石（冨士石他）	田中鉄二郎	名古屋	愛知県名古屋市
庭石	井口長右衛門	四日市	三重県四日市市
庭石.燈籠	永田熊太郎	四日市	三重県四日市市
庭石	小幡国蔵	舞鶴町北田辺	京都府舞鶴市
杉皮	三上吉兵衛	京	京都府京都市
竹.クロモジ	野村勝治	京	京都府京都市
竹	森徳	江州石寺	滋賀県近江八幡市
鉛管.金物類	荻田金物	京	京都府京都市

表-10-17① 「山村家文書」大正9年「日家栄日記覚 京都出張所」に見る庭園材料の仕入れ先

材料名	仕入先	表記住所	備考
燈籠.庭石	吉岡和助	京都押小路	京都府京都市
燈籠.庭石	井上清兵衛	京都四条大宮	京都府京都市
燈籠.庭石	小林傳造	岩上通り三条南入	京都府京都市
燈籠.庭石	嶋金庭石園	京都烏丸鞍馬口	京都府京都市
庭石	大野松之佑	紫野京藤森町	京都府京都市
植木	岩村弥七	山科村大塚	京都府京都市
植木	岩根常吉	山科	京都府京都市

表-10-17② 「山村家文書」大正9年「日家栄日記覚 京都出張所」に見る庭園材料の仕入れ先

材料名	仕入先	表記住所	備考
植木	井上芳太郎	葛野郡太秦村	京都府京都市
栗丸太.山名栗.丸太	小林商店	嵯峨	京都府京都市

表-10-18 昭和初期の庭園材料の仕入れ先（売上控および仕入先からの葉書等より）

材料名	仕入先	表記住所	備考
建築用石材、木曽川産庭石、燈籠	天野泰一	中央線美乃坂本驛前	岐阜県中津川市
木曽川産庭石	平野新太郎	愛知県葉栗郡北方　木曽川橋驛前	愛知県一宮市
庭石.燈籠	永田庭石店	伊勢四日市市稲葉町河岸	三重県四日市市
富士石	井出文太郎	静岡県富士驛前上横割	静岡県富士市
庭石	松田彦次郎	愛知県丹羽郡犬山町	愛知県犬山市
燈籠.石材.庭石	増尾清吉	滋賀県滋賀郡小松村字南小松	滋賀県大津市
守山石	松井彌七	滋賀県滋賀郡木戸村八屋戸	滋賀県大津市
燈籠.庭石	吉岡和助	京都市中京区押小路釜座角	京都府京都市
燈籠.庭石	嶋金庭石園	京都烏丸鞍馬口	京都府京都市
燈籠.庭石	嶋金庭石園芦屋出張所	阪神国道打出翠ヶ丘バス停前	兵庫県芦屋市
燈籠.庭石	田中市太郎	京都市新町通丸太町北入	京都府京都市
燈籠.庭石	藤田富松	京都市大宮通四ツ塚下ル	京都府京都市
鞍馬石	藤原治三郎	京都市上京区紫野大徳寺前	京都府京都市
鞍馬石	山本藤吉	京都府愛宕郡鞍馬村	京都府京都市
鞍馬石	林　材徳	京都府愛宕郡鞍馬村	京都府京都市
鞍馬石	増田勝次郎	京都府愛宕郡鞍馬村	京都府京都市
庭石	井上末吉	京都市上京区出雲路神楽町	京都府京都市
植木	桜木正勝	愛知県中島郡明治村法花寺	愛知県稲沢市
植木	明治農園岡田利明	愛知県中島郡明治村矢合	愛知県稲沢市
植木	成瀬角太郎	愛知県中島郡明治村横野	愛知県稲沢市
植木	誠芳園伊藤義明	愛知県中島郡明治村清水	愛知県稲沢市
植木	鈴木喜太郎	愛知県中島郡明治村法花寺	愛知県稲沢市
植木	戸田彌平治	愛知県中島郡稲澤町小寺	愛知県稲沢市
植木	森新太郎	愛知県中島郡祖父江町山崎	愛知県稲沢市
植木	渡邊隆治	愛知県中島郡祖父江町芝原	愛知県稲沢市
植木	尾張殖花園福島春太郎	愛知県中島郡祖父江町三丸淵	愛知県稲沢市
植木	野口亀太郎	愛知県豊能郡細川村字中河原	大阪府池田市
植木	松尾與三郎	大阪府下豊能郡箕面村平尾	大阪府箕面市
植木	松尾吾一郎	大阪府三島郡富田町	大阪府高槻市
植木	華樹園佐竹芳之助	東海道線摂津富田驛南三丁	大阪府高槻市
植木	清育園金岡音松	兵庫県川邊郡長尾村山本	兵庫県宝塚市
植木	華樹園植物場乾安太郎	兵庫県川邊郡長尾村平井	兵庫県宝塚市
高山植物	舟橋明楽園	津駅前	三重県津市
高山植物	小籔園	名古屋市千草町池田	名古屋市千種区
芝生	安達幸三郎	東京市淀橋区西大久保	東京都新宿区
芝生	安達幸三郎関西店	愛知県古知野町	愛知県江南市
芝生	芝萬　黒沼萬助	東京市杉並区馬橋	東京都杉並区
芝生	芝草商上林梅太郎	大阪府住吉区天下茶屋	大阪市西成区

図-10-1：明治10年開催の第一回内国勧業博覧会において石製燈籠で褒章を受けた嶺田久七

図-10-2：明治11年開催の愛知県名古屋博覧会において花崗岩で褒章を受けた嶺田久七

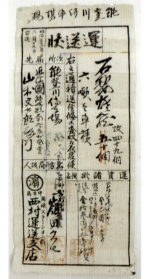

図-10-3：嶺田久七から山村文七郎に宛てた石燈籠の送り状(明治32年6月)

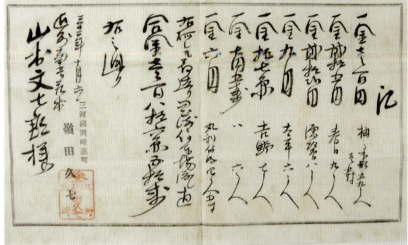

図-10-4：嶺田久七から山村文七郎に宛てた石燈籠7種8基の見積書(明治32年)
燈籠の仕入も価格だけではなく、良い仕事をする職人を見極めて注文していることが解る。

図-10-5：四条大宮 井上清兵衛の記名のある庭石・石燈籠の仕入帳(大正10年)

11章

「花文」の歩みを彩る歴史秘話

(1)「花文」独特の植木屋(職人)用語

　伝統的な技術分野には、標準的な専門用語だけでなく、特定の地域や一門にしか通用しない親方から弟子へ代々伝えられてきた現場用語がある。それらの用語を使いこなせるか否かが、その分野、一派の技術を習熟しているか、一人前の職人とみなせるかの証となる。

　庭園や植木業の分野においても、特定の地域や企業内だけでしか通用しない植木屋用語が存在する。その多くは、上原敬二の『造園大辞典、加島書店、1978』にも収録されている。

　ここでは、滋賀県東近江市五個荘金堂という地で代々、脈々と受け継がれてきた「花文」ならではの植木屋用語を紹介し、解説する。それによって鈍穴流を継承する「花文」の流儀の一端を知らしめたい。

　庭造りや葉刈りには、独特の呼び名や作業の名前、道具の名前が多くある。入社当初、現場で何を言われているのか、何をすればよいのか全く解らないことが多い。

　造園の現場で使う呼び名や用語は、それぞれの会社によっても違うし、親方や社長が修行してきた場所や会社によっても異なる。独特の表現がされるのは、庭仕事では「庭石の見分け」「石組」「植付け」の時や、「棕櫚縄の化粧結び」「ロープやワイヤーの結び方」「石を人力で運ぶ作業」「チェーンブロックでの作業」「移植や木や石を吊る作業」「ころ、てこ、まくらを用いる作業」などがある。また、葉刈りの方法についてもさまざまな表現がされるが、庭木の仕立て(庭において成木になるまで育てる剪定方法や成木を維持、更新していく剪定方法)においても専門の用語があり、既に死語になった言葉や言い換えられている言葉もたくさんある。

　「花文」にも代々受け継がれてきた多くの植木屋用語ともいうべきものがある。親方や先輩が使っている用語に、何の疑問も抱くことなく仕事を続け、「漢字でどのように書くのか」すら考えてこず、現在でも漢字ではどのように書くのか解らないものもある。

　その代表的なものとして、「かっくび」を残すな、「りゅうず」を十分に突け、というのがある。「かっくび」とは葉刈りの時に用いる、枝を切る時に切る枝の元に、枝の軸が残ることを言う。滋賀県内の造園会社では「かっくい」と言っているところもある。「かっくび残すな」とは、軸を残さず枝の付け根からまっすぐに切ることである。剪定ハサミや木鋏(輪鋏・蕨手)での剪定は、軸を残しやすいので気を付けなければならない。軸を残しておくとコブになったり、そこから腐朽の恐れもあるが、とにかく見栄えが悪い。このことは、全ての木に言えることである。なお「かっくび」とは斬首された時に、胴体に首の付け根が残ることを意味している。どのような文字が当てはまるのかといえば、斬首の意味で「搔き首」か「搔く首」または、「馘首」のどれかが変化したものと考えられる。

　「りゅうず」を十分に突け、というのは庭木の植付けの時に使うが、根鉢の「鉢尻」のことで、この用語の方が一般的である。「りゅうず(竜頭)」

とは、梵鐘の上部で竜の細工のあるところである。根鉢と梵鐘の形が似ているところからきた表現であろう（腕時計のリュウズも同じ意味）。「りゅうずを突く」とは、活着をよくするために、根鉢の底部を十分突き空隙をなくすことである。

「かっくびを残すな！」「りゅうずを十分に突け！」はまさに「花文」独特の植木屋用語の金言となっている。

「花文」が本社を置く五個荘は琵琶湖の東に位置し、明治以前から「湖東」と呼ばれている地域で（現在は「東近江」と呼ばれている）、京都に近い距離にあり、明治の頃から現在に至るまで、暮らし全般、何かにつけて京都の影響を受けている。

花文には職人が使う専門用語というべき言葉が数多くあるが、その言葉が京都の影響を受けたものなのか、花文独自のものか、標準語なのか、方言（江州弁）なのか、間違って聞き取った言葉が今に伝えられているのか、昔は使ったが今は使わない言葉なのか、他の業者や特定の業界でも一般的に使われる言葉なのかなど、不明な点も多い。「花文」の庭の作事や葉刈り作業の現場でも死語となりつつある植木屋（職人）用語の一例を紹介する（図-11-1・2）。

表-11-1①　「花文」独特と思われる植木屋（職人）用語

職人用語	使い方　＊意味内容	備考
険阻（けんそ）	険阻な石の形　＊とげとげしい、険しい、尖った	標準
痩（こ）ける	石の顔がこけている、凹んでいる　＊威張りがないこと	標準
いんでいる	石に威張りがなく、いんでいる　＊威張りがないこと、奥に下がっていること	方言
威張る	威張りがない、右側が威張っている石、飛び石の肩が威張っている	標準
よて	よて違い、よて反対　＊勝手違いのこと	方言
の反（のはん）	の反に回す　＊「の」の字の反対で左回りのこと	
てれこ	＊反対、あべこべの意味・裏表、上下、左右を逆に使うこと	方言
けっている	＊邪魔をしている、隠している、重なっている意味	
下仕事（したしごと）	＊「葉刈」に対して庭造り、植栽工事などのことをいう	
起（お）き	起きを見る　＊庭石や庭木が形や幹の曲がりなどを見極め真っすぐに据えられ、立てられているか	
立（た）ち	木の立ちを見る　＊庭木が四方から見て幹の曲がりなどを見極め真っすぐに立っているか	
かっとり	＊谷川や流れの段落ちや堰のこと	
きし積	＊野面積のこと（城石積・きいしつみが変化した言葉か）	
撞木（しゅもく）	＊釣鐘を鳴らす棒、鳥居支柱の横木の丸太などをいう	
勢（せい）	この木は勢がない　＊木の勢い、元気に育っているかどうか	
病（や）む	病んでいる　＊病気にかかっていること、庭木が弱っていること	標準
群立ち（むらだち）	＊株立ち、武者立ちのこと	
つろく	建物と庭がつろくする　＊釣り合いのこと	方言
はねる	石の右をはねる　＊梃子で石を少し持ち上げること	
ごぼう、ごんぼう	＊ふるい根のこと　根鉢の土がなくなること	
ふごう（畚）	鉢がふごうになる　＊根鉢の鉢崩れのこと　根鉢の根と土が分かれること	
立つ根（たつね）	立つ根を切る　＊樹木の直根のこと	
性（しょう）	この松は葉の性が悪い　＊性質のこと	標準
二重地輪	＊奥の院燈籠のように、2段ある地輪を言う	
いける（埋ける）	購入した植木を植木畑に埋める　＊埋めること	標準
こせた	こせた木だ　＊若木ではなく、細い小さい木でも少し年月が経っている木のこと	
桶台（おけだい）	＊鉢前や蹲踞の役石である、湯桶石のこと	
化け（ばけ）燈籠	＊山燈籠のこと	

表-11-1② 「花文」独特と思われる植木屋(職人)用語

職人用語	使い方　＊意味内容	備考
ちょろけん	＊燈籠の名前(江戸時代の大道芸「ちょろけん」に形が似ている	
天神織部	＊西の屋燈籠を天神織部(てんじんおりべ)とも言っていた	
竿雪見	＊雪見燈籠の一種	
お亭(おちん)	＊四阿のこと	
捨石	＊景石のこと	標準
ケゴミ、けごみ	＊蹴込石のこと	
かいもん	＊飼物のこと	方言
かます(噛ます)	隙間に石を噛ます　枕を噛ます	
ぐいち(五一)	左右五一　＊食い違っていること	標準
チン	＊チェーンブロックのこと	
チン吊り	＊チェーンブロックを吊るワイヤーのこと	
せんぼう(尖棒)	＊三又(さんまた)のこと	
わく(枠)	＊修羅(しゅら)、橇(そり)のこと	
神楽(かぐら)	＊神楽桟(かぐらさん)のこと	標準
ぼろっこ	＊滑車のこと　ロープやワイヤーを掛け通し、重量物を吊り上げたり引き寄せたりする	標準
梃子鋤(てこすき)	＊鋤の形をしており、鋤先で燈籠などの部材を少しはねる時に使う道具	
厚鏝(あつごて)	＊地鏝のこと	
きりばし	＊切箸のこと(鋏の一種)、最近は使う職人も少なくなった	標準
蕨手(わらびて)	＊輪鋏、木鋏、植木鋏とも言う	
はしかい	この石は、はしかいので扱いやすい　＊硬い石で玄能やコヤスケが効きやすい石	方言
おじぎ(お辞儀)	お辞儀している　＊石や木が前に少し倒れていること	

表-11-2① 「花文」独特と思われる葉刈りに関する植木屋(職人)用語

職人用語	使い方　＊意味内容	備考
中目(ちゅうめ)	松のさら(枝)の厚さを整えるための伸びた新葉の根元の葉を少し残し、その上を外し、新たに2〜3本の芽を出させる葉刈の手法	意味は違うが盆栽仕立用語にある
かい(貝、階)	かい仕立、かい作り、かいを作る　＊庭木の仕立て方の一種	標準
さら(皿)	さらを薄くする、さらが濃い　＊枝のこと。特に松に使う	
腰が高い	腰を低くする(かい仕立の枝)　＊葉むしりでむしり上げたり、高い芽を外し小芽にしておかないと、枝が分厚くなる	
芽を抑える	小芽に抑える　＊枝が厚くならないように、高い芽を外しその芽の元にある小芽にすること	
小芽	小芽を残す・小芽で止める　＊松などの新葉で、小さい芽が出かけている幼芽及び輪が少なく小さい葉のこと	
輪(りん)	輪を小さくむしる、輪を揃える　＊松の新葉をむしる時に、残す新葉を少なくしてむしること(芽の多い良質の松など、輪を小さくむしる)	
摘まむ	松のみどりを摘まむ、枝先を少し摘まむ　＊みどり摘み以外は、一般的に葉先や小枝を浅く切る時に使う	標準
抜く(ぬく)	枝を抜く　＊今後の仕立て方、育て方を判断したり、庭木の生長を見越して樹形を形作るために枝を切ること	標準
外す(はずす)	枝を外す　＊受けている(代わりになる)枝がある場合に、小枝を切ること	
割る(わる)	葉を割る　＊モクセイ類、モチノキなどの刈り込まない葉刈りの手法、枝先が開いて整っていない葉刈りも、「枝先が割れている」とも言う	
かんばい	かんばいを取る　＊根元から生えるヤゴ、ヒコバエのこと	方言
ずばい	ずばいを切る　＊徒長枝のこと(ウメ)	方言
選る(すぐる)	枝をすぐる　＊毎年手入れされ、同じ枝の所で剪定している木を、本来の枝の姿に整理しながら葉刈をすること	

表-11-2② 「花文」独特と思われる葉刈りに関する植木屋（職人）用語

職人用語	使い方　＊意味内容	備考
とび	とびを外す　＊皿（枝）から少し飛び出ている一枝のこと	
うける（受ける）	受けている枝　＊枝を外す時にその代わりになる枝、枝元にあること	
はかま（袴）	葉むしりは袴を残すな　＊二葉の松葉の付け根の部分（短枝）のこと、葉むしりは袴を残さず新葉を傷めず松葉をむしるのが基本	
握っている	枝が握っている　＊毎年同じところで枝を切ると、手を握った状態（コブ状）になるのは、誤った剪定方法である。街路樹の場合も同じである	
段むしり	＊松の若木で長く伸びた枝を間隔を置いてむしること（木の芯とする長く伸びた新枝を見栄えよくする葉刈の手法）	
はなまつ（花松）	＊春に新枝の下部に雄花を多くつける松の通称、クロマツの場合は特に腰が高い枝が多くなるので、葉刈には注意を要する	

　なお前述したもののほかに、「花文」ではロープやワイヤーの結び方についても「いわし」、「かしわ」、「ぼっかけ」、「たてこ」などの用語で表現する手法があり、石や木を担って運搬する時には、一般的な「差し」のほかに「とんぼ」という担い方もある。

　さらに「花文」では材料、道具の名前、作業の方法などにも特徴的な言葉があり、チェーンブロックを使っての作業や石を移動する時、大振りの木の根鉢を回す時や大木を吊る作業や木梃子を使う作業などにおいても独特の職人用語が用いられる。

Column.5

自転車に颯爽と乗る姿が職人の自慢

　若いころ個人邸の庭に葉刈りに行って、一服（10時と午後3時の休憩）時に年配の職人からよく聞かされた昔話がある。

　明治の後半頃から得意先への移動は自転車がよく使われた。その頃の一般の家庭では自転車は普及していなかった。自転車に乗れるから職人になった者もいると聞く。

　明治、大正期の葉刈りの段取りは、数十人いる職人のうち若手が担当する決まりがあったらしく、朝早く先輩職人が来る前に梯子や丸太をリヤカーに積み込み、ある者は肩に梯子を担ぎ自転車に乗り、リヤカーの引手とともに得意先に向かったらしい。得意先の前栽（庭）で先輩職人が到着するまでに梯子を庭木に立てかけて置くまでが若手の仕事であった。

　当時から得意先が愛知郡と犬上郡に多く、中山道の道筋を通ることが多く十数人の若い職人が梯子を担いで颯爽と自転車で駆け抜け「沿道の若い女子たちをキャーキャー言わせたもんだ」と植木職人が憧れの的であったことを自慢気に語ってくれた。

(2)「山村家文書」に見る作庭に使用した植木の種類と名称

「花文」歴代が書き残した「大福帳」の類の中には、作庭に使用した植木の種類の名称や数量、単価等が記されている。それらは、「花文」歴代が決まり事により植木を選択し使用したもの、あるいは一部は施主からの用命によって植栽したものも含まれていると思われる。庭の意匠が、どのような植木によって構成されてきたのかを知ることは大変興味深いことでもある。

どのような樹種を主に使ってきたのか、把握する手がかりとして数々の「大福帳」の中からナギ、コウヨウザン、ザクロなど現在と変わらない呼び名の植木も多いため、それ以外の表記の樹種について拾い上げ**表-11-3**①〜③に一括する。なお、**表-11-3**①〜③では同一樹種と思われるものでも、その表記の仕方が、カタカナ、漢字、当て字、漢字の略字など色々であり、それらを並記して示した。和名が確定できるものについては、その旨記し、不明なものについては表中空欄とした。一覧した樹種の中には、クジャクヒバやシシヒバなど主に近畿や愛知県地方に限られ、庭木として利用されているものも見られる。

表-11-3① 「山村家文書」に見る作庭に使用した植木の種類とその表記

(現在と変わらない呼び名やかな書き、漢字表記のもの及び桜、山茶花、梅類の品種名は省く)
慶応から明治の初期における、庭木の表記はひらがな、カタカナ、漢字、当て字、漢字の略字、漢字の誤字、聞き間違いなどが入り乱れている。また、近江や京都、大阪、兵庫、愛知などで限られて使われている庭木の名前も含まれる。和名が不確定なものは和名欄を空欄としている

表記	表記	表記	表記	和名
ゑんこ杁	エンコウ杁	エンコウ	エンカウ杁	エンコウスギ
檔	あて	アテ		ヒノキアスナロ
⊕杁	さつま杁			ヒムロスギ
ビャクシン杁				ビャクシン
白狐杁				
糸杁				イトスギ
茶圃飛葉	茶ぼひば	ちゃぼひば		チャボヒバ
水柳				スイリュウヒバ
黄孫				イチョウ
椎イ				シイ
孔雀ひば				ヒバの品種
黄金ひば				ヒバの品種
獅子ひば				ヒバの品種
あやひば				シノブヒバ

表-11-3② 「山村家文書」に見る作庭に使用した植木の種類とその表記

(現在と変わらない呼び名やかな書き、漢字表記のもの及び桜、山茶花、梅類の品種名は省く)
慶応から明治の初期における、庭木の表記はひらがな、カタカナ、漢字、当て字、漢字の略字、漢字の誤字、聞き間違いなどが入り乱れている。
また、近江や京都、大阪、兵庫、愛知などで限られて使われている庭木の名前も含まれる。和名が不確定なものは和名欄を空欄としている

表記	表記	表記	表記	和名
とが松	とがまつ	トガ	栂松	ツガ
一位				イチイ
根岸槇				マキ
おくこ	おっこ	キャラ	オウコ、ヲウコ	キャラボク
いまめかし	芽樫	めかし	女かし	ウバメガシ
樫木	かし			アラカシ
笹かし				シラカシ
土佐樫	土佐かし			ツクバネガシ
熊野かし	熊野樫			ウバメガシ
鼠前かし	鼠前樫			
縞かし				ヨコメガシ
ちちみかし	チヂミかし			チリメンガシ
おたふくカシ				
福モチ				
鉄モチ				モチノキ
布袋モチ				
乎が玉				オガタマ
金杢せん	もくせん	木せん	金木仙	キンモクセイ
銀杢				ギンモクセイ
杢こく	杢コク			モッコク
紅杢こく				モッコク
フ入かなめ				カナメモチ　フイリ
シュタン	シタン	朱丹		ハマヒサカキ
ビシャコ				ヒサカキ
わび介				ワビスケ
ひよけ	ひよげ			イスノキ
マクゲシヤ				
白杢蓮	白木蓮	白蓮		ハクモクレン
同断	堂段	ドウダン		ドウダンツツジ
灰ビャク	ハイビャク			ハイビャクシン
リンチョ木	リンチョキ	リンチョ	リン丁	ジンチョウゲ
江戸黄楊	江戸ツゲ			ツゲ
浅間ツゲ				ツゲ
チヂミ南天				チヂミナンテン
朝鮮ツツジ				ヒカゲツツジ
アセボ				アセビ
かいど	海棠			カイドウ
一行寺	一行寺紅葉			イチギョウジカエデ
三洲				サンシュユ
紅ササギ			畑で生産の記録	

表-11-3③ 「山村家文書」に見る作庭に使用した植木の種類とその表記

(現在と変わらない呼び名やかな書き、漢字表記のもの及び桜、山茶花、梅類の品種名は省く)
慶応から明治の初期における、庭木の表記はひらがな、カタカナ、漢字、当て字、漢字の略字、漢字の誤字、聞き間違いなどが入り乱れている。
また、近江や京都、大阪、兵庫、愛知などで限られて使われている庭木の名前も含まれる。和名が不確定なものは和名欄を空欄としている

表記	表記	表記	表記	和名
豆ササギ			畑で生産の記録	
梓木			畑で生産の記録	
口なし				クチナシ
朝鮮口なし				コクチナシ
志やりんばい	車輪梅			シャリンバイ
出しお	出しお紅葉			デショウジョウ
丸葉ヒラド				ヒラドツツジ
かむろ				カムロザサ
め竹				メダケ
大めい竹				ダイミョウチク
クマノ	熊野			クマザサ
ハフ				ハナスオウ
マンサクバイ	万咲梅			マンサク
トボシ				
ギョルイ				
コクコガ				
丹波伊吹			丹波産の表記？	カイヅカイブキ
白斑枇杷				ビワ　フイリ
橙斑入				ダイダイ　フイリ
蓮花	れんげ			レンゲツツジ
ヒメコ松				ヒメコマツ
おきな杦				オキナスギ
斑入シキビ				シキミ　フイリ
ジャガタラ				オオユズ

(3)「花文」歴代が重用した植木「あて、アテ、档」とは

慶応元年創業の「花文」の歴代が、その庭造りに使用した数ある植木の中でも、特異な存在として、「あて」「档」がある。特に得意先であった近江商人の邸宅や別荘等の庭造りにおいて、いかなる樹種を使ったかの証となる慶応3年から昭和の初めてにかけての多数の大福帳の記述の中に、頻繁に「あて」「档」の名が見出せる（図-11-1）。

さて「あて」「档」とはいかなる樹種なのか。石川県以外の人にとっては、あまりなじみのない聞き慣れない樹種名である。関係文献（上原敬二：樹木大図説、有明書房、1959。石川県農林水産部：能登のあて、1997等）から、その正体を読み解いた内容を以下に示す。

「あて（アテ）」は、ヒノキ科のアスナロの変種であるヒノキアスナロ（ヒバ）の地方名である。石川県能登半島には、その自生も見られ、能登ヒバとも通称され、白アリの被害が少なく、腐朽に強いため建築用材として評価され、以前から「アテ林業」の名で人工造林が行われてきた。昭和41（1966）年に「石川県の木」に指定された。

その品種は、マアテ、クサアテ、エソアテ（スズアテ）、カナアテの4種があり、特にマアテは耐陰性にも富み、材質が堅く、湿気に耐え、削り面も光沢があり美しい。そのため昔から輪島漆器の木地として、建具材として多用され、樹皮は屋根葺材のヒワダ（檜皮）として用いられる。能登で使用されるアテの大半は本種であるといわれる。

なお、「档」という漢字で大福帳に記述されているのも「あて（アテ）」のことである。能登の気候風土がアテを育てるのに適し、「当った」ということで漢字の「档、トウ」をアテと読ませたといわれている。

筆者が調べた限りにおいては、庭造り用の植木として石川県内で用いられることはなく、滋賀県内でも「花文」以外、庭造りに活用する造園業者は過去から現在までいない。アテは耐陰性に優れることもあり、近年では、環境に配慮した林業として脚光を浴びる複層林の下木としても注目されているようであるが、現代の庭造りにおいても積極的に活用すべき魅力的な樹種である。この面では歴代の「花文」に学ぶべきといえる（写-11-1・2）。「花文」歴代がアテを重用した利用の1つと考えられることは近江地方の山の景趣を庭に取り入れるために、直幹の木（山採りの赤松、檜、杉、紅葉等）を多く植栽するので、下草（低木）のサツキやヒラドなどは育たず、アテを植えたと思われる。つまり、常緑針葉樹で耐寒性に富むことや剪定には熟練した技術を要するが、庭造りの流儀にかなう形状を有していたためだと考えられる。いずれにしても具体的に何が決め手となったのかということになると、そのことを記した文書等は残されていない。

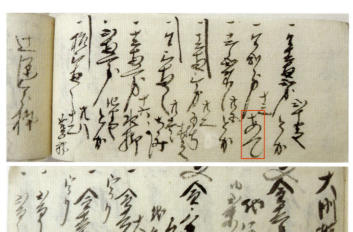
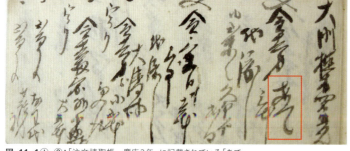

図-11-1①・②:「注文請取帳　慶応3年」に記載されている「あて」

写-11-2①:外村吉太郎(繁)邸に現在見られるアテ

写-11-2②:アテの枝葉

Column.6

「花文」の職人の仕事と生活

　「花文」の職人の数は、慶応年間から明治の初めで常時5〜6人程度で、太平洋戦争以前の昭和の初め頃には50人程になっている。主に金堂村及びその周辺の村から来ている者が多かった。奉公先の無かった農家の次男や三男など断り切れず雇っていたようで、なかには生活が苦しく朝の食事も取れずに来る数人の職人には、三代目文七郎の母が自宅で毎日食事を食べさせていたことを父親の四代目文七郎からよく聞かされ、戦後の食べ物の無い時代であったが、食べ物をたいせつにして感謝することを教えられた。
　「花文」に従業寮ができたのは昭和48年であり、それまでは住み込みで修業する職人が数名おり、食事や風呂も私たち家族と一緒であった。古い社員は今でも私の母親を女将さんと呼び、私を親方と呼んでいる。昭和の初めころまでは自宅の店の間に寝泊まりしている職人が3名おり、仕事に出かける前に店の間や座敷の床や柱の拭き掃除、庭先の掃除が義務づけられていたようで、紅殻塗の座敷の柱や板戸、籡戸などは黒光りしていた。

（4）二代目文七郎の日誌に見る明治期の庭師職人の生活史

　これまでも時代ごとに、さまざまな業種の職人の生活史（個人の生活の様相を記述したもの）を綴った成果が出されている。これらによって当時の伝統技術の担い手であった職人の日々の生活の様子をうかがい知ることができ、大変興味深い。

　ただし残念ながら、これまでの成果の中には庭師や植木職人の生活史に関するものは、筆者の知る限り存在しない。

　本書の「2章『花文』の由来と系譜」の箇所で少し触れた二代目文七郎が（書き記した）明治29年1月1日から30年8月7日までの日誌は、まさに「明治期の庭師職人の生活史」ともいうべきものであり、ここに改めて、その全容の概要を紹介したい（図-11-2～5）。

　明治29年は二代目文七郎が31歳、5年前に所帯を持ち息子助市（三代目文七郎）が3歳の時期である。文七郎は自身の愚行と振る舞いを悔い、一念発起して2年間（日誌の最後の記述では当初は1年間であった）欠かさず日記を記そうと志す。しかし明治29年11月26日の次葉には、自身を「遊惰山人」（仕事をせずに、ぶらぶらしている人）と称し、細かな字で日記を書き、紙を始末することに疑問を抱きながらも、節倹質素を説き自らの戒めとしている記述がある（図-11-6）。書き続けることを諦めた明治30年8月7日の次葉には、自身の遊惰さを卑下し悔いている記述がある。「性タルヤ酒ヲ飲ミ色ニ迷ヒ賭博ヲ好ミ喧嘩口論常ノ如ク山野ヲ乱シ遂ニ其筋ニ捕レ萬人ノ恐ヲ成ス現世ノ地獄ニテ労ヲ役シ恥ヲ父母兄弟ニ及ホスヲ忘レ豈ニ恐レサルベケンヤ…」自身の償いの言葉を記述している（図-11-7）。

　この日誌には日々の業の得意先の記述のほかに、明治期の暮らし振りや仕事の糧となった遊びや楽しみが何だったのかうかがい知れる、「祭り見物」や「神社参詣」、「植木の買い付けのようす」、「伊勢講」、「正月のようす」など、諸々のことが記されているたいへん興味深いものといえる。

図-11-2：二代目文七郎日誌（明治29年1月1日～30年8月7日）の表紙（9cm×18cmの大きさ）

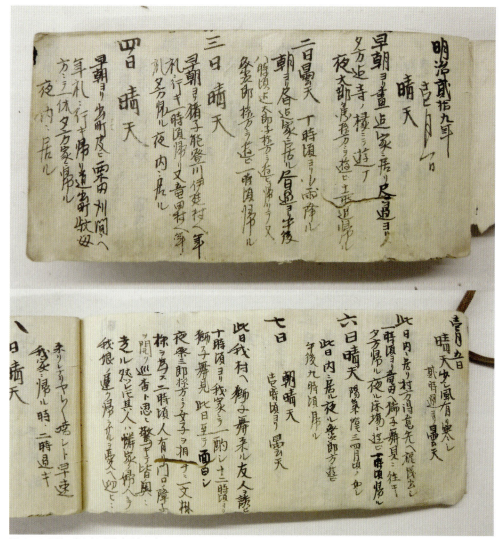

図-11-3：日誌の書き出し部分（明治29年1月1日〜1月7日）

図-11-4：日誌の最後の記述

図-11-5：明治30年3月21日から3月25日の日誌。栗田村珠玖清左衛門家の業、下宿屋に泊まっている記述

図-11-6：11月26日の次葉の記述

紙ヲ各ミテ字ヲ
細小ニシテ日記
ヲ成スト画モ偶々
忘レタリ鳴呼
一枚分ヲ挾ミテ
何ノ因果ゾヤ
是レ則チ紙
斗リ節儉スト画
何事モ大奢侈
ナルガ故天道ノ
悪ムナルガ如シ
思ヘバ何事ニ因ラズ
節儉質素
タルベシ慎マザル
可クンヤ
　遊惰山人
　　敬白

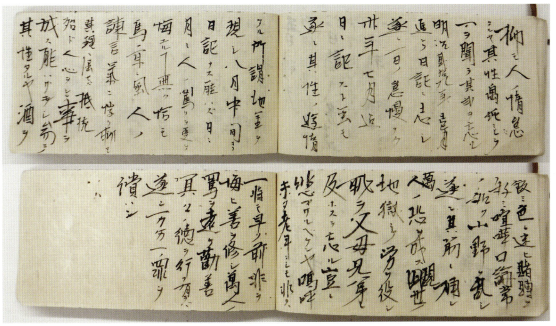

図-11-7：明治30年　8月7日（記述最後の日）の次葉の記述

柳モ人ノ惰怠
タルヤ其性愚鈍ニシテ
一ヲ聞テ其弐ヲ忘レ
明治貮拾九年壹月
飲ミ色ニ迷ヒ賭博ヲ
好ミ喧嘩口論常
ノ如ク山野ヲ乱シ
進ミ三日記ニ志シ
遂ニ怠慢ナク
遂ニ其筋ニ捕レ
世年七月迄
萬人ノ恐ヲ成ス現世ノ
地獄ニテ労ヲ役ニ
日記ニスト画モ
恥ヲ父母兄弟ニ豈ニ
遂ニ其性ノ遊惰
及ホサルベケンヤ嗚呼
タル所謂地金ヲ
現シ八月中旬ヨリ
恐レサルベケンヤ嗚呼
日記ナス能ハズ日ニ
末タ老年ニシモ非ズ
月ニ人ヲ罵リ又受ケ
一時モ早ク前非ヲ
悔ユル之無ク恰モ
悔ヒ善ヲ修シ萬人ノ
馬ノ耳ニ風人ノ
罵ヲ遠ケ勸善
諫言ニ憚リ聊モ
冥々ノ徳ヲ行フ有ラバ
其理ニ屈セズ抵抗
遂ニ萬分ノ一ノ罪ヲ
殆ド人心ヲナシテ事ヲ
償ハシ
成ス能ハザリシム而テ
其性タルヤ酒ヲ

日誌の中でも特に目を引くのが、明治30年3月10日から3月19日にかけて、大阪の豊能郡池田、豊嶋郡細川村中川原や兵庫の川辺郡山本村、川辺郡東野に「植木の買い付け」に出向いた様子の記録である（図-11-8）。その行脚はまさに江戸時代の旅人の姿を彷彿させるものである。明治29年当時、琵琶湖の航路は明治15年に太湖汽船（初代の会社）は航行しており、汽車は明治22年に東海道本線湖東線が全線開通している。大阪への便が少なかったのか、運賃が高かったのか、その理由は推し量ることはできないが、「徒歩、汽船、徒歩」で生産地に向かっている。想像を絶する行程である。生産者にとっても注文はもらったが、馬車で植木を京都や江州に運ばなくてはならないのだから、これまた大変な仕事であったはずである。

　また、明治30年4月1日から4月8日にかけ

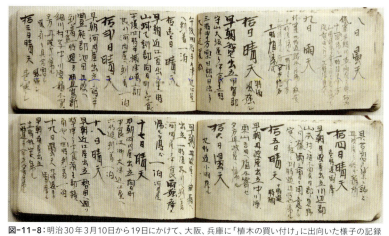

図-11-8：明治30年3月10日から19日にかけて、大阪、兵庫に「植木の買い付け」に出向いた様子の記録

植木の買付けの様子（二代目文七郎日誌）

明治三拾年　　　　　　　　＊印　現住所表示

三月

拾日　晴天時雨強シ
　早朝我宅出立　甲賀郡守山大坂屋ニテ中食十二時　三時弐十分栗太郡山田渡ショリ大津迄汽船　午後四時半大津近江屋へ到着一泊
＊甲賀郡守山：滋賀県守山市　　栗太郡山田：滋賀県草津市山田町

拾壱日　晴天
　早朝近江屋出立　十二時山城乙訓郡向日町ニテ中食　午後四時半摂津嶋上郡芥川河内屋へ到着一泊
＊山城乙訓郡向日町：京都府向日市　　摂津嶋上郡芥川：大阪府高槻市芥川町

拾弐日　晴天
　大津近江屋出立　十二時豊能郡池田丹波屋へ到着中食　一時過ヨリ豊嶋郡細川村中川原へ植木買　夕方丹波や二帰ル　風ヲ引キ具合悪シ
＊豊能郡池田：大阪府池田市　　豊嶋郡細川村中川原：大阪府池田市中川原町

拾三日　晴天風強シ　甚寒シ
　具合悪ク薬ニ就グ　丹波屋ニテ終日宿所

拾四日　晴天　壱時過ヨリ雨降
　早朝丹波屋出立　川辺郡山本村〈植木買　同郡東野へ同様雨ニ會ニテ用意ナク実ニ難シ　四時過丹波や二帰ル
＊川辺郡山本村：兵庫県宝塚市山本地区　　同郡東野：兵庫県伊丹市東野

拾五日　晴天　十時過小雨降
　早朝丹波屋出立　中川原東山吉田へ〈植木寄セ　夕方丹波屋へ帰ル

拾六日　曇天　九時過小雨降ル
＊中川原東山吉田：大阪府池田市吉田町

拾七日　晴天
　早朝丹波屋出立　三テ荷拵へ出立　一時頃芥川へ到着河内屋ニテ中食　雨強降ル帰ルヲ得ズ　一泊河内屋

拾八日　晴天
　早朝近江屋出立　向日町中食　江州大津近江屋へ六時過到着一泊
＊向日町：京都府向日市　　江州大津：滋賀県大津市

拾九日　曇天　九時過ヨリ雪降ル
＊勢田：滋賀県大津市瀬田地区　　蒲生郡鏡：滋賀県蒲生郡竜王町鏡
　早朝近江屋出立　勢田へ廻ル草津ニテ中食　蒲生郡鏡　角や〈四時到着一泊

廿日　曇天　九時過ヨリ雪降ル
　早朝角屋出立　十二時我宅へ帰ル　一時過ヨリ〈半方夕方帰ル〉

夜　糸弥十時前帰ル

て伊勢講（伊勢神宮への参詣を目的に組織された集団。旅費を積み立て、くじで代表を選んで交代で参詣した）の記述からは当時の遊興を兼ねた伊勢講の様子をうかがい知ることができる（図-11-9）。

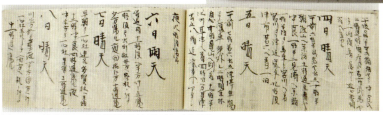

図-11-9：「伊勢講」の様子（明治30年4月1日～4月8日）

「伊勢講」（二代目文七郎日誌より）

明治三拾年
四月
壱日　曇天　午前三時半　一心社我宅へ集會　四時半我宅出立　同十一時過蒲生郡鎌掛角ヤ中食　午後一泊　半田村社へ参詣　雨頻リニ振ル　五時過勢州坂ノ下小竹ヤへ到着泊
二時半
弐日　雨天　午前八時小竹ヤ出立　十時四十分　関停車場へ着　宮川迄汽車　山田宇人館へ到着四時半一泊夕方外宮前遊散　夜新古市春木ヤニテ遊ビ　十一時過ヘ帰ル
三日　晴天　午前八時　宇人館出立　外宮参詣古市あいの山面白シ　内宮へ参詣　午後0時半　宇治橋角ヤニテ中食　三時過雨有　古市武蔵ヤニテ一泊　夜古市濱ヤニテ遊ビ黎明宿ヘ帰ル
四日　晴天　午前六時半　武蔵ヤ出立十一時半　朝熊山へ参詣　十一時過豆腐ヤニテ中食　一時半ニ見浦〈参詣〉　一時半頃ヨリ馬車ニテ宮川へ着　宮川ヨリ津迄汽車　九時頃津市若六へ着泊
五日　晴天　午前七時若六出立　津停車場ニテ汽車津ヨリ汽車乗外シニ二時間余休息　十時亀山へ到着　十一時半江州草津へ着　四時四分草津出立　八幡迄　汽車下車シ夜九時頃帰ル
六日　雨天　昼迄内　十一時頃〈半方行き直帰ル　一時頃ヨリ出町叔母方へ祭礼ニ行ク　夕方帰ル　夜糀仁方十時過帰ル
七日　晴天　早朝ヨリ一心社連名　多賀社へ参詣　十二時中食　四時過帰ル　夜中亦方ニテ一心社集會
〈カ〉方へ行　一心社名代トシテ　西方へ礼ニ行ク　十一時過ル
八日　晴天　川ル方終日業　夜〈半方〉〈カ〉方へ行　一心社名代トシテ　西方へ礼ニ行ク　十一時過帰ル

なお、日誌に綴られている主な得意先を拾い上げると、田附新兵衛、外村市郎兵衛、外村与左衛門、外村宇兵衛、珠玖清左衛門、伊藤忠兵衛、中江勝治郎、稲本利右衛門、田中源治、小泉重助、外村七郎兵衛、三上清平（清兵衛）、猪田五兵衛ほか当時、隆盛を誇ったそうそうたる近江商人の名が記述されている。このことからも二代目文七郎の生計を支える庭仕事の大半は近江商人邸宅の庭であったことが解る。

二代目文七郎「日誌」(明治29年1月1日〜30年8月7日)

明治29年

＊縦書きの記述を横書きに、日付は漢字をアラビア数字に変換している

1月1日　晴天　早朝ヨリ昼迄家ニ居リ　昼過ヨリ夕方迄寺ノ縁ニテ遊ブ　夜太郎兵衛様方ニテ遊ビ十二時過帰ル

1月2日　曇天十時頃ヨリ小雨降ル　朝ヨリ昼迄家ニ居ル　昼過ヨリ午後八時頃迄太郎子様方ニテ遊ビ帰リテ又　粂次郎様方ニテ遊ビ一時頃帰ル

1月3日　晴天　早朝ヨリ猪ノ子能登川伊庭村へ年礼ニ行キ一時頃帰リ又竜田村へ年礼夕方帰ル　夜内ニ居ル

1月4日　晴天　早朝ヨリ出町及ヒ栗田刈間へ年礼ニ行キ帰リ道出町叔母方ニテ一休夕方帰ル　夜内ニ居ル

1月5日　晴天…此日内ニ居ル村方得意先へ祝儀出シ　一時頃ヨリ竜田へ獅子舞見ニ往キ夕方帰ル夜ル床場ニ遊ビ十時頃帰ル

1月6日　晴天　陽気恰モ三四月頃ノ如シ　此日内ニ居ル　夜ル粂次郎方デ遊ビ午後九時頃帰ル

1月7日　朝晴天一時頃ヨリ曇天　此日我村へ獅子舞来ル友人ヲ誘ヒ十時頃ヨリ我家ニテ一酌シ　十二時頃ヨリ獅子舞見此日至テ面白シ　夜粂三郎様方ニテ女子ヲ相手ニ一文掛株ヲ為ス　二時頃人有リ門口ノ障子ヲ開ク巡査ト思ヒ驚キテ皆奥ヘ走ル　然レトモ其人ハ隣家ノ婦人ニテ我娘ノ遅ク帰ラザルヲ憂ヒ迎ヒニ来リシナリ　ヤレヤレ嬉シト早速我家ニ帰ル　時ニ二時過ギ

金堂村：獅子舞

1月8日　晴天　終日内ニ居ル　夜弥五郎様方ニテ遊ビ十時過ギ帰ル

1月9日　晴天　早朝ヨリ東円堂へ商用　帰リ道出町叔母方ニテ遊ビ又竜田へ寄リ　二時頃我家ニ帰ル夜ル前夜同家ニテ遊ビ十時過ギ帰ル

1月10日　曇天…此日今年初メテ仕事風体ニ成リ　我屋敷ノ植木残ラズ寒肥ヲ成ス　夜ル…

1月11日　雪天風有　前夜ヨリ降雪五寸余有リ　終日絶エズ降続キ此日内ニ居リ　三時頃ヨリ…

1月12日　雪天　昨日ヨリノ雪一尺余有リ　昼過ヨリ西方ニテ遊ビ嘉造様方へ寄リ夕方帰ル…

1月13日　曇天　早朝ヨリ馬追ニ行キ昼過キ帰ル　漸々小鳥四把ヲ得タリ四時頃ヨリ…

1月14日　曇天雪未ダ残レリ三時頃晴　終日家ニ居リ業ニ就ク　夜隣家ニ遊ビ十時頃帰ル

1月15日　朝曇天雪有　午後二時頃小雨降ル三粒程　此日休日　昼過ヨリ半六様方…

1月16日　朝曇十時頃ヨリ晴天　雪大略消化ス　此日内ニ居ル　午後三時過ヨリ竜田ニ行キ…

1月17日　曇天十時頃ヨリ小雨降リタ方止ム　貮時過ヨリ半方ニテ夕方帰ル…

1月18日　晴天　内ニ居リ業ヲ成ス　此日少シ風ノ心地シテ身体具合悪シ　夜早ク寝床ニ就ク

1月19日　朝曇…早朝ヨリ池ノ庄豊国神社へ参詣　十一時過帰リ　又能登川停車場へ軍人奉迎三時　過家ニ帰ル　四時過ヨリ半方ニテ七時頃帰ル　夜内ニ居ル

1月20日　晴天風甚ダ寒シ　内ニ居リ業ヲ成ス　夜内ニ居ル

1月21日　晴天風有極寒シ　⊙様方ニテ業ヲ成ス　夜當村夜番宿ニテ内ニ居ル

1月22日　晴天風有極寒シ　昼迄昨同家ニテ業ヲ成ス　一時過ヨリ下出へ私用　夜…

1月23日　雪天　終日雪降続キ　内ニ居ル　夕方ヨリ半方夜十時過帰ル　雪八寸余有

1月24日　晴天雪止ム　早朝ヨリ中宿村火事御見舞　十二時頃帰ル…夜半方社中用十時過帰ル

1月25日　晴天　終日内ニ居ル　夜西方十時頃帰ル

1月26日　晴天　内居ル　十弐時過ヨリ川並村へ行ク武須比社ニテ清国分獲品ヲ縦覧ス武モ其由来ヲ聞キ四時頃家ニ　帰ル　夜七里へ行キ十一時帰ル床場へ寄リ少々割合ニテ㊉ヲ食ス　一時頃ヨリ雨降ル帰ルヲ得ズシテ遂ニ一泊シ　拂暁家ニ帰ル

1月27日　雨天弐時頃雨止ム　内ニ居ル　昼過ヨリ半方へ行キ弐時頃ヨリ当村学校ニテ昨日川並ニテ見シ品物ヲ見聞ス　四時頃帰ル　夜ル築瀬見附やニテ割合ニテ酒飲ス　十二時過帰ル

1月28日　晴天十時頃雪降リ弐時頃止ム　内ニ居ル　昼過ヨリ半方へ行キタ方帰ル　夜ル七里へ行キ十一時頃帰るル　風有

1月29日　晴天風甚ダ寒シ　内ニ居ル　昼過ヨリ下出へ行くタ方家ニ帰ル　夜西方へ行キ十時頃帰ル

1月30日　晴天風止マズ　内ニ居ル　昼過ヨリ鍛冶屋村へ行キ四時頃帰ル道七里へ寄ル　夜西方ニテ割合ニテ餅ヲ食シ　十二時頃帰ル

1月31日　雪天　内ニ居ル　弐時過ヨリ半方へ行キ四時帰ル　夜隣家方十時頃帰ル

2月1日　雪天　昨日ヨリ積雪五六寸有　内ニ居ル　夕方雪止ム　夜西方へ行キ十二時頃帰ル

2月2日　曇天　内ニ居リ業　弐時頃ヨリ半方へ行キ四時過帰ル　夜大庄方へ行キ十時過帰ル

2月3日　曇昼過ヨリ晴天　内ニ居リ業　昼過ヨリ節餅ツキ

2月4日　曇天一時頃ヨリ雪雨降ル　内ニ居リ業　夜西方九時頃帰ル　床場ヘ寄リ十一時頃帰ル雨止マズ

2月5日　晴天風少シ有リ　内ニ居リ業　夜内ニ居ル　十時過床場ヘ行直帰ル

2月6日　曇天　内ニ居ル業　一時頃床場ニテ髪ヲ消ル　夜西方十二時頃帰ル

2月7日　晴天　内ニ居リ業　昼過ヨリ石馬寺ヘ行夕方帰ル　夜床場ヘ行十時頃帰ル

2月8日　晴天　内ニ居リ業　塚本ヘ木引ニ行　弐時頃帰ル　三時過ヨリ半方夕方帰ル　夜石馬寺ヘ行リ道金堂嘉造様方ヘ寄リ　十一時過ル

2月9日　雨天　内ニ居ル　昼過ヨリ半方又大庄ヘ行夕方帰ル　夜半西方ヘ行十一時頃帰ル

2月10日　晴天風有甚寒シ　西方ニテ車借用　昼過ヨリ鍛冶上方ヘ植木持参　帰リ道石寅ヘ寄リ夕方　帰ル　夜西方八時過帰リ又外太ヘ寄リ十一時頃帰ル　雪降ル

2月11日　雪天風有寒シ　昼過ヨリ小幡ヘ行竜田ヘ寄リ夕方帰ル　夜西方直ク帰ル外太ヘ行キ…

2月12日　晴天　終日小幡善住寺ニテ業　夜石馬寺ヘ行キ十時過帰ル

2月13日　晴天　善住寺ニテ業　夜半方十時頃帰ル

2月14日　晴天　昼過ヨリ雪頻リ降ル漸クシテ晴　善住寺ニテ業　夜西方十時頃帰ル

2月15日　晴天　善住寺ニテ業　夜半方ヘ行直グ帰リ西方ヘ行キ割合ニテ葛ヲ食シ　十一時過帰ル

2月16日　雪天弐時頃ヨリ晴　雪四五寸有　昼過ヨリ塚本床場ニテ散髪　帰リ道外太ヘ寄リ夕方帰ル　夜外太夜番十二時帰ル

2月17日　朝曇十時頃ヨリ晴天　内ニ居ル　昼過ヨリ半方四時過帰ル　夜半西直グ帰ル

2月18日　晴天　早朝ヨリ佐野村ヘ木引夕方帰ル　夜石馬寺ヘ行キ十一時頃帰ル

2月19日　晴天昼過ヨリ曇天　外方ニテ業　夜半方ニテ十一時頃帰ル

2月20日　拂暁ヨリ雪降　内ニ居ル　夜半方十時頃帰ル

2月21日　雪天風強シ　内ニ居リ障子張ヲ成ス　夜外太方ニテ十時頃帰ル

2月22日　雪天　弐時頃雪止ム　内ニ居ル　四時頃ヨリ…　夜隣家夜番十二時過帰ル

2月23日　晴天　内ニ居ル　夜ル外太ヘ十時頃帰ル

2月24日　曇昼過ヨリ雨降　早朝ヨリ七里村ヘ梅引三時帰ル　夜…

2月25日　雨天弐時頃ヨリ晴天　昼過ヨリ竜田ヘ私用　夕方帰ル　夜西方掛金持参十時頃帰ル

2月26日　晴天　内ニ居ル業　夜床場ニテ髪消ル

2月27日　晴天　早朝ヨリ掛集メ　一時過帰ル　夜半方十時頃帰ル

2月28日　晴天十一時頃ヨリ曇天　昼過ヨリ掛集メ　夕方帰ル　夜…

2月29日　晴天風有　内ニ居ル　夜床場十時頃帰ル

3月1日　晴天朝雪降　十時頃雪止ム　早昼ヨリ阿賀社ヘ参詣三時過帰ル　夜…

3月2日　雪嵐有　内ニ居ル　夜半方十時過帰ル

3月3日　曇天三時過ヨリ雨降リ　内ニ居リ業　夜隣家方ヘ九時過帰ル

3月4日　曇夕方ヨリ雪降リ　内ニ居ル業　夜内ニ居ル

3月5日　晴天風寒シ…鍛冶屋村　上方ニテ業　夜早ク寝床ニ就ク　　⌒上：田附新兵衛家

3月6日　雪天風強シ　早朝ヨリ　上方ヘ行ク雪頻リ降ル業ヲ成スヲ得ズ半日ニシテ帰ル　帰途甚ダ困難ス　四時過ヨリ半方夜七時頃帰ル

3月7日　晴天雪五寸余有　内ニ居ル　夜西方九時頃帰ル

3月8日　晴天雪消化セリ　九時頃ヨリ竜田ヘ私用　十二時頃帰ル　三時過ヨリ川並ヘ行…

3月9日　晴天　⌒上方業　終日夜内ニ居ル

3月10日　晴天　⌒上方終日　夜内

3月11日　曇天　⌒上終日　五時頃ヨリ雨降リ　夜西方十時頃帰ル

3月12日　雨天　昼前ヨリ常楽寺ヨリ鷹飼村ヘ商用　夕方帰ル　三時過ヨリ雨止ム　夜…

3月13日　晴天　⌒上方終日　夜西方十時頃帰ル

3月14日　晴天　朝石馬寺ヘ火事見舞　直グ帰リ終日内ニ居リ業　夜隣家九時頃帰ル

3月15日　晴天　㊤方業終日　夜稲荷祭リ参詣　半方ヘ行十時過帰ル　　⌒上：外村市郎兵衛家

3月16日　晴天　㊤方終日　夜内

3月17日　雨天　内ニ居ル四時頃半方　夕方帰ル　夜半方十時過帰ル

3月18日　晴天　㊤方終日　夜内

3月19日　曇天　㊤方七五昼過ヨリ雨降　夜内

3月20日　晴天時雨　辻方終日　夜西方十一時頃帰ル

3月21日　朝曇三時頃ヨリ晴天　㊤終日甚夕寒シ　夜半方十一時頃帰ル

3月22日　晴天寒シ　上方終日　夜内

3月23日　晴天　⌒上方終日　夜隣家十時頃帰ル

3月24日　晴天　⌒上方終日　夜内

3月25日　晴天　⌒上方終日夜　夜番十二時過帰ル

3月26日　晴天　⌒上終日　夜半方十一時頃帰ル

3月27日　雨天　内ニ居ル　四時頃半方夕方帰ル　夜糀仁方十時頃帰ル

3月28日　晴天　内ニ居垣業　夜半方十時過帰ル
3月29日　晴天　外嘉方終日　夜西方十時頃帰ル
3月30日　晴天　上方終日　夜西方掛金　十時頃帰ル
3月31日　曇天　上方終日　夜山仁方一時頃帰ル
4月1日　雨天　昼過ヨリ中勝 ^方夕方帰ル　夜^方十一時頃帰ル
4月2日　晴天　上方終日　夜八百藤方　十時頃帰ル
4月3日　晴天　外市方半日昼ヨリ内ニテ木植　夜八百藤外太ヘ行キ十時過帰ル

外市：外村市郎兵衛家

4月4日　晴天　昼迄内ニ居　昼ヨリ上方夕方帰ル　夜半方十時過帰ル
4月5日　曇天朝小雨降ル　上方終日　夜内
4月6日　晴天　^上終日　三時過ヨリ雨降ル　夜内
4月7日　雨天　昼過ヨリ半大庄方ヘ行　夕前帰ル　夜内
4月8日　晴天　昼迄内業昼ヨリ川並大利方ニテ業　夜内
4月9日　晴天　大利ニテ終日　夜半十時頃帰ル
4月10日　晴天　大利ニテ終日　夜小幡祭リ見物十時過帰ル
4月11日　晴天　外嘉方終日　夕方少シ雨降ル　夜塚本床屋ニテ散髪…

外嘉：外村嘉兵衛家

4月12日　曇天風有　外嘉方終日　夜半方十一時頃帰ル
4月13日　晴天　終日外嘉　夜建部宵宮渡リ見物　十二時頃帰ル

建部祭り

4月14日　朝曇天昼前雨降強シ　半日外嘉　昼過ヨリ建部祭リ見物　夕方帰リ雨止ム　夜内業
4月15日　曇天時雨　終日外嘉　夜内業
4月16日　晴天風有　内　垣終日　夜業
4月17日　晴天風強シ　垣終日　夜業
4月18日　晴天夕方小雨降ル　垣終日　昼過ヨリ外嘉　夜外市方小宵宮會　十一時頃帰ル
4月19日　雨天　休業　昼過塚本床屋ニテ髪ヲ消ル…夜宵宮渡リ十時頃帰ル
4月20日　曇天後晴　午前四時過朝渡リ黎明帰ル　午後一時本渡リ大郡社ヘ行夕方帰ル…

五箇祭り

4月21日　晴天　一時頃ヨリ後縁渡リタ方帰ル　夜賄方ニテ酒ヲ呑ム　九時頃西方ヘ行酩酊シテ一泊　黎明家ニ帰ル　雨降ル
4月22日　雨天　昼迄内　昼ヨリ外嘉^方業半日　夜半方十一時頃帰ル
4月23日　晴天　早朝ヨリ弘誓寺葬式手傳　夕方帰ル　夜西方十時過帰ル
4月24日　晴天　外方昼迄来　昼過ヨリ中野村紙鳶上見物　夕方帰ル…

外^：外村与左衛門家
中野村紙鳶：東近江大凧

4月25日　雨天　内ニ居ル　此日昼過ヨリ半方ヘ行　四頃帰ル　夜西方十時頃帰ル
4月26日　晴天風有　外方業終日　夜西方十一時頃帰ル　我内夜番宿
4月27日　晴天　^外方業終日　夜半方十時頃帰ル
4月28日　晴天　外方業終日　夜若宮宵宮式　十時過帰ル

日若宮神社祭礼

4月29日　曇天時雨　外方半日　若宮祭日本渡　四時石馬ヘ行タ方帰ル　夜…
4月30日　曇天昼過ヨリ雨降　^外終日　夜内
5月1日　晴天外方終日　四時頃外太ニテ田楽割合　夜半方十一時頃帰ル
5月2日　晴天　外方終日　夜半方十時頃帰ル
5月3日　雨天　上方終日　夜内
5月4日　晴天　内居ル　昼過ヨリ伊庭坂下シ見物夕方帰ル夜内

伊庭の坂下し

5月5日　晴天　内松植終日　夜山嘉十一時頃帰ル
5月6日　晴天　松植　日中魚捕ニ行ク一時頃帰ル　夜半方十一時頃帰ル
5月7日　曇天　^外方終日　夜簗瀬見附やニテ愉快　一時頃帰ル
5月8日　晴天　七里三上清平方ニテ終日　夜八百藤方十時頃帰ル

三上清平：三上清兵衛家

5月9日　晴天　三清方終日　夜内　三清：三上清兵衛家
5月10日　晴天　三清方終日　夕方帰リ道半方ヘ　九時頃帰ル
5月11日　晴天夕方曇　三清方終日　夜半方十一時頃帰ル　雨降ル
5月12日　晴天朝雨七時過止ム　三清終日　昼迄内ニ居ル　夜内
5月13日　晴天　三清終日　夜見附やニテ散財　一時頃帰ル
5月14日　晴天　三清方終日　夜半方八時頃帰ル内ニ居ル
5月15日　晴天　三清方終日　夜半方十一時頃帰ル　雨少シ降ル
5月16日　雨天　十時頃塚本床屋ニテ散髪十一時頃帰ル　一時頃ヨリ簗瀬ヘ行キ宮庄菓子やヘ寄リ道半方宵七時頃帰ル　夜内
5月17日　晴天　三清終日　都合ニテ夜十時頃帰ル
5月18日　晴天キリ染シ　三清終日　夜半方十一時頃帰ル
5月19日　晴天三清終日　夜宮庄菓子や　十一時頃帰ル
5月20日　晴天　小幡泉方終日　夜内
5月21日　晴天　泉終日　夜内
5月22日　曇天時雨　泉終日　夜学校衛生演説聴キ十一時前帰ル雨降ル
5月23日　晴天　泉終日　夜小義方十時頃帰ル
5月24日　晴天　泉終日　夜弘誓寺初燈會　十二時頃帰ル

5月25日	雨天九時頃ヨリ降ル　泉方半日　昼過ヨリ三清方道具取　貳時頃帰ル〳方へ寄リ夕方帰ル夜善住寺ニテ灸　宮庄菓子ヤニテ一休　十一時頃帰ル
5月26日	晴天　泉方終日　夜八百藤〳方　十一時頃帰ル
5月27日	晴天　早朝八幡へ行永原町ニテ木引　常楽寺ヨリ地獄越ヘ廻リ夕方帰ル　夜ル善住寺ニテ灸宮庄菓子ヤへ寄リ十一時頃帰ル
5月28日	晴天　泉　竜田光澤寺テ木引終日　夜半方十時頃帰ル
5月29日	曇天　泉八分　五時頃帰ル雨降ル　夜半方十時過ル
5月30日	晴天　外七方終日　夜善住寺灸　帰リ道□□清見附ヤへ寄リ宮庄菓子ヤへ寄リ　十二時頃帰ル
5月31日	晴天　外七半日　昼ヨリ泉方光澤寺ニテ木引夜…
6月1日	曇天　泉方終日　帰リ道夕立雨ニ會　竜田花源ニテ休息　傘借リ帰ル　夜善住寺へ行道　竜田花源ニテ音頭ヲ聞　善住寺門閉セリ困テ帰ル宮庄菓子ヤへ寄リ十一時頃帰ル
6月2日	晴天　泉方ヨリ長堅へ木引　夕方帰ル　夜善住寺灸　帰リ道菓子ヤへ寄リ十時過帰ル
6月3日	曇天　泉方七五　四時過帰ル雨降ル　夜半方十一時頃帰ル
6月4日	雨天九時頃雨止晴四時頃ヨリ又曇ル　休業　一時頃ヨリ善住寺灸　助市ヲ連レタリ山中公園地ニテ遊ビ五時頃家ニ帰ル　夜半十時過帰ル

助市：3代目文七郎

6月5日	晴天　泉方終日　七里山ニテ石拾ヒ　四時頃小幡へ帰ル
6月6日	晴天　泉方終日　夜半方十一時頃帰ル
6月7日	晴天　泉方終日　日中善住寺灸　夜半方十時過帰ル　雨降ル
6月8日	晴天　昼迄内　昼ヨリ泉方半日　夜半方十時頃帰ル
6月9日	雨天　泉方　嘉造方十時頃帰ル　隣家ニテ十一時頃帰ル
6月10日	晴天　泉方終日　夜西音方九時過帰ル　〳方嘉造方へ行キ十一時頃帰ル
6月11日	晴天　泉方終日　夜半方へ行キ宮庄錫ヤへ行菓子ヤへ寄リ十一時頃帰ル
6月12日	曇天　泉終日　夜石馬寺へ行キ十一時頃帰ル　雨頻リ降ル　傘ヲ借リ道闇ハナハダ困難ス
6月13日	雨天　休業　昼過ヨリ嘉造方ニテ昼寝　二時頃帰リ西音方へ寄リ四時頃帰ル　夜…
6月14日	雨天　泉方終日　夜八百藤　十時頃帰ル
6月15日	曇天　泉方終日　弐時頃雨降ル　直止ム　夜嘉造方十一時頃帰ル
6月16日	晴天　泉方終日　夜□□清ニテ割合散在一時頃帰ル
6月17日	晴天　泉方終日　夜風有　嘉造方九時頃帰ル
6月18日	晴天　外七方終日　夜少シ風有　嘉造方十一時頃帰ル
6月19日	晴天一時頃雨天夕立五度　外七方終日　夜石馬寺傘返済　十二時頃帰ル
6月20日	朝雨天…小幡㊉方昼ヨリ半日　宮庄錫屋へ行キ築瀬五方へ行キ十一時頃帰ル…
6月21日	晴天　植付休日　休業　〳方ニテ昼寝三時頃帰ル　大城社ニテ宝物拝覧　夜㋕方又石馬寺へ行キ九時頃帰リ　㋕へ寄リ十一時過帰ル

植付休日　大城社：大城神社

6月22日	曇天　植付休日　休業　一時頃ヨリ山中公園地へ遊ビ　川口ヤニテ散財五時頃帰ル…
6月23日	雨天　休業　一時頃ヨリ三時頃帰ル　夕七時頃ヨリ阿賀社参詣帰リ道辻組印ヤニテ散財又一二三楼ニテ遊ビ四時過家ニ帰ル

阿賀社：太郎坊宮

6月24日	小雨天　休業　夜半方十時頃帰ル
6月25日	晴天　上方終日　夜㋕方　十一時頃帰ル
6月26日	晴天　上方終日　夜石馬寺へ行キ　十二時頃帰ル
6月27日	朝小雨降ル八時頃止ム終日雨　昼迄内　昼ヨリ〳夕方帰ル　夜西音方十時頃帰ル
6月28日	雨天　休業　昼過ヨリ善住寺灸御礼ニ行ク　築瀬へ行キ小幡泉方へ用　夕方帰ル　夜…
6月29日	雨天　休業　昼過ヨリ〳方へ行キ三時頃帰ル　小幡泉方へ用　夕方帰ル　夜…
6月30日	雨天　休業　昼ヨリ糸弥へ行半日　夜㋕方十一時頃帰ル
7月1日	朝曇天…昼迄糸ヤ　四時過ヨリ門村へ用　夕方帰ル　夜築瀬へ行宮庄へ寄リ…
7月2日	曇天三時頃ヨリ雨降ル　糸弥方ニテ八分　四時過帰ル…
7月3日	雨天　休業　三時過ヨリ〳方　十一時頃帰ル
7月4日	晴天　糸弥朝二五　十時前ヨリ塚治方終日　日中三俣鍋ヤへ本山蓮水鉢鋳造　見物　三時頃帰リ塚治方夜㋕方十一時頃帰ル

鍋ヤ：西澤吉太郎家

7月5日	晴天　上方半日　一時過家ニ帰リ佐々木社へ馬會見物　夕方帰ル

佐々木社：沙沙貴神社

7月6日	雨天　休業　十時頃ヨリ八幡へ用　夕方帰ル　夜…

7月7日	雨天　休業　内ニテ箒ヲ作ル　貳時頃㋕へ行直グ帰ル　夜…
7月8日	晴天　昼迄休業　⌒上方終日　夜半方十時頃帰リ㋕へ寄リ十二時頃帰ル
7月9日	朝小雨降ル日中晴天暮方夕立　⌒上方終日　夜内ニ居ル　此日風ノ心地ニテ具合悪シ早ニ寝ニ就ク
7月10日	朝雨天八時頃ヨリ晴天　身体具合悪シ　⌒上終日　夜⌒上方ヨリ種村米定へ行キ十二時頃家ニ帰ル
7月11日	晴天風有　⌒上終日　夜隣家方九時頃帰ル
7月12日	晴天風有　⌒上終日　夜宮庄簗瀬へ行　十一時頃帰ル
7月13日	晴天　⌒上終日　夜内
7月14日	曇天小雨降ル　⌒上方六分貳時頃帰ル　夜愛知川祇園社参詣　一時頃帰ル
7月15日	雨天　早朝栗田珠玖方業　小倉牛松方下宿夜内　二時頃鳶川へ行キ直グ帰ル
7月16日	晴天　珠玖本家方終日　夜下宿方　東出へ散歩セリ　　　　　　　珠玖本家：珠玖清左衛門家
7月17日	晴天　本家終日　夜下宿方　雨降ル
7月18日	雨天十時頃ヨリ晴天　朝本家二分　㊟リ下宿へ帰リ昼ヨリ本家終日　夜下宿
7月19日	晴天　本家終日五時過ヨリ帰宅　夜石馬寺雨宮社参詣セント半方寄リ　雨強ク降ルヲ得ス半方ニテ遊ブ　十一時頃帰ル
7月20日	雨天雨強シ　休業　昼過ヨリ半方夕方帰ル　夜…
7月21日	雨天　休業　昼前ヨリ簗瀬へ行　十一時頃帰ル　夜内
7月22日	晴天　田甚三方終日　夜石馬寺狂言見物　十貳時過帰ル
7月23日	晴天　田甚三方終日　夜㋕方十一時頃帰ル
7月24日	晴天　田甚三方終日　夜㋕方十時頃帰ル
7月25日	晴天　田源終日　夜新門ニテ遊ビ十一時頃帰ル　　　　　　　　田源：田中源治家
7月26日	晴天　田源終日　夕方⌒上方　夜内
7月27日	晴天　◉方終日　夜竜田寅造方用　直グ帰リ山新方門㋕ニテ十一時頃帰ル
7月28日	晴天　◉方終日　夜半方十一時頃帰ル
7月29日	晴天朝五時頃小雨降ル　◉方終日　夜西音方十一時頃帰ル
7月30日	朝曇天　休業　内ニ居ル　昼ヨリ⌒◉終日　夜西掛金持参　半方へ寄リ…
7月31日	雨天十時過ヨリ晴天三時頃夕立　昼ヨリ◉方終日　夜…
8月1日	曇天十時過夕立　◉方半日　昼過半方直グ帰ル　一時頃ヨリ簗瀬へ行キ五時頃帰ル…
8月2日	晴天　◉方終日…夜塚勘方夜トギ十二時頃帰ル
8月3日	晴天　◉終日　夜㋕方十一時頃帰ル
8月4日	曇天八時頃ヨリ時雨　◉終日　夜㋕方十一時頃帰ル
8月5日	曇天　◉終日　夜半方十一時頃帰ル
8月6日	朝曇天一時頃夕立貳時頃ヨリ雨天　◉終日　八時頃木上ヨリ落ツ　泉水へ投シ幸ニ身ニ過チナシ　夜内　　　　　　◉：外村宇兵衛家
8月7日	晴天三時頃夕立　◉終日　夜宮前へ行簗瀬宮庄へ寄リ　十二時頃帰ル
8月8日	晴天　◉終日　一時過ヨリ夕方迄夕立四度　夜八百藤方十一時頃帰ル
8月9日	雨天　一時過日食　休業一時頃止ム　四時過ヨリ観音寺へ参詣　雨ニヨリ十一時頃迄川並武須社内デ遊ビ帰ル　明治29年8月9日皆既日食
8月10日	晴天　◉方終日　夜川口□□清ニテ遊ビ　貳時頃簗瀬見附ヤへ寄リ帰ル
8月11日	晴天　◉終日　夜隣家方　十一時頃帰ル
8月12日	曇天　◉方終日　夜内
8月13日	曇天貳時頃晴天　◉終日　夜川口へ遊ビ十一時頃帰ル
8月14日	晴天　◉終日　夜半方　十一時頃帰ル
8月15日	晴天　◉終日　夜　地蔵會十時頃ヨリ宮庄へ行キ　十一時頃帰ル
8月16日	雨天　外文　朝業直グ帰ル　三時頃ヨリ西音方夕方帰ル　夜…
8月17日	雨天　休業　一時過ヨリ西音方四時頃帰ル　夜川並へ行キ十時頃帰ル
8月18日	時雨風強シ　外文終日　夜川並踊リニ行ク　一時過帰ル　　　　　　　外文：外村文兵衛家
8月19日	晴天　外文終日　夜西音方十一時頃帰ル
8月20日	晴天一時頃ヨリ四時頃迄時雨　外文方終日　夜内
8月21日	晴天　外文七五　小飯ヨリ外カ方終日　夜半方西音　十一時頃帰ル
8月22日	晴天　外嘉終日　夜内
8月23日	晴天　干終日　夜小幡辨天社へ人形芝居見物十一時頃帰ル
8月24日	晴天　干終日　夜塚本へうかれぶし　十一時頃帰ル
8月25日	晴天　干終日　夜西新西音方　十時過帰ル
8月26日	晴天　干終日　夜七里踊リ　一時頃帰ル
8月27日	晴天　休業　一時頃ヨリ宮庄簗瀬へ行　五時頃帰ル　夜…
8月28日	晴天八時頃小雨降ル九時頃止ム　干終日　夜内
8月29日	晴天　干終日　夜内

8月30日　雨天　休業　昼過ヨリ半方三時頃帰ル　夜内大風雨
8月31日　晴天　干終日　木起　夜半方十一時頃帰ル
9月1日　晴天　⊙終日木起　夜西音方十一時頃帰ル　十時頃山本火事有　走リ行ク
9月2日　朝曇天十時頃ヨリ晴　猪田終日　夜簗瀬へ行宮庄へ寄ル　十一時頃帰ル
9月3日　晴天　猪田終日　夜宮庄へ行ク瓦ヤ川口へ行キ十二時頃帰ル
9月4日　雨天時雨　干終日　夜カ方十一時頃帰ル
9月5日　朝雨降ル終日時雨　朝腹痛為ニ休業　十弐時頃半方　四時頃帰ル　夜…
9月6日　曇天時雨三時頃ヨリ雨強シ　干四時頃帰ル　夜半方十一時頃帰ル
9月7日　雨天洪水　休業　九時頃愛知川水見　一体余中仙道水囲リ甚夕難ス　作蔵方へ寄リ十一時頃帰リ夕方迄ニ四度竜田へ食ヲ持参ス　水腰ヲ上ル　夜内

明治29年琵琶湖洪水

9月8日　雨天洪水止マズ　休業　早朝我村水見舞　昨夜我宅へ水入ル三寸余　九時頃竜田へ行キ十時頃帰ル　夜内
9月9日　雨天　休業内ニ居ル　夕方半方直ク帰ル　夜諸方ヲ水見　九時頃帰リ隣家へ行十二時頃帰ル
9月10日　雨天　早朝干方行ク　雨降リ帰リ道愛知川水見　帰リ作兵衛方へ寄リ直ク帰ル…
9月11日　晴天弐時頃ヨリ曇時雨　休業　内業　四時頃外方箒持参…
9月12日　晴天　休業　内業　昼ヨリ干終日　夜半方十一時頃帰ル
9月13日　晴天　干終日　夜半方十一時頃帰ル
9月14日　晴天　⊙方終日　夜当村郷社祭式　宵宮渡リ十時頃帰ル

郷社：大城神社

9月15日　曇天　⊙半日　昼ヨリ魚梅方頼母子會　帰ル　夕方西音方十一時頃帰ル
9月16日　晴天　⊙方終日　夜外太方　十時頃帰ル　十二時頃簗瀬へ行一時過帰ル
9月17日　晴天　⊙終日　夜半方十一時頃帰ル
9月18日　晴天　外治方終日　夜竜田宮庄簗瀬へ行キ十二時頃帰ル
9月19日　晴天　川又終日　夜西音方　十一時頃帰ル
9月20日　晴天　外新終日　夜簗瀬宮庄　十一時頃帰ル
9月21日　晴天　外新終日　夜内
9月22日　晴天　早朝八目伊藤忠兵衛様へ行　業終日　夜同家
9月23日　晴天　丸紅方終日　夜同家

丸紅：伊藤忠兵衛家

9月24日　曇天　丸紅終日　夜同家
9月25日　朝曇天十時過迄晴天三時過ヨリ曇　丸紅終日　夜同家
9月26日　雨天　早朝八目ヨリ帰ル　十一時頃家帰ル　四時過半方夕方帰ル　夜…
9月27日　晴天　早朝八目○紅方　終日業　夜同家
9月28日　曇天十一時過ヨリ雨天　○紅方半日　一時頃ヨリ家ニ帰ル　夜西音方和七方ニテ浄瑠璃　十二時頃帰ル

○紅：伊藤忠兵衛家

9月29日　晴天　川才終日　夜和七方浄瑠璃　十一時頃帰ル
9月30日　晴天　川才方終日　夜半西音方十一時頃帰ル　和七方ニテ割合ニテ鳥ヲ食ス
10月1日　曇天　川才半日昼ヨリ休業　十二時頃ヨリ阿賀社参詣　帰リ道八日市新地梅屋ニテ遊ビ　夜大谷座芝居見物　十二時過家ニ帰ル
10月2日　曇天　休業　昼ヨリリ終日　夜八百藤隣家西音十一時頃帰ル　雨降ル
10月3日　雨天　休業　昼過ヨリ半方　三時頃ヨリ石馬寺行キ　夕方帰リ…
10月4日　曇天十一時頃ヨリ雨天　辻市半日　夜西音方十一時頃帰ル
10月5日　晴天時雨　辻一終日　夜内
10月6日　晴天　辻一終日　夜石馬寺へ行十二時頃帰ル
10月7日　曇時雨　辻一終日　夜カ方十一時頃帰ル
10月8日　晴天　辻一終日　夜半方へ行キ　夜石馬寺へ行十二時頃帰ル
10月9日　曇天　十一時頃雨降リ　外方半日　夜内

10月10日　晴天　外終日　夜八日市大谷座芝居見物　帰リ道一時頃ヨリ花月楼ニテ遊ビ　早朝帰ル風強シ
10月11日　晴天風寒シ　外終日　夜内
10月12日　晴天　外終日　夜八百藤方十一時頃帰ル
10月13日　雨天　外市終日　夜半方十一時頃帰ル
10月14日　晴天　外市終日　早朝ヨリ愛知磧へ石拾ヒ　夕方帰ル　夜石馬寺へ行キ十一時頃帰ル
10月15日　晴天風寒シ　町ヤ武右衛門方終日　日中時雨有　夜…
10月16日　晴天　外市方終日　夜石馬寺へ行ク　黎明家帰ル
10月17日　晴天　外市終日　夜竜田宮庄簗瀬ニ行キ　十一時過帰ル
10月18日　晴天一時過ヨリ雨天　外市終日　夜隣家方十一時頃帰ル
10月19日　晴天　外市終日　夜塚本床場へ行石馬へ行　夜十一時頃帰ル
10月20日　晴天　外市終日　夕方ヨリ⊙方ヨリ川並へ石引

夜九時頃帰ル…
10月21日 晴天　外市終日　夜八百藤方　十一時頃帰ル
10月22日 晴天　外市終日　夜石馬へ行ク　朝帰ル
10月23日 晴天　外市終日　夜半方十一時頃帰ル
10月24日 晴天四時頃ヨリ曇天　外市終日　夜㋕十一時頃帰ル
10月25日 曇天　浄栄寺方終日　夜西京大吉下宿へ行ク直ク帰リ和七方へ寄リ十一時頃帰ル
10月26日 雨天十一時頃ヨリ曇天　外市半日　昼ヨリ七里山茸狩リ　夕方帰ル　夜…
10月27日 晴天　外市終日　夜石馬へ行キ十一時頃帰ル
10月28日 晴天　外市終日　夜九時頃帰ル　又輪七方十時過帰ル
10月29日 晴天　外市終日　夜㋕直ク帰リ和七方　十一時頃帰ル
10月30日 晴天　干終日　夜半方十一時頃帰ル
10月31日 雨天　八時頃簗瀬へ行ク十時頃帰ル　昼ヨリ内ニテ業　夜業
11月1日 晴天風寒シ昼迄時雨有　◉方終日　夜業　十時頃ヨリ和七方へ行　十一時頃帰ル
11月2日 晴天　◉方半日　昼ヨリ外市終日　夜業
11月3日 晴天　天長節休業　八時頃ヨリ石寺竹清へ用十二時頃帰　一時頃ヨリ石馬へ用夕方帰ル　夜塚本□□へ行キ　半方十一時頃帰ル　　　　　　　　　　　**天長節**
11月4日 晴天寒シ昼迄時雨有　伊吹山ニ雪見ユ　◉方終日　夜八百藤方十一時頃帰ル
11月5日 晴天風寒シ時雨有リ　◉方業　十一時頃ヨリ稲番小屋へ遊ヒ行キ　四時頃帰ル
11月6日 晴天極メテ暖　◉終日　夜業
11月7日 晴天　◉終日　夜業
11月8日 晴天十一時過ヨリ雨天　◉昼迄　十二時過ヨリ竜田へ行ク…帰リ道稲番小屋へ寄ル十二時過帰
11月9日 時雨寒シ　◉終日　夜業
11月10日 晴天寒シ　◉方終日　夜八日市海外楼ニテ遊ビ十二時頃帰ル
11月11日 晴天　休業　昼過ヨリ浄厳院へ参詣　帰リ道地獄越へ廻リ　夕方帰ル　夜…
11月12日 晴天　◉終日　夜業　十一時頃稲番小屋十二時過帰ル
11月13日 晴天　◉方早朝七里山石拾ニ　四時頃帰ル　夜業
11月14日 晴天　外市方終日　飛石入シ　夜業
11月15日 晴天　◉終日　夜八百藤　九時頃ヨリ竜田行キ十一時頃帰ル
11月16日 雨天風強シ　◉終日　夜業

11月17日 晴天　◉終日　夜業
11月18日 晴天　◉終日　夜半方㋕へ行　十一時帰ル
11月19日 晴天　◉終日　夜竜田へ行十一時頃帰ル
11月20日 晴天　◉終日　夜外太方十一時頃帰リ稲番小屋ニテ㋕割合ニテ食ス　一時頃帰ル
11月21日 晴天一時頃ヨリ曇天終日　◉終日　夜八百藤和七西音糀仁半方　十一時頃帰ル
11月22日 雨天　◉終日　夜内
11月23日 曇天　◉終日　夜和七八百藤方　十一時頃帰ル
11月24日 晴天　◉終日　夜八日市大谷座足ゲリ　見物帰リ道海外楼ニテ遊ビ　十二時過帰ル
11月25日 晴天　◉終日　夜糀仁方　十一時頃帰ル　外太へ寄リ十二時頃帰ル
11月26日 雨天　◉半日　昼ヨリ内業　夜業
11月27日 曇天　三時過ヨリ雨降ル　◉終日　夜和七方十一時頃帰ル
11月28日 時雨寒シ　早朝弘誓寺御講参リ　九時頃帰ル　◉方夜業
11月29日 晴天　◉終日　夜業
11月30日 雨天　休業　九時過塚本床場へ行ク　十一時頃ヨリ能登川停車場へ軍人ヲ送ル　帰リ道石馬縄手ニテ遊ビ夕方帰ル　夜業
12月1日 晴天　休業　十一時頃半方へ行掛金持参直ク帰リ外太へ寄リ　一時頃ヨリ友人ト愛知川近傍ノ山中公園ニテ散歩ス　夕方帰ル夜西音方十時過帰ル　和七方ニテ一酌シ十二時過帰ル
12月2日 晴天風強シ十一時頃ヨリ曇天　石馬中武方終日　夜外太方十一時頃帰ル
12月3日 朝時雨十時過ヨリ晴天風寒シ　朝◉方二五　外市方終日　夜…
12月4日 晴天風寒シ　昼迄休業　昼ヨリ外市方終日　夜業
12月5日 初雪雨　風寒シ　早朝八日市へ鋸目立　二時過帰ル三時過ヨリ半方六時頃帰ル　夜業
12月6日 曇天　外市終日　夜業
12月7日 晴天三時過ヨリ曇天　夕方時雨　早朝宮庄橋爪へ商用九時頃帰ル　外市方三時迄　過ヨリ伊野部山商用夕方帰ル　夜業
12月8日 時雨寒シ　早朝竜田蔵福寺へ商用　外市方ヨリ町屋及蔵福寺ニテ木引　夕方帰ル　夜業
12月9日 晴天　外市終日　夜外太方　十二時過帰ル
12月10日 晴天暖　外市終日　夜業　身体具合悪ク早ク休ム
12月11日 雨天　具合悪ク休業　三時頃ヨリ半方夕方帰ル　夜内
12月12日 晴天風有　外終日　早朝ヨリ愛知礒へ石拾ヒタ

　　　　方帰ル　夜業
12月13日　晴天極暖弐時頃ヨリ四時過迄曇天　大□終日
　　　　夜業　雨強降ル
12月14日　晴天　外市終日　夜業　雨降ル
12月15日　晴天　外^終日　夜業
12月16日　曇天…外終日　夜弘誓寺初夜参詣　帰リ外太ヘ
　　　　寄リ十一時頃帰ル
12月17日　晴天二時頃ヨリ雨天夕方止ム　外終日　夜業
12月18日　曇天　十時頃霞降ル　外^終日　夜業
12月19日　晴天　外^終日　日中外一方建仁寺寸法取　夜業
12月20日　曇天　十二時頃ヨリ小雨降ル　外一終日　夜業
12月21日　曇天弐時過小雨降ル　外市終日　夜和七方酒
　　　　鳥ヲ食ス　十二時過帰ル
12月22日　晴天朝雪降ル　昼迄休業　昼ヨリ外市方終日
　　　　夜業
12月23日　晴天風寒シ　外市弐時迄　弐時過ヨリ外^終日
　　　　夜業
12月24日　朝曇リ雪降ル十時頃ヨリ晴天　外^終日　夜業
12月25日　極晴天　外半日　昼ヨリ宮庄ヘ木引　三時頃帰
　　　　リ我宅ニテ植木終日　夜業
12月26日　晴天　外^終日　早朝七里ヘ木引十時頃帰ル　夜
　　　　塚本床やヘ行　七時頃帰リ…
12月27日　雨天　外^終日　夜業
12月28日　晴天　外^終日　夜業
12月29日　曇天　休業　具合悪シ内　夜内
12月30日　晴天風有　昼迄内勘定　昼ヨリ外終日　夜内
12月31日　晴天　外半日　昼ヨリ内　道具調ベ　夜内

明治30年
1月1日　晴天　早朝ヨリ昼迄年礼受　十一時過ヨリ外太
　　　方　夕方帰リ夜同家十二時頃帰ル
1月2日　晴天　早朝　半方年礼　十一時頃帰ル直グ山
　　　本竜田築瀬年礼　三時頃帰リ道塚音方夕方帰ル
　　　夜　十伊西又方黎明帰ル
1月3日　晴天　十時頃ヨリ塚音方　夕方帰ル　夜隣家払
　　　暁帰ル
1月4日　晴天朝雨降ル　内ニ居ル午後弐時迄寝所　…
　　　夜一心社集合塚音方十二時頃ル
1月5日　晴天　外^終日　夕ヨリ年酒　八時頃帰ル　此
　　　日我家夜番
1月6日　晴天朝雨降ル　休業十時頃ヨリ石寺竹清ヘ商用
　　　帰リ路清水下駄屋ヘ寄リ　又塚本床場ニテ髪ヲ
　　　消ル　二時頃ヨリ内ニテ業　夜外太方二時過
　　　ル
1月7日　晴天朝雨降ル　休業　早朝ヨリ中又ニテ一心
　　　社初會　十二時頃ヨリ我村獅子舞見　夕方帰ル
　　　夜外太十時過帰ル　　　　　　　**金堂村獅子舞**

1月8日　晴天弐時頃ヨリ曇リ　早朝川並塚本ヘ植木買
　　　十一時頃帰ル　昼ヨリ内業　夜築瀬見附やニテ
　　　遊ビ黎明帰ル
1月9日　雨天　内業終日　夜㋕半方十二時頃帰ル
1月10日　晴天朝雨降ル　内業終日　夜築瀬見附や　黎
　　　明帰ル
1月11日　晴天　外^終日垣張　夜半方十二時頃帰ル
1月12日　朝雨降ル曇天　外三時頃迄垣張　過ヨリ内業
　　　夜半^方十一時頃帰ル
1月13日　曇天三時過ヨリ雨天　昼迄内業　昼ヨリ外方
　　　三時過迄　夜宮図方ニテ遊ビ…
1月14日　雨天昼迄休業　昼ヨリ内業終日　夜西音方十一
　　　時頃帰ル
1月15日　雨天　休業…壱時頃ヨリ阿賀社ヘ参詣　夕方帰
　　　ル　夜築瀬見附や方　一時頃帰ル
1月16日　晴天　内業　昼過外竹張　夕方帰ル　夜半方
　　　十二時頃帰ル
1月17日　晴天極暖　内業終日　夜㋕十時頃帰リ外太ヘ行
　　　キ　十二時頃帰ル
1月18日　雨天　内業終日　夜半方十一時頃帰ル　八百
　　　藤ヘ寄リ十二時頃帰ル
1月19日　晴天風強シ朝雪降ル　早朝ヨリ池庄豊国社ヘ参
　　　詣　美下部社ヘ参詣　八日市ニテ中食　新地ヘ
　　　寄リ海外楼ニテ遊ビ四時過帰ル　夕方ヨリ築瀬見
　　　附やヘ行キ八時頃帰リ　山亦ニテ遊ビ十一時頃
　　　帰ル
豊国社：豊国神社．美下部社：河桁御河辺神社
1月20日　晴天　内業終日　夜半方十一時頃帰ル
1月21日　曇天　休業　弐時ヨリ三時過迄内業　夜竜田ヘ
　　　行　十二時頃帰ル
1月22日　曇天雪時雨　内業終日　萩目方改　夜半方十一
　　　時過帰ル
1月23日　晴天　外^終日垣張　夜㋕十時過帰リ　八百藤方
　　　十二時頃帰ル
1月24日　晴天　昼迄内業　昼ヨリ外^終日垣張　夜築瀬見
　　　附方黎明帰ル
1月25日　晴天　外半日　昼ヨリ☉終日　夜半方十一時帰
　　　ル
1月26日　晴天　☉終日　夜半方十一時頃帰ル
1月27日　晴天　☉半日　昼ヨリ外終日　夜内
1月28日　晴天　外^終日　夜隣家九時頃帰ル
1月29日　晴天　外^終日　夜塚本床場ヘ行キ八時頃帰ル
　　　小義方十時過帰ル
1月30日　晴天夕方曇リ　外終日　夜内
1月31日　雨天　外^終日　夜内
2月1日　雨天　休業　早朝ヨリ能登川ヘ私用　夕方帰ル
　　　夜内

2月2日	雨天　内業終日　夜カ方　十一時頃帰ル　日中大ニ腹痛
2月3日	曇天　午前三時過ヨリ能登川停車場へ　皇太皇后御葬式御通ヲ行拝シ　八時頃帰リ終日内業　夜隣家夜番　十一時過帰ル　　皇太皇后御葬式
2月4日	晴天風寒シ雪チラチラ　内業終日　夜夜番十二時過帰ル
2月5日	晴天風強シ　内業終日　夜半方十一時頃帰ル
2月6日	晴天甚寒シ　内業終日　四時過ヨリ石引迎ヒ宮庄ヨリ金堂迄夕方帰ル…
2月7日	雪天　前夜ヨリ降雪八寸程度有　内業終日　夜内
2月8日	雪天雪止ミ曇ル　終日内　夜山亦方　少シ腹痛　八時過帰ル
2月9日	晴天雪有　終日内　夜節餅ツキ
2月10日	晴天朝曇ル　十一時過ヨリ晴ル　終日内業　夜内
2月11日	雪天　朝五寸余有　終日降続キ夕方凡壱尺有　終日内業　夜内
2月12日	雪天　昨日ヨリ降雪　凡弐尺有　十一時頃止ム　早朝鳥捕ヒ行ク十二時過帰ル　内業夜内
2月13日	曇天　休業　昼ヨリ愛知川私用　見附やヘ寄リ夕方帰ル　夜半方十二時頃帰ル
2月14日	晴天　昼迄休業　昼ヨリ終日内業　夜竜田ヘ行十一時頃帰ル
2月15日	曇天雨三時過ヨリ雨降ル　◉業八分　夕方半方行ク直帰ル　夜隣家十一時頃帰ル
2月16日	曇天　◉終日　夜竜田ヘ行十一時頃帰ル
2月17日	雪天　内終日業　夜西音方十時頃ヨリ簗瀬ヘ行宮庄ヘ寄リ帰リ西音方一酌　二時頃帰ル
2月18日	晴天　◉終日　夜半方十一時頃帰ル
2月19日	晴天夕方雪降ル　◉終日　夜竜田ヘ行十二時頃帰ル
2月20日	晴天　休業　夜鳥籠ヲ成　半方十二時頃帰ル　日中　村役場へ痘種植ニ行ク
2月21日	曇天　昼迄休業　昼ヨリ終日内業　夜西方八時過帰リ　㋕ヘ寄リ十一時頃帰ル
2月22日	曇天　終日内業　夜竜田ヘ行ク十二時頃帰ル
2月23日	晴天　外善終日業　夜内　勘定帳入記　　外善：外村善兵衛家
2月24日	晴天極メテ暖夕方曇ル　外終日業　夜西方一心社集会　八時過ヨリ糀仁方ニテ社中集会　十一時過帰ル
2月25日	雨天　終日帳□　夜㋕方一心社集会　十二時頃帰ル
2月26日	時雨　外終日　夜竜田ヘ行　十二時頃帰ル
2月27日	朝雨降ル九時過ヨリ晴天　終日内業　夜業
2月28日	晴天　昼迄外善業　昼ヨリ外市方業　四時頃帰ル　塚本床場ニテ髪ヲ消セ五時過帰ル…
3月1日	晴天風有　休業　早朝ヨリ多賀社ヘ参詣　彦根ヘ行四時過リ…
3月2日	晴天風寒シ　㊑終日業　昼迄川並ヨリ㊑方へ石引　夜木流ヘ行キ九時過帰ル　　㊑：小泉重助家
3月3日	晴天　㊑終日　夜見附やヘ行キ　十一時頃帰ル
3月4日	晴天　㊑終日　夜半方十一時頃帰ル
3月5日	昼迄晴天十時過ヨリ時雨　㊑終日　夜竜田ヘ行ク　十一時頃帰ル
3月6日	晴天　㊑終日　夜夜番十二時過帰ル
3月7日	雨天　休業　昼過ヨリ四時頃迄内業　眼ヲ病シ大ニ難ス　夜内
3月8日	曇天　休業　早朝川並病院ニテ眼ヲ診治　十一時頃帰ル　一時頃ヨリ…
3月9日	雨天　休業　九時過塚本床場ニテ散髪　十一時頃帰ル　一時頃ヨリ…
3月10日	晴天時雨風強シ　早朝我宅出立甲賀郡守山大坂屋ニテ中食十二時　三時弐十分栗田郡山田渡シヨリ大津汽船　午後四時半　大津近江屋ヘ到着一泊　　植木買い付け
3月11日	晴天　早朝　近江屋出立　十二時山城乙訓郡向日町ニテ中食　午後四時半摂津嶋上郡芥川河内屋ヘ到着一泊
3月12日	晴天　早朝河内屋出立　十二時半豊能郡池田丹波ニ到着中食　一時過ヨリ豊嶋郡細川村字中河原ヘ植木買　夕方丹波ヤヘ帰ル　風ヲ引キ具合悪シ
3月13日	晴天風寒シ甚寒シ　具合悪ク業ニ就ズ　丹波屋ニテ終日寝所
3月14日	晴天壱時過ヨリ雨降　早朝丹波屋出立　川辺郡山本村ヘ植木買　同郡東野ヘ同様雨ニ會ヒ用意ナク実ニ難シ　四時過丹波や帰ル
3月15日	晴天十時過時雨　早朝丹波屋出立　中河原東山吉田ヘ植木寄セ　夕方丹波屋ヘ帰ル
3月16日	曇天九時過小雨降ル　早朝丹波屋ニテ荷拵ヘ出立　一時頃芥川ヘ到着　河内屋ニテ中食　雨強ク降ル　帰ルヲ得ズ一泊　河内屋
3月17日	晴天河内屋出立　向日町中食　江州大津近江屋ヘ六時過到着　一泊
3月18日	晴天　早朝近江屋出立　勢田ヘ廻リ草津ニテ中食　蒲生郡鏡角やヘ　四時到着　一泊
3月19日	曇天九時過ヨリ雪降ル　早朝角屋出立　十二時我宅ヘ帰ル　一時過ヨリ半方　夕方帰ル　夜糸弥十時前帰ル

3月20日　晴天　昼迄休業　昼ヨリ植木植　植木引終日　夜半方十一時過帰ル
3月21日　晴天風寒シ　早朝宅出立　栗田珠玖方へ　終日業　夜下宿西新屋
3月22日　晴天寒シ　珠玖本家終日　夜下宿
3月23日　晴天　珠玖本終日　夜下宿
3月24日　曇天　珠玖本家終日　夜下宿
　　　　　　　　　　　　珠玖本家：珠玖清左衛門家
3月25日　曇天　珠玖本家終日　午後六時本家出立八時過我宅へ帰ル　当夜我宅ニテ一心社集會
3月26日　雨天　休業　十二時過ヨリ五位田山中ヘ商用（但シ植宇方）　簗瀬ヘ行キ竜田ヘ戻リ夕方帰リ夜隣家
　　　　　　　　　　　　山中：山中利右衛門家
3月27日　曇天三時過ギ雨降リ　外終日　早朝奥村磧ヘ石拾ヒ三時過　外方へ帰ル　夜…
3月28日　雨天　休業　昼ヨリ内ニテ木植終日　夜隣家十一時頃帰ル
3月29日　晴天　早朝栗田珠玖方終日業　夕方九時頃帰ル　㋕方十一時過帰ル
3月30日　雨天　休業　十二時過半方夕方帰ル　夜内
3月31日　晴天　外　終日　外七方一心社集會十時過帰ル
4月1日　曇天　午前三時半　一心社我宅ヘ集會　四時半我宅出立　同十一時過蒲生郡鎌掛角ヤ中食　午後二時半田村社ヘ参詣　雨頻リニ降ル　道中甚タ困難ス　五時過勢州坂ノ下小竹ヤヘ着一泊
　　　　　　　　　　　　伊勢講
4月2日　雨天午前八時小竹ヤ出立　十時四十分　関停車場ヘ着　宮川迄汽車　山田宇仁館ヘ到着四時半　一泊夕方外宮前遊散　夜新古市春木ヤニテ遊ビ　十一時過宿ヘ帰ル
4月3日　晴天　午前八時　宇仁館出立　外宮参詣古市あいの山面白シ　内宮ヘ参詣　午後0時半　宇治橋角ヤニテ中食　三時過時雨有　古市武蔵やニテ一泊　夜古市濱ヤニテ遊ビ黎明宿ヘ帰ル
4月4日　晴天　午前六時半　武蔵ヤ出立十一時半　朝熊山ヘ参詣　十一時過豆腐ヤニテ中食　一時半二見浦ヘ参詣　一時半頃ヨリ馬車ニテ宮川ヘ着　宮川ヨリ津迄汽車　九時頃津市若六ヘ着一泊
4月5日　晴天　午前七時若六出立　津停車場ニテ汽車乗外シニ二時間余休息　十時亀山ヘ到着　十一時半江州草津ヘ着　四時四分草津出立八幡迄汽車下車ヨ夜九時頃帰ル
4月6日　雨天　昼迄内十一時頃半方行キ直帰ル　一時頃ヨリ出町叔母方ヘ祭礼ニ行ク　夕方帰ル…
4月7日　晴天　早朝ヨリ一心社連名多賀社ヘ参詣　十二時中食　四時過帰ル　夜中亦方ニテ一心社集會十二時過帰ル
　　　　　　　　　　　　多賀社：多賀大社
4月8日　晴天　川ル方終日業　夜半方㋕方ヘ行　一心社名代トシテ西方ヘ礼ニ行ク　十一時過帰ル
4月9日　雨天　昼迄休業　昼ヨリ外業終日　夜半方十一時頃帰ル
4月10日　時雨寒シ　外終日　夜半方十一時頃帰ル
4月11日　晴天　外終日　□方　夜烏久散財　十一時頃帰ル
4月12日　晴天　昼迄休業　外終日　夜半十一時頃帰ル
4月13日　晴天　外終日　夜建部祭式見物　九時過帰ル　半方十二時頃帰ル
　　　　　　　　　　　　建部祭り
4月14日　曇天　外終日　夜宮庄祭式見物　十時頃帰ル
4月15日　雨天　外終日　夜内
4月16日　晴天　外終日　夜下日吉社内デ　千本地ツキ　十二時頃帰ル
4月17日　昼迄曇天昼ヨリ晴天　外終日　夜石馬寺ヘ行　十一時頃帰リ　半方ヘ行十一時頃帰ル
4月18日　曇天　外終日　夜内
4月19日　曇天三時過ヨリ雨天　外市終日　夜隣家十一時過帰ル
4月20日　晴天　外市終日　日中塚本床場ニテ髪ヲ消ル　夜半方十一時頃帰ル
4月21日　曇天　外市終日　夜小宵宮集リ宗助方　十二時頃帰ル
4月22日　雨天　外市昼迄　昼ヨリ休業　四時晴ル　夜氏子祭礼雨宮渡リ八時頃帰ル　外太ヘ行十一時頃帰ル
4月23日　晴天　午前三時ヨリ氏子祭礼朝渡　黎明帰ル　正午十二時本渡リ　当村ヨリ町屋ヘ行　四時過ヨリ七里ヘ神輿送リ帰リ　石馬縄手ニテ遊ビタ方帰ル　夜内
　　　　　　　　　　　　五箇祭り
4月24日　晴天午後弐時過ヨリ後縁渡リ　四時過迄　夜当村請方ヘ祝酒　十二時頃帰ル
4月25日　朝雨天十時過ヨリ晴天　外市方終日業　夜半方外太西音方　十一時過帰ル
4月26日　晴天　外終日業　夜宵　外　燈篭火燈シ　九時過帰リ内
4月27日　曇天　終日内業　夜町屋寺前ニテ方引　十時過ヨリ竜田力方　十一時過帰ル
4月28日　晴天　終日内業　夜若宮祭礼宵宮渡リ　九時過帰ル
　　　　　　　　　　　　日若宮神社祭礼
4月29日　晴天　朝十時迄内業　十時過川並塚瑠ヘ　垣持参直ク帰ル　正午若宮本渡リ　二時過ヨリ川並山ヘ遊散　夕方帰ル　塚瑠：塚本瑠兵衛家
4月30日　晴天　休業　十時過半方直ク帰ル　十一時過清水下駄屋ヘ私用　帰リ竜田…
5月1日　晴天休業　早朝八目紅忠方ヘ商用　道簗瀬ヘ寄ル

(4) 二代目文七郎の日誌に見る明治期の庭師職人の生活史

	帰リ出町叔母方ニテ中食　十一時過帰ル十二時過ヨリ八日市へ私用夕方帰ル　夜竜田カ方十一時過帰ル　　　　**紅忠：伊藤忠兵衛家**
5月2日	曇天　塚瑠方半日業　昼ヨリ外太方死去手傳　当夜夜伽　黎明帰ル
5月3日	雨天　早朝ヨリ外太手傳　十二時石馬寺へ埋送　一時過外太へ帰ル　終日手傳　夕方帰ル夜内
5月4日	雨天　休業　十二時過川並外七方へ商用…竜田サ方カ方へ行夕方帰ル　夜町屋蓮光寺へ参詣　一時頃帰ル　　　　**外七：外村七郎兵衛家**
5月5日	朝雨天九時過ヨリ晴天　休業内　弐時過ヨリ竜田○四方　夕方帰ル　夜町屋団参詣…
5月6日	晴天　終日我宅木植　夜町屋弓引　九時過帰ル　竜田へカ方十一時過帰ル
5月7日	雨天　休業　弐時頃ヨリ半方　夕方帰ル　夜町屋蓮光寺参詣　十一時頃帰ル
5月8日	晴天　早朝上方業昼迄　昼ヨリ七里三清方終日　夜半方十一時過帰ル
5月9日	雨天　三清方半日　昼ヨリ休業　弐時過ヨリ竜田丸四肩夕方帰ル　夜徳丸方…
5月10日	晴天　大森方終日業　夕方山越ニテ帰ル　夜糀仁方十一時過帰ル　　　　**大森：大森五平家**
5月11日	曇天十一時頃ヨリ雨天　休業　一時過ヨリ森源平方商用帰リ和田へ回リ五時頃帰ル…
5月12日	朝雨降ル九時頃ヨリ晴天　休業　一時過ヨリ外勇方三時過帰ル　夜外太方十一時過帰ル　和七方ニテ飲酒　一時頃帰ル
5月13日	晴天　川政終日業　夜外太方十一時頃帰ル
5月14日	晴天　外　終日業　夜外太方十二時過帰ル
5月15日	晴天弐時過ヨリ雨降ル　上七五終日業　三時過ヨリ神郷和田へ寄リ…
5月16日	雨天　休業　昼ヨリ川政方業終日　内ヨリ木越送ル　九時過帰ル　半方車返ニ直グ帰ル
5月17日	晴天　川政終日業　夜半糀仁方十一時過帰ル
5月18日	曇天夕方雨降　川政昼迄　昼ヨリ休業　具合悪シ　夜半十時過帰ル
5月19日	晴天　川政終日業　夜西音方十一時過帰ル
5月20日	晴天　中宿田中源治様方終日業　夜西音外太方十一時過帰ル　　　　**田中：田中源治家**
5月21日	晴天　昼迄休業　昼ヨリ田中方終日　夜半方十一時過帰ル
5月22日	晴天　田中終日　夜外太方　十一時過帰ル
5月23日	晴天　田中終日　夜半方十一時過帰ル
5月24日	雨天　田中終日　夕方小早ク帰ル　塚本床場へ行ク八時過帰リ…
5月25日	晴天朝雨降ル　休業　十時過竜田玉屋へ私用丸四へ寄リ十一時頃帰ル　昼ヨリ日吉　鍛治屋村　猪子へ商用　帰リ道和田へ行キ夕方帰ル　夜半方
5月26日	晴天　田中終日業　夜外太方　十一時過帰ル
5月27日	晴天　終日内業　日中半方　夜西音外太方十一時過帰ル
5月28日	朝曇天晴天雨少シ降ル十時過ヨリ晴　川ル方終日業　夜半カ方　十二時過帰ル
5月29日	曇天三時頃ヨリ雨降　川政終日業　夜半方十一時頃帰ル
5月30日	晴天　川政終日　夜西音方十一時頃帰ル
5月31日	晴天　早朝竜田サ方商用　川政終日業　夜半方十時過帰ル
6月1日	晴天　川政終日　夜半方十一時頃帰ル
6月2日	晴天　川政終日　夜小幡竜田へ行キ十一時頃帰ル
6月3日	雨天　川政終日　夜半方十一時過帰ル
6月4日	晴天　川政終日　夜竜田丸四方　十一時過帰ル
6月5日	雨天　休業　弐時過ヨリ竜田へ支二店へ覗キ帰リ道□へ寄リ五時頃帰ル　夜…
6月6日	晴天　川政終日　夜内
6月7日	晴天　川政終日　夜中勝夜伽手傳　十二時過帰ル　　　　**中勝：中江勝治郎家**　**二代目中江勝治郎の葬儀**
6月8日	晴天風有　中勝手傳　十二時過同人石馬山見送リ　一時過同家帰ル　夕方迄手傳　夕方ヨリ和田辺過　植木車運ビ外市方　九時頃帰ル　夜内
6月9日	晴天　川政終日　夜小□方十一時過帰ル
6月10日	曇天　川政終日　夜竜田丸四　花源　小幡へ行ク　十時過帰ル
6月11日	晴天　早朝日吉山業　九時過帰ル　半方へ寄ル　弐時頃ヨリ山行　地獄越ヨリ峯傳ヒ　五時観音寺へ参詣　夕方帰ル　夜半方石馬寺へ行十二時頃帰ル
6月12日	曇天　上終日　夜西音方　十一時頃帰ル
6月13日	曇天　上終日業　弐時過時雨　夜雨降ル　夜○カ方　十一時過帰ル
6月14日	朝雨天十時過晴天　休業　十時過小幡煙草や同帰リ道　竜田丸四へ寄リ…
6月15日	晴天　上終日　夜西音方十一時頃帰リ　和七へ寄直グ帰ル　雨強ク降ル
6月16日	朝雨天九時過ヨリ晴天　昼迄休業　昼ヨリ上方終日業　夜…
6月17日	晴天　終日内業畑　夜中勇方十二時頃帰ル
6月18日	晴天　終日内業　植木買　夜外太方　十一時過帰ル
6月19日	晴天四時頃晴時雨　休業　十時頃塚本床場ニ

	テ髪ヲ消ル　十一時過上方商用…
6月20日	晴天　植付休日　休業　十二時過ヨリ半方　三時過帰ル　夜…　　　　　　　　　　植付休日
6月21日	晴天　休業　十時頃ヨリ三軒町床ヤへ用　竜田へ寄リ十二時頃帰リ一時過ヨリ…
6月22日	晴天　日吉宮　業終日　夜和七方　十時頃帰ル
6月23日	晴天　日吉業終日　夜㋕十時過帰ル
6月24日	晴天　日吉業終日　夜外太方十一時頃帰ル
6月25日	晴天　日吉終日　夜西音方十時頃帰ル
6月26日	晴天　日吉終日　夜半方和七方十二時過帰ル
6月27日	晴天　日吉終日　夜和七方十一時頃帰ル
6月28日	晴天　日吉終日　夜隣家十時過帰ル
6月29日	曇天　日吉終日　夜○カ方　十時過帰ル
6月30日	雨天　休業　早朝ヨリ荒神社参詣　五時過帰ル　夜半方十一時頃帰ル
7月1日	雨天　休業　一時過ヨリ簗瀬へ行ク二時過帰ル　竜田へ寄リ　五時過ぎ竜田春□方ニテ割合酒飲　夕方帰ル　雨悦ビ宮ニテ散歩　一時過竜田へ行キ直帰ル
7月2日	曇天　休業　八時過小幡善住寺へ灸　十一時頃帰ル…夜宮散歩雨悦ビ
7月3日	晴天　日吉終日業　夜菓子由　半方十一時過帰ル
7月4日	晴天　日吉終日　夜内夜番
7月5日	晴天　日吉終日　夜小□方十時過帰ル
7月6日	晴天　日吉終日　夜外太方　十一時過帰ル
7月7日	雨天　休業　早朝宮地蔵再営乞刀九時過迄　塚本床場髪散十時過帰ル…
7月8日	朝雨　終日地蔵手傳　夜○カ方　十一時過帰ル
7月9日	朝雨九時頃ヨリ晴天　昼迄休業　昼ヨリ日吉終日　夜町屋琴平社参詣　十二時頃帰ル
7月10日	晴天　日吉終日　夜竜田へ行十二時頃帰ル
7月11日	晴天　日吉終日　夜竜田へ行十一時頃帰ル
7月12日	晴天九時頃ヨリ雨降ル　休業　十二時過小幡善住寺ニテ灸　帰リ道竜田ニテ遊ビ…
7月13日	晴天　日吉終日　夜十時過半方　十二時頃帰ル
7月14日	晴天朝雨降ル　休業　早朝川並　鍛冶屋村商用　日吉宮へ寄ル　十一時過帰ル　三時過ヨリ竜田　宮庄商用　祇園社へ寄リ夕方帰ル　夜祇園社参詣　一時頃帰ル
7月15日	朝晴天十一時過ヨリ雨天　糸弥六分業　二時頃帰ル　休業　夜竜田丸四方十一時頃帰ル
7月16日	雨天　休業昼迄　昼ヨリ外七方終日業　夜愛知川宮□へ行　三時過帰ル
7月17日	雨天　糸や昼迄業　昼ヨリ休業　夜内
7月18日	曇天　糸弥終日業　夜安福寺ニテ若中惣會　十二時過帰ル
7月19日	晴天　猪五　八五業　四時過リ当夜雨宮龍神社宵宮渡　九時過帰ル　内
	猪五：猪田五兵衛家　雨宮龍神社祭礼
7月20日	雨天　休業　早朝龍神社参詣　十二時頃帰ル　一時過ヨリ町屋倶楽部へ　一字普開五時過帰ル　竜田へ廻リ夕方帰リ　夜半外太方　十二時頃帰ル
7月21日	曇天　休業　外善葬式手傳　九時頃ヨリ八日市へ　輿買弐時過帰ル　四時頃ヨリ簗瀬へ私用　竜田へ廻リ夕方帰ル　夜外善伽　十二時過帰ル
7月22日	晴天十時過雨夕立　猪五終日業　夜竜田十一時頃帰ル
7月23日	晴天　猪五終日業　夜簗瀬へ行ク　十一時頃帰ル
7月24日	晴天　外終日業　夜若連中　安福寺ニテ會　十一時過帰ル
7月25日	晴天　外終日　夜安福寺デ　ウカレブシ　一時頃帰ル
7月26日	晴天　外終日　夜三俣ウカレブシ　十一時頃帰ル
7月27日	晴天　外終日　夜竜田へ行　十時頃半方　十一時過帰ル
7月28日	晴天　⊙終日　夜内　十時過中亦方　直グ帰ル
7月29日	晴天　⊙終日　夜㋕中和方　十一時頃帰ル
7月30日	晴天風強シ　⊙終日　夜竜田丸四方十一時頃帰ル
7月31日	曇天　外新終日　夜中亦方十一時頃帰ル
	外新：外村新太郎家
8月1日	曇天　休業　早朝伊崎参詣　舟遊散　夕方帰ル　夜内　　　　　　　　　　伊崎：伊崎寺
8月2日	晴天　外新終日　夜竜田㋕　十一時頃帰ル
8月3日	晴天　外新終日　夜㊉佛家　十一時過帰ル
8月4日	晴天　⊙終日　夜　□□塚助方　十二時過帰ル
8月5日	晴天　稲利終日　夜竜タ　十二時過帰ル
	稲利：稲本利右衛門家
8月6日	晴天　夕方小夕立　外市終日　夜○カ方　十一時過帰ル
8月7日	晴天　一時過雨少シ降ル

（5）「花文」が担った滋賀等における工場庭園の先駆け

　日本では産業革命が起こり、繊維産業等を中心にいわゆる工場が造られるようになったのが明治の始め頃であり、それ以降工場の敷地を緑化したり庭園を造ることも徐々に行われるようになったと思われる。このことの歴史的な展開状況については全く明らかにされていない。

　慶応元年創業の「花文」も近江商人等の邸宅や別邸に限らず、彼らの所有する工場にも、求めに応じて庭園を造ってきた。本稿ではその一端を「山村家文書」等から紹介する。

　若くして麻織物業界の実業家になった神崎郡五峰村林（現．東近江市林町）の中村芳三郎について、滋賀県東近江市発行の『東近江市史能登川の歴史第3巻（近代・現代編）、2014』では「明治元年に南五個荘村の呉服太物卸小売商中村治良兵衛の三男として生まれ、自家の福島支店で修行後、二十六年には一族で経営する中村合名株式会社東京支店の社員となり、二十九年能登川へ赴任、…」とある。また神崎郡選出の県会議員や五峰村村長を3度、延12年以上を歴任している。「山村家文書」の明治39（1906）年の「大福勘定帳」の、南五個荘村七里の中村合名会社の工場の庭木の葉刈り請求控に「27.5人手間」の記録があることから、工場の事務所周りなどに庭木を植えていたことが確認できる（図-11-10）。

　大正期に入ると犬上郡川瀬村に本社を置く、若林乙吉が設立した若林製糸場（後に若林製糸紡績株式会社となり、昭和35年に東邦レーヨン株式会社と合併する）の長浜工場は「山村家文書」の大正8（1919）年「大寶恵」の請求控では187人の手間、金額で1,454円余りを費やし庭園を建設している。松が多く植えられているが、庭石や芝生、苔を張った記述もある。大正12（1923）年には「55人4分」の手間をかけ葉刈りをしている（図-11-11・12）。

　昭和5（1930）年の記録では川瀬村の本社工場の庭を、217人の手間をかけ材料と合わせて1154円を庭園建設に充てている。雪見210円、橋45円、芝15坪33円などや「川瀬駅」にも庭石を着け運搬したことも「馬車」の支払いの記述で確認できる（図-11-13）。

　大垣工場の庭園と工場の植栽の完成は昭和9年で、若林乙吉からの葉書や出張先の大垣工場から出された三代目文七郎の葉書で明らかである。また文七郎が山口県小郡駅前にある小郡工場の庭造りや熊本県上益城郡小川駅前（文書表記の住所）の小川工場に、職人を向かわせ植栽しているのは昭和12年である。特に山口の小郡工場の庭造りでは山口市吉敷村より庭石を採取し工場に持ち込んでいるメモが手帳に記されている。

　このように若林乙吉は自宅の庭のみならず、各地の工場にも庭を築造し工場棟の周囲には庭木を植えている。現在で言うと、社員の快適な作業環境づくりを考え実践してきた人物であり、自宅や工場の庭に関して山村家に頻繁に送られて来た葉書からも、こよなく庭園を愛した実業家であることが理解できる（図-11-14）。

　近江商人阿部市郎兵衛家一統でNHKの連続テ

レビ小説「マッサン」でモデルにもなった、摂津酒造株式会社社長の二代目阿部喜兵衛も工場の緑化を推進した1人である。このことは、昭和の初めに大阪市住吉区住吉町の摂津酒造内に、「花文」が出張所を設けていたことから、相当数の植木が植栽されていたことが推察される。また寶酒造の役員をしていた三代目喜兵衛から、昭和37（1962）年の京都麦酒工場建設時に工場内の庭園の整備を依頼されている（図-11-15・16）。

図-11-10：明治39年の中村合名会社の葉刈り売上控

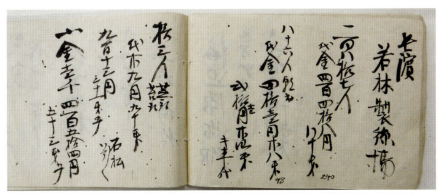

図-11-11：大正8年に若林製糸場の長浜工場に187人の手間、1454円余りを費やし、庭園を建設した時の売上帳

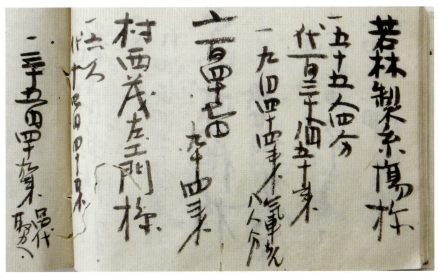

図-11-12：大正12年に55人余りの手間をかけ若林製糸場の葉刈りをしている売上帳

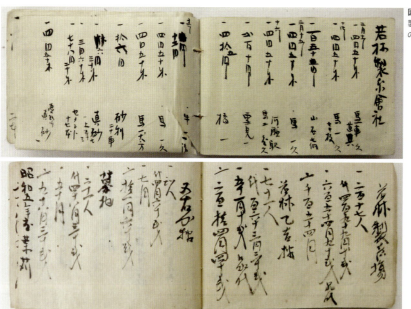

図-11-13①②：若林製糸場（会社）川瀬工場の売上帳

図-11-14①②：昭和9年、若林乙吉が山村文七郎に宛てた自宅の庭の燈籠についての相談事を記した葉書

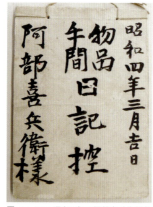

図-11-15：昭和4年の阿部喜兵衛様物品手間控

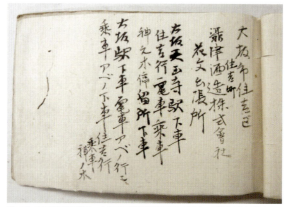

図-11-16：昭和の初め、大阪市の摂津酒造内に「花文」の出張所を設けていたことが解る資料

（6）山村家代々の副業
蕎麦、うどん、罫紙、あられの製造

　助三郎（初代文七郎）と与市（二代目文七郎）は、慶応年間から明治25年頃（1865年頃から1892年頃）にかけて副業として製麺を営んでいる。明治20（1887）年に書かれた「蕎麦・罫紙売上帳」によれば1年間の蕎麦の売上が11円34銭7厘、饂飩が3円43銭3厘程度であるので生業としては成り立たなかったようである。この時代村々の多くの農家が蕎麦やうどんを打ち食していたはずであるが、商品として生麺を納める農家は無かったものと思われる。納め先には外村宇兵衛家、外村与左衛門家、外村市郎兵衛家、辻市左衛門家など商家が多く、御寺、和讃講（宗徒が一同に会し、念仏や仏の教えを唱和する集まり）なども記されている。「宗益様」「勝元様」とも記されており、勝元宗益は蕎麦が好みだったことが伺える。値段は蕎麦が10玉4銭、1打10銭、うどんが10玉5銭、1打10銭とある（図-11-17 ①～⑤）。

　蕎麦、うどんの手打ちいわゆる製造は、二代目文七郎の日誌によると普段の仕事を終え、夜なべで打っている。材料である蕎麦や小麦の仕入れ先や製粉に関して、残されている資料はない。

　手習いに長け、筆使いが器用であった二代目文七郎は、公文書が罫紙（美濃紙に細い罫線を引いた用紙）に変わりつつある明治20（1887）年頃に罫紙を作製し納めている。罫紙を版木で作製したのか、手描きであったのかは定かでない。

　納め先には、外村宇兵衛様ケイシ百枚11銭、会議所ケイシ七百枚66銭5厘、惣代様ケイシ五百枚50銭、学校ケイシ百枚11銭などが記されている。明治20年の1年間の売り上げが4円53円1厘なので、到底商いにはならないことから、村から頼まれて罫紙を作っていたようである。

　山村家代々の副業に関連する話がもう1つある。太平洋戦争終戦後の混乱期の滋賀は、庭園業にとっては苦難の時代であった。京都と芦屋の出張所は戦争勃発に伴い撤退を余儀なくされ、戦後の世の中は庭造りどころでなく、戦没者供養のための忠魂碑や供養碑、庭の修復、店を閉めざるを得なかった近江商人の屋敷の庭の解体や燈籠や庭石などの買い取りなどの仕事が主なものであった。勇治郎（四代目文七郎）も戦地のビルマから無事帰って来ており、花文の今までの職人全てを賄うのには苦慮していたはずである。

　三代目文七郎は農地の耕作も行っている。（現在は大部分が植木畑や資材置き場、倉庫になっている）また、副業としてあられの製造を始めているが、その期間は昭和26年から3年程製造している。勇治郎はあられ製造をしている老蘇村の親戚に教えを受けている。醤油味の美味しいあられだったらしい。なお、三代目文七郎が昭和26年8月に、当時の滋賀県知事に宛てたあられ（柿餅）の製造の営業届には、「庭造業は休業の状態」としていることから、あられの製造は家計を助ける副業以上の位置付けであったものと思われる。

　あられの製造は文七郎（三代目）と販売も担当していた勇治郎（四代目）が中心にやっており、文七郎（三代目）は孫を背中に負ぶりながら製造に励んでいたと、母親から聞いている。作業は袖

垣作りなどと同様に仕事を終えてから家族総出の夜なべ作業であったと思われる（図-11-18）。

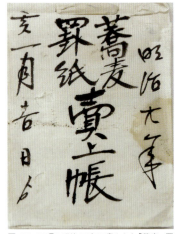

図-11-17①：明治20年に書かれた「蕎麦・罫紙売上帳」

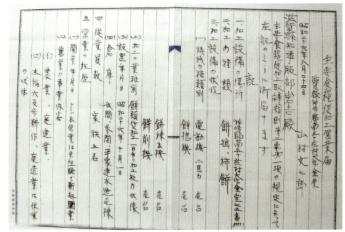

図-11-18：昭和26年に滋賀県知事に提出した「主要食糧賃加工営業届」（あられ製造）

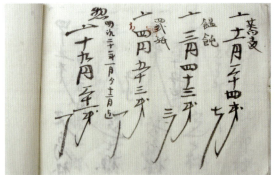

図-11-17②：蕎麦・饂飩・罫紙の売上（明治21年1月〜12月）

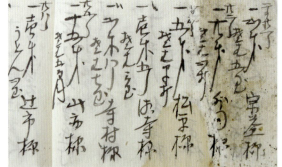

図-11-17③：「弐銭　蕎麦五五　宗益様」の記述

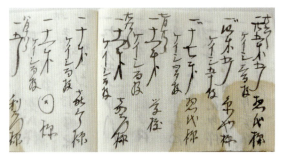

図-11-17④：惣代様、学校、外村宇兵衛様などに罫紙を納めた記述

図-11-17⑤：「三銭弐厘　蕎麦八ツ　勝元様」の記述

（7）昭和の造園界と「花文」、著名造園家との協働

①戦前の造園に関する学協会の動向と「花文」

　慶応元年に創業した「花文」、鈍穴流の開祖、勝元宗益の流儀を守り、代々が営々と造園（庭園）業を営み、今日に至った訳であるが、その道は決して平坦なものではなかったはずである。その間の世の中の目まぐるしい社会情勢の変化や、「花文」の長い間の最大の顧客でもあった「近江商人」の栄枯盛衰など、世間の荒波にもまれながらも、社業を育んできた。時代が進んでも仕事の舞台は滋賀県内や一部京都等に限られていたが、決して中央の造園界の動きと全く無縁な独立独歩の歩みを遂げていた訳ではなかったようである。

　大正末期から昭和の初めにかけて、日本の造園界も欧米の影響を受け、また、近代造園史にさん然と輝く造園人が数多く輩出され、関連学協会も次々と設立され、戦前まで、ある種、造園界は活況を呈した。

　山村家には、大正末から昭和の初期、戦前まで、造園の学術、芸術、技術の進歩発展のため、時の造園人が大同団結し、設立されたさまざまな団体の機関誌（会誌）のバックナンバーが保存されている。

　それらから伺えることは、当初はともかくとして、先にも触れたように滋賀県神崎郡五個荘村金堂という地域で、昔ながらの流儀だけで細々と庭園業を営んできた訳ではなく、中央の造園界の動きを注視し、その情報の入手にも腐心していた様子がうかがえる。三代目文七郎の時代である。

　例えば、関東大震災の翌々年（大正14年、1925）、上原敬二（1889～1981、日本の近代造園学の始祖の1人。東京高等造園学校、現東京農業大学地域環境科学部造園科学科の創設者。造園学・庭園学・樹木学・公園学・観光学・都市計画学など広範な造園の分野を網羅した著書は200冊余りにのぼる）の発議によって創設された日本造園学会の会誌「造園雑誌」のバックナンバーがあるということは、学会誌は基本、会員にのみ頒布されるものであることからまた、山村文七郎宛の大会案内の葉書も残されていることもあり、日本造園学会の会員になっていたものと思われる（**図-11-19**）。

　また、昭和6（1931）年、東京帝国大学農学部造園学教室内に設立された「造園研究会」の会誌「造園研究」は昭和16（1941）年まで36号にわたり、時代の先端をいく造園学者等が時宜に応じてしたためた論説によって構成され、内外の広範な造園分野の関係雑誌の目次も掲載されるなど、当時の第一級の情報誌であった。その「造園研究第27号（昭和13年12月刊）」の会報に、昭和13年6月以降の新入会員として山村文七郎（滋賀県神崎郡南五個荘村）の名が掲載されている（**図-11-20**）。

　さらに昭和13年5月に「今日、庭園は保健上最も重要な役割を占めている。造園士の存在を明らかにし、併せて学術技芸の向上発達と相互の親睦を図ることが社会情勢上必要適切なこと」と

思推し、設立された「日本造園士会」。理事長に龍居松之助、理事に上原敬二、戸野琢磨、斎藤勝雄、詮衡（選考）委員に丹羽鼎三、田村剛、井下清、椎原兵市、野間守人、関口鍈太郎、永見健一、森歡之助、吉村巖と、当時の造園界を代表する官民学の要人が名を連ねた。その会誌の「日本造園士第一巻、第二号；昭和13年9月」の日本造園士会正会員の欄には、正会員99名の1人として、また滋賀県内では唯一の会員として山村文七郎（花文庭園工務所）の名がある (図-11-21)。

その他、京都市上京区にある学術協会出版部によって昭和13年8月に創刊された雑誌「趣味の建築と庭園」の広告欄に建築土木設計「鴻池組」「錢高組」「大倉土木（大成建設の前身）」、一般庭園設計施工「小川治兵衛」、和洋庭園設計施工「橋本庭園工務所」等と並び、和洋庭公園設計施工・各国庭石燈籠植木販売「花文庭園工務所」の名がある (図-11-22)。

編者の渡部泰助が園芸界のさらなる隆盛を願い、各地で活躍する園芸家、園芸業者の情報を一括し、相互の交流を図るために発刊した『全国著名園芸家総覧 14版 昭和13年刊、大阪興信社営業所発行』にも1ページ大で「花文庭園工務所」の広告が掲載されている。当時は、三代目文七郎が所主で「花文庭園工務所」を名乗っていた。「造園界の粋（古き老舗、技術の優秀、業務の堅実）を誇る御庭師」という見出しが実に良い。京都、芦屋に出張所を置いていたことも解る (図-11-23)。

以上のように、何故か申し合わせたかのように昭和13年、当時勃興した造園関連の学協会誌等に会員、広告主として山村文七郎、花文庭園工務所の名が頻繁に出てくるのは意外であり、驚かされた。つまりは三代目山村文七郎が中央の造園界の動向の情報収集や会社の広報宣伝に意を注いでいたことが何となく感じとれる。このようなこともありこの時代、滋賀県の「花文庭園工務所」の名は中央でもある程度知られた存在であったと思われる。

②昭和を代表する著名造園家との接点と協働

「花文」は今日に至るまで、昭和を代表する造園家、造園設計家の内、上原敬二（1889〜1981年）、戸野琢磨（1891〜1985年）、橋本八重三（1895〜没年不詳）、井上卓之（1921〜1995年）、荒木芳邦（1921〜1997年）、伊藤邦衛（1924〜2016年）らのそうそうたるメンバーと何がしかの接点を持ち、あるいは彼らの設計した庭園の施工を請負うなどの協働作業を行ってきた。既に戸野琢磨や伊藤邦衛との作庭の協働作業については、5章の「鈍穴の庭、歴代『花文』の代表的庭園作品選」の中で紹介してきた。

改めて本稿では、彼らと「花文」との接点について触れてみたい。

イ．上原敬二

戦前、上原敬二と「花文」との直接的交流はなかったと思われる。ただし、山村家には、上原敬二が経営した「上原造園研究所」から昭和18年3月16日の日付で、上原敬二が時節を反映して著述した『防空植栽と偽装について』の図書案内の葉書が残されている。おそらく先に紹介した「造園研究会」「造園士会」の会員名簿を拠所として郵送されたものと思われる。このことから当時、上原敬二は山村文七郎あるいは花文庭園工務所の存在は認知していたものと思われる (図-11-24)。

ロ．戸野琢磨

戸野琢磨の簡単な人物像、「花文」との仕事上の関係については、5章の「鈍穴の庭、歴代『花文』の代表的庭園作品選」の「くれない園」「旧豊郷尋常高等小学校校舎校庭」で紹介している。以上の仕事は昭和10（1935）年、昭和12（1937）年に行われたものであり、これらを契機に山村文七郎は戸野琢磨と知己を得て、戸野琢磨が設立当初から理事あるいは理事長を務めた「日本造園士会」の会員に山村文七郎（花文庭園工務所）がなった

ものと推察される。

ハ．橋本八重三

橋本八重三は大正から昭和の初期にかけて関西で活躍。都市計画家の大屋霊城を技術顧問とする「橋本庭園工務所」を設立。見積や設計図書を導入し、近代的な会社経営を目指した。洋風の庭園の設計・施工を多く手がけた。東京の上原敬二や田村剛に対抗して、関西園芸協会を立ち上げ、雑誌「ガーデン」を発刊して造園技術の情報交換の場とした。近畿造園業の始祖とも呼ばれる人物でもある。

橋本八重三と「花文」「山村文七郎」との接点を示す資料として、昭和10（1935）年の「大宝恵（山村文書）」に昭和11（1936）年の記録として「橋本八重三様、68.25人の手間、松2本外色々積渡」の記述が残されており、商売上の関係があったことが解る。また昭和11（1936）年に橋本八重三が山村文七郎に宛てた「暑中見舞」の葉書も残されている（図-11-25・26）。

ニ．荒木芳邦と井上卓之

戦後の関西を代表する造園設計家で、ともに昭和17（1942）年、東京高等造園学校（現東京農業大学地域環境科学部造園科学科）を卒業した荒木芳邦（1921〜1997）と井上卓之（1921〜1995）がいる。荒木芳邦は昭和23（1948）年荒木造園設計事務所を設立。現代都市建築に合致した庭園作品を数多く手がける。海外における作品も多い。井上卓之は昭和27（1952）年井上造園設計事務所を設立。和の曲線美や地形美を生した作風に基づき、海外も含め、多くの庭園作品を手がける。

両氏の家は、いずれも先代の代から造園業を営み、庭木の販売なども手がけていたので、戦前から「花文」とは取引があった。「花文」では戦後、多くの職人が復員したが、戦後間もなくの滋賀県では造園の仕事も少なく、戦没者の慰霊碑の建立や近江商人の屋敷の所有者が代わったことによる庭の解体や、燈籠の買い取りなどが主で、職人全員を雇い続けることが困難となっていた。そんな時期に両氏からの誘いもあり、それぞれ数名の職人を雇ってもらった。それらの職人の大半は昭和35年過には「花文」に戻り、荒木造園、井上造園で磨いた技術と経験を生かし、三代目、四代目文七郎を助け、社業の発展に尽力した。

なお、五代目の実弟の山村眞司は昭和48（1973）年に東京農業大学農学部造園学科を卒業後、井上造園設計事務所に勤め、4年間、主として造園設計の修行に励んだ。

ホ．伊藤邦衛

伊藤邦衛（1924〜2016）は、5章「鈍穴の庭、歴代『花文』の代表的庭園作品選」で紹介したブラジルの「プラッサ・シガ（滋賀公園）」の設計監理者である。伊藤邦衛は昭和22（1947）年東京農業大学農学部造園学科を卒業、清水建設設計部を経て、昭和38（1963）年伊藤造園設計事務所設立。石組などの日本庭園の手法、造形表現を公園設計に取り入れた斬新なデザインの数多くの作品を手がけた。

「プラッサ・シガ（滋賀公園）」の仕事の翌年、再び四代目文七郎は、滋賀県大津市瀬田の文化ゾーン（現びわこ文化公園）の日本庭園の仕事で、設計監理者の伊藤邦衛と協働することになった。着工前に花文三代目作の百済寺喜見院庭園を見たいという氏の要望で五代目が案内した。氏はそこで豪快な石組を見て衝撃を受けたようであり、改めて「花文」の施工能力の高さを評価したようでもある。実際の工事にあたっては設計監理者と工事の請負業者が一体となった良い作品づくりとなった。

なお、「文化ゾーン池・流れの広場修景工事」の上流部の工事の現場代理人は山村眞司が務めた。工事中の伊藤邦衛との数多くの思い出話の1つを紹介する。「花文では戦前、大振りの松の移植の時は根の切り口にスルメをあてて巻き、植え付け後、日本酒を根元に注ぎ入れ活着を促したと

いう話がありますが、東京ではどうなんですか」と質問したところ、「東京でも昔は根の切り口にスルメを当てていた。活着はよくなるかどうかはわからない。お酒は今でもよくやる。効果はあるんだよ」という言葉が直に返ってきたという。この他、若輩者の現場仕事に関わる他愛ない質問にも、常にていねいな受け答えをしてくれた。

以上、「花文」は昭和の時代、戦前・戦後にかけて造園界の組織・団体に積極的に参画し、中央における情報の収集や「花文庭園工務所」の所在を広く知らしめるための広報活動にも熱心に取り組んだ。また、昭和を代表する著名な造園家と様々な接点を持ち、時には仕事を協働するなどして社業を支えた。こうした取り組みも「花文」150有余年の社歴を育む上で非常に重要なものであったと考えられる。

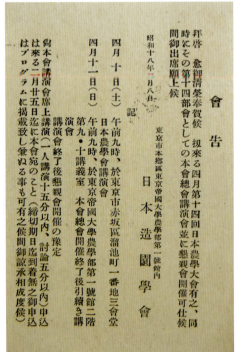

図-11-19：昭和18年、日本造園学会から山村文七郎宛の大会案内

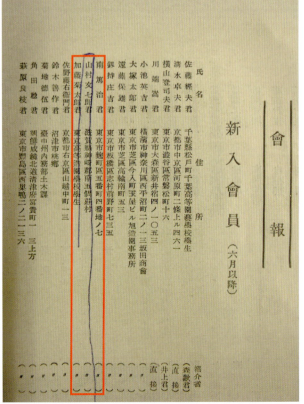

図-11-20①②：「造園研究　第二十七輯」に掲載されている昭和13年6月以降の新入会員として山村文七郎の名がある

11章 ❖「花文」の歩みを彩る歴史秘話

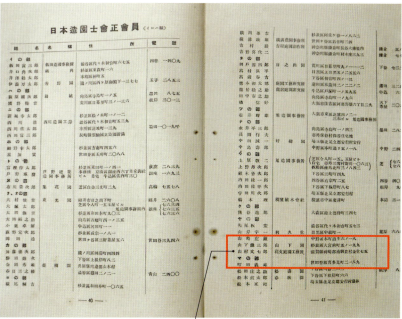

図-11-21①②：日本造園士 第一巻、第二号、昭和13年9月号の日本造園士会正会員の欄に山村文七郎（花文庭園工務所）の名がある

図-11-22①②：昭和13年8月発行の雑誌「趣味の建築と庭園」創刊号に掲載された「花文庭園工務所」の広告

図-11-23：『全国著名園芸家総覧 昭和13年刊』に掲載された「花文庭園工務所」の広告

(7) 昭和の造園界と「花文」、著名造園家との協働　383

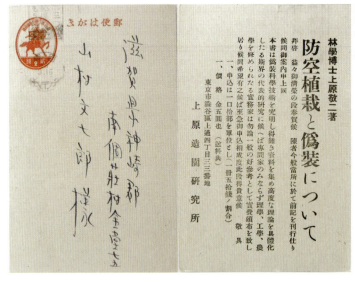

図-11-24①②：上原造園研究所から山村文七郎宛に届いた『防空植栽と偽装について』の図書案内の葉書

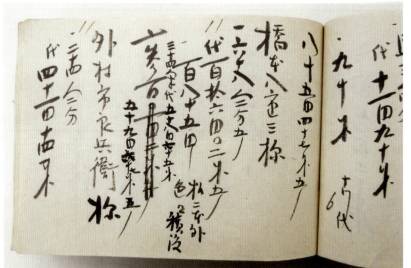

図-11-25：橋本八重三との商売上の関係があったことを示す昭和11年の売上控

図-11-26①②：昭和11年に橋本八重三が山村文七郎に宛てた暑中見舞の葉書

(8) 美しい歴史的風土「五個荘金堂」の形成に「花文」の果たした役割

　造園業「花文」が150有余年前に産声を上げ、今日まで営々と生業を営む地「五個荘金堂」は、古代の農地配分法である「条里制」に基づき、碁盤の目に地割された土地である。17世紀末に大和郡山藩領となり、その陣屋（代官屋敷）を中心として三方に寺院が配置され、その周りに民家と田畑が広がる農村集落が形成された。18世紀初めになると、有力な近江商人が次々と中心部に本宅を構え、広い敷地に主屋、数寄屋風の離れ、土蔵などを配置し、庭園を巡らせた。そのこともあり、「近江商人のふるさと」とも称される。それらの近江商人の本宅群の周りには農家住宅が分布し、水路を引き込んで野菜を洗うなどの建物「いれがわと」や岸から水際近くに切石を水平にはね出した「あらいと」などの施設があり、現在でも独特の農村風景（田園景観）が残されている。
　「近江商人のふるさと」と称されることを如実に示す資料として明治13（1880）年の『滋賀県物産誌』には金堂は戸数196戸の内、67戸が商家で呉服・太物・荒物・小間物・酒・醤油醸造などを主とし、他国に出店を有するものが13戸あったとされている。
　また、明治10（1877）年の村内のさまざまな決め事を定めた『金堂村伍組制法連署書』の中に、多くの近江商人に混じり、ヌ組伍長の1人に初代山村文七郎の名もある。さらに明治31（1898）年に改正された転籍・入籍や土地の売買を規制した『大字金堂規則』の第一条には、「大字金堂に次の役員を常設すとして、区長1名、評議員9名、伍長37名」とある。この伍長37名の中には、本書の5章「鈍穴の庭、歴代『花文』の代表的庭園作品選」でも紹介した辻市左衛門、中江勝治郎、外村宇兵衛（明治29年の『大日本長者大鑑』で前頭三枚目に数えられる豪商）、外村市郎兵衛らの名もある。なお、これら大店の近江商人と伍して東組伍長に山村文七郎（二代目）の名が見られる。この頃には「花文（山村家）」は当地において、相応の地位を築いていたものと推察される。なお、他の伍長に名を連ねている面々の中には「花文」の得意先でもある塚本利右衛門、外村新太郎、外村善兵衛、山村嘉平、河添源次郎、外村嘉兵衛、外村与左衛門が居る。つまり伍長の半数近くが「花文」の取引関係者であった。このような点からもこの時代の本地区における「花文」の存在感をうかがい知ることができる。
　平成10（1998）年には、この「近江商人のふるさとの地」金堂の32.2haの地域に含まれる土蔵や社寺などの建造物188棟、石橋や鳥居など工作物99件、水路や庭園など環境物件9件の総計296件が、平野部に位置する農村集落として全国でも初めて「国の重要伝統的建造物群保存地区」に選定された。
　さらに平成19（2007）年には、「近江商人のふるさと五個荘」として、条里制の地割や神社仏閣、商家の街並みが田園風景と一体となって往時の姿を伝えており、次世代に継承すべき美しい日本の歴史的風土が良好に保存されている地域「美しい日本の歴史的風土100選」に選定された。全国か

ら推薦された698都市の地区の中から選びぬかれたもので、滋賀県内では「近江八幡市の八幡堀と近江商人の商家群」「彦根市の国宝彦根城と城下町」の2地区も同時に選ばれた。

また、平成27（2015）年には、日本遺産「琵琶湖とその水辺景観－祈りと暮らしの水遺産」の構成文化財として「五個荘金堂の町並み（近江商人屋敷）」が選定された。因みに日本遺産とは「地域の歴史的魅力や特色を通じて我が国の文化・伝統を語るストーリーを日本遺産として文化庁が認定するもの」ストーリーを語る上で不可欠な魅力がある有形・無形の文化財群を、地域が主体となって総合的に整備・活用し、国内外に戦略的に発信することにより地域の活性化を図ることを目的としている。

このように「五個荘金堂」の佇まいは、地域の貴重な風景資産となっており、また現在では「近江商人のふるさと、てんびんの里」として親しまれ、貴重な観光名所ともなっている。平成20（2008）年に、東近江市五個荘金堂伝統的建造物群保存地区十周年記念として、NPO法人金堂まちなみ保存会によって刊行された報告書「五個荘金堂まちづくりのあゆみ」の中で、金堂の見どころとして挙げられている①大城神社、②日若宮神社、③安福寺、④浄栄寺、⑤弘誓寺、⑥勝徳寺、⑦外村繁邸、⑧外村宇兵衛邸、⑨中江準五郎邸、⑩金堂まちなみ保存交流館（旧中江富十郎邸）、⑪金堂陣屋跡（稲荷社）、⑫長屋門（旧陣屋）の内、半数を占める大城神社、弘誓寺、外村繁邸、外村宇兵衛邸、中江準五郎邸、金堂まちなみ保存交流館（旧中江富十郎邸）の庭園は、本書の5章「鈍穴の庭、歴代『花文』の代表的庭園作品選」で詳しく紹介したように「花文」代々の手によって作庭されたものである。このことからも美しい歴史的風土「五個荘金堂」の形成にも「花文」は大きな役割を果たしてきたとみなすことができる（写-11-1）。

併せて、現在もこの地区の一画に住み続ける五代目山村文志郎、弟の山村眞司の居宅の構え・景観も美しい歴史的風土「五個荘金堂」の形成に不可欠な存在となっている（写-11-2・3）。

因みに、平成10（1998）年に国の「重要伝統的建造物群保存地区」に指定される以前の平成8年3月に「金堂地区における歴史的集落景観は、近年の生活様式の変化、都市化、近代化の影響を受けて徐々に変貌しつつあり、特に保存地区指定予定地周辺において、その傾向が顕著であることから金堂地区全体における景観の保全整備のための取り組みが重要な課題にされるに至っている。」という主旨の下、①集落全体の景観保全・修景計画の提案、②街並景観の保全形成のための具体的ガイドラインの提案を骨子とした「金堂地区街並景観保全整備基本計画」が五個荘町、（株）空間創研の手によって作成されている。実はその計画策定作業に係る経費は、金堂地区の景観保全対策を常に心にかけている五代目山村文志郎の寄付金によって賄われたものである。

この計画書で提案されている内容は、現状をつぶさに分析し、金堂地区の代表的な景観を呈する箇所ごとに、今後、より良質な景観に導くための具体的方策についてイラストで解り易く表現されている。過去の検討成果として闇に葬ってしまうには惜しいほどの精緻な内容のものである。今後の五個荘金堂のまちづくり、景観の保全修復策の目標像としても役に立つほどの価値を有する。今般、東近江市の了解の下、本書にイラストの一部（5枚）を紹介する（図-11-27・28）、（写-11-4）。

写-11-1：五個荘金堂地区の拠点となっている近江商人屋敷

写-11-2：イベント「ぶらっと五個荘まちあるき」で賑わう金堂地区

写-11-3：美しい歴史的町並み「五個荘金堂」のまちなみを考慮した五代目の住まい

図-11-27：昭和63年に花文が提案した金堂まちなみモデルのパース

写-11-4：大城神社春の祭礼

図-11-28①：五個荘金堂まちなみモデル図

図-11-28②：五個荘金堂まちなみモデル図

図-11-28③：五個荘金堂まちなみモデル図

図-11-28④：五個荘金堂まちなみモデル図

12章

「花文」を守り育てるための新たな挑戦

(1) 建材事業・景観事業への挑戦「(株)東洋石創」の設立

　五代目は、老舗造園業「花文」の継承、発展のサポート体制として、時流を見定め新たな事業展開が必要と考え、昭和62（1987）年に石材を扱う新会社「(株)東洋石創」を設立、滋賀県大津市に本社を置く。

　その後、次々に事業を拡大。自然素材を生かした住環境整備、まちづくり、景観整備事業に貢献するための、国内をはじめ世界各地から良質の建材、石材を集め、その輸入販売、設計・施工事業を手がける。現在では、建材事業部、景観事業部、雑貨事業部、さらには物流センターやショールームを設ける。これを期に平成8年から神戸市灘区に移転していた本社を、平成29年に滋賀県愛知郡愛荘町の「愛荘物流センター」の敷地に移転し、さらなる業務の効率化を図る。

　なお、平成26（2014）年に建設した「東近江物流センター」は、施設内に後述する「雨水流出抑制システム」を導入したり、「大容量の太陽光発電システム」や「省エネに配慮した廃棄配送パレット等を暖房器具の燃料として再利用」「敷地の20％に大径木を植栽してCO_2削減」「駐車場にEV（電気自動車）充電設備を設置」する等、環境に負荷を与えない施設づくりを目指している（写-12-1～4）。

写-12-1：(株)東洋石創　東近江物流センター（全景）

写-12-2：EV（電気自動車）の充電設備を装備

写-12-3：東近江物流センター　ゲート付近

写-12-4：(株)東洋石創　東近江物流センター

（2）五代目が韓国に設立した石材会社

　五代目は昭和54（1979）年より韓国から板石、延石、燈籠等の輸入を始め、さらに昭和62（1987）年からは中国福建省や山東省からの石材の輸入も開始する。平成6（1994）年には韓国に石材、石製品の輸入・製造・販売を事業とする、合弁会社の「株式会社東星石創」を設立した。（株）東星石創では、日本の古代燈籠の製作を主にし、中国の原石の韓国への輸入も手がける。手加工の古代燈籠は、高級志向の顧客や造園業者、石材業者の要望に応えたもので、日本では高価な手加工の古代燈籠を求めやすい価格で提供することを目論んだ。より精度の高い優良品を目指すために、韓国の石工を日本に招き各地での古代燈籠の研修見学を実施したり、西江州産の夏目の水鉢と江州雪見数本を見本として韓国に送るなどし、数年間の手直しを繰り返した結果あらゆる古代燈籠や水鉢の、のみ切り仕上やビシャン仕上の程度、「てり・むくり」など本歌を忠実に模作させることが可能となった。

　（株）東星石創は韓国の原石や人件費が高騰する時期まで、およそ10年余り事業を展開した。その後機械化による墓石製造に転換する韓国の石材業界の動向等から、石材や燈籠の製造を中国福建省に移行せざるを得ない情勢になり、（株）東星石創から韓国製の石材加工機械を中国の提携石材会社に移転するなど、事業転換の見極めも速かった（写-12-5～7）。

写-12-5：韓国で製作した古代燈籠

写-12-6：韓国で製作した古代燈籠、層塔

写-12-7：韓国で製作した江州雪見

(3)「グリーンインフラ」時代を にらんだ新たな挑戦
――伝統技法を生かした低環境負荷型 「花文」式環濠雨水貯留工法の実践――

①グリーンインフラ時代の到来

　国土交通省総合政策局環境政策課によればグリーンインフラは、アメリカで発案された社会資本整備手法で、自然環境が有する多様な機能をインフラ整備に活用するという考え方を基本としており、近年欧米を中心に取組が進められている。導入目的や対象は国際的に統一されておらず、非常に幅広い。アメリカでは雨水管理の観点から都市の緑地形成に力点がおかれている。

　わが国でも平成27年度に閣議決定された国土形成計画、第4次社会資本整備計画では、「国土の適切な管理」「安全・安心で持続可能な国土」「人口減少・高齢化等に対応した持続可能な地域社会の形成」といった課題への対応の一つとして、グリーンインフラの取組を推進することが盛り込まれた。

　今後、わが国の社会資本整備手法としてグリーンインフラという新たな発想に基づく取組がキーワードになってゆくものと思われる。

②伝統技法を生かした 「花文」式環濠雨水貯留工法の実践

　このような社会状況の下、花文造園土木(株)は、平成26（2014）年に建設した(株)東洋石創の東近江物流センター（東近江市青野町、敷地面積8,395㎡、建物面積3,916㎡）の造園工事の目玉事業として、グリーンインフラ時代の到来を強く意識し、環境負荷の低減に最大限配慮した雨水管理の観点から、新たに「花文式環濠雨水貯留工法」を考案し、その設計・施工を実践した。

　従来の開発行為では、道路や敷地内に降った雨は、側溝や排水管を伝って敷地外の下流の水路に放出されるのが一般的な排水計画であった。台風や大雨の時には各所から流れ出た大量の雨水が合流し、大きな流れとなり、洪水等の大きな災害の一因となった。

　「環境に負荷を与えない施設」をコンセプトに計画された当施設では、建物や敷地内に降った雨は、2箇所に設けられた、それぞれ44㎡、75㎡、合わせて119㎡の貯留能力を有する雨水貯留槽に貯められ、防火用、防災用として、また敷地内に植栽された植物の灌水用としても利用が可能となる。

　貯留槽に一定水量の雨水が貯まり、オーバーフローした水は環濠（濠のように巡らされた水路）に導入される。環濠は幅1.2～1.3m、深さ1.2～1.8mで、総延長約120mに及ぶ。景観を配慮し、伝統的な工法・技術を活かした石積や六方石の石組、石橋等で修景し、遊水池の機能も持たせ、最大220㎡の雨水の一時貯留が可能となり、下流地域への雨水の大量放出を抑制する役目を果たす。環濠の底には地下浸透桝を19箇所設け、地下浸透をより促す。

　以上のように、この雨水流出抑制システムは大雨時、下流への雨水の大量流出を減少させ、洪水発生等の負荷を抑制し、さらに大地への浸透を促し、地下水や地表水として涵養させるという、「災害防止」と「水資源の確保」という一石二鳥の機

能を発揮し、グリーンインフラとして雨水管理上、大いに期待できる工法といえる。

なお、本工法を花文式と銘打ったのは、環濠の整備にあたって、石積や石組等の伝統的な日本庭園の意匠や材料を積極的に活用したことによる。つまり「鈍穴流」を継承する慶応元年創業の花文造園土木（株）ならではの取り組みだからである（写-12-8〜12）、（図-12-1）。

写-12-8：西環濠の工事中の様子（現場で指揮する五代目）

写-12-9：整備の終わった東環濠

写-12-10：環濠を燈籠等の石材の展示場としても活用

写-12-11：南環濠

写-12-12：南環濠の脇に置かれている石材

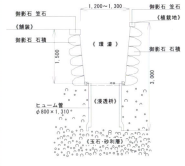

図-12-1：環濠のモデル断面図

(3)「グリーンインフラ」時代をにらんだ新たな挑戦 ── 伝統技法を生かした低環境負荷型「花文」式環濠雨水貯留工法の実践 ── 393

13章

本書の成果とそこから展望できる今後の造園界が取り組むべき課題

本書の成果と今後の造園界が取り組むべき課題

　本書をまとめあげることによって多くの成果が得られた。また、その成果から今後、造園界が取り組まなければならない幾つかの課題も見えてきた。それらに関して、以下に成果と課題に分け、列挙する。

①本書で得られた成果

（1）滋賀県近江の地に、慶応元（1865）年に創業した造園業「花文」の150年以上の歩み（足跡）と代々の業績（作品）が時系列的に整理できた。また歴代の代表作品39庭園の概要が解説文や図・写真・関連資料によって紹介できた。

（2）作庭術・鈍穴流の始祖、勝元宗益が残した秘伝書、自叙伝、庭景図や実作からその奥義や特徴ならびに人物像が明らかとなった。なお庭景図は現存する最古の部類に属する庭園設計図であった。

（3）江戸末期に勝元宗益によって創始された「鈍穴流」は、その後五代150有余年にわたり「花文」こと山村家にその作庭技法が、現存する宗益直筆の秘伝書や口伝等によって相伝され、今日に至るまで伝統的な作法・流儀によって数多くの作品が手がけられ、現代では極めて稀な由緒正しい日本庭園の流派とみなすことができた。

（4）幕末から明治、大正、昭和の初めにかけて、造園業「花文」を育んだのは、間違いなく名だたる近江商人の面々であった。ある時期までは、その邸宅や別荘の庭造りの仕事が大半であった。近江商人の存在なくして、造園業「花文」の業績は語れないことが判明した。

（5）山村家「花文」には、歴代によってさまざまな名称で表書きされた大福帳（商家で売買の金額を書き入れる元帳）が数多く保存されている。それらを解読することによって、今まで未知であったこと、また作庭の依頼主の特定、ならびに往時の作庭や管理作業の手間賃あるいは作庭に使用した庭園材料（庭石、燈籠、植木）の種類や単価（値段）を明らかにすることができた。さらに長らく○○作の庭園という伝聞を信じ、広く一般にもその旨流布されていたものが大福帳に書き残されていた記録や旧土地台帳等の情報によって実はある時代「花文」の手によって作庭されたものであること、あるいは長らくその所在が不明であった過去に「花文」が手がけた近江商人の別荘庭園のありかも判明した。

（6）近代の近江商人をはじめとする有力者の邸宅や別荘ならびに寺社の庭園のみならず、今でいう学校造園、高山植物園（ロックガーデン）、工場造園等の先がけ的事業にも「花文」が手を染めていた事実も判明した。

（7）勝元宗益の創始した鈍穴流「花文」の庭園を専門家の立場で初めて高く評価し公表したのは昭和40年代、庭園史家の村岡正氏であった。3章でも既に紹介したが、改めて村岡正氏の鈍穴流の特徴についての明快な所見を以下に再掲する。
「いろいろ総合しますと、鈍穴流の特徴は庭景の中心的構成要素、いわゆる"庭のしん"を大ぶりの石組で強く打ち出し、灯籠や手水鉢に逸品を用い、鉢前の役石組や飛石も大きい石を独自の手法

で配し、力強くまとめていることがあげられます。全体としては豪華ですが、それが俗にはならないという作風といえるようです。自筆の庭景図を見ても、こうした趣が感じられます。植栽も図示してあるのは直幹の高木が主体で、根締の低木が少なく、庭の奥行きを深く見せるよう工夫しているようです。」

(8)「花文」の足跡を調べていくと、近現代を代表する著名な造園家、七代目小川治兵衛（植治）、橋本八重三、上原敬二、戸野琢磨、井上卓之、荒木芳邦、伊藤邦衛、村岡正らと折々、さまざまな接点があったことが分かった。このことから「花文」の存在・技量は彼らによっても認められ、相応の評価を得ていたものと推察された。

(9) 長年、培われた「花文」独特の伝統的な施工・管理技術、ならびに植木屋用語の一端が明らかとなった。

(10) 慶応元年から代々造園業を営む山村家ならびに庭師職人の生活史の断片が明らかとなった。

(11)「花文」が150有余年にわたって造園業を営む「五個荘金堂地区」、その美しい歴史的風土の形成に過去から今日に至るまで多大な役割を果たしてきた事実も明らかとなった。

②取り組むべき課題

(1) 今後、幕末から明治期に創業し、全国に散在する造園業の足跡が本書のような形で次々と取りまとめられることが、「近代庭園技術史」を体系化する上で不可欠となる。それらの取り組みを期待したい。

(2) 全国各地に散在する老舗造園会社に保存されている大福帳等を解読・解析することによって往時の庭仕事の手間賃や庭園材料（庭石、燈籠、植木）の種類や値段を全国的スケールで整理し、現代のそれと比較考証することも今後の課題として大変興味深い。

(3) 鈍穴流の開祖勝元宗益、その師である辻宗範、彼らの源流をなす小堀遠州はいずれも単に作庭だけではなく、茶道をはじめ、あらゆる芸道に通じた文化的万能天才であった。今後、有能な造園家を育成するためには単に造園の教育だけではなく、多彩な芸道を併せて修得させることの必要性を改めて強く感じた。

(4) 現存する「花文」作の庭園の中でも、その管理者を見積の金額のみで決定しているケースでは、請け負った業者が「花文」の流儀や植栽意図を全く理解していないため、我流の剪定や刈込の仕方によって植栽管理を行うことで鈍穴流の特徴が著しく損なわれているケースも見られ、大変残念である。特に鈍穴流の庭造りにおいては、高木植栽も当初から成木を使用するのではなく、若木を植栽し、成木になるまで丹念な葉刈り作業によって育成管理し、庭の完成後は、その形姿を持続的に維持するための葉刈り作業の励行を「花文」では重視している。

今後、近代に造られた庭園の保存に関しては、往時に作庭した業者が現在でも存在する場合、管理作業はその業者に委ねる施工・管理一体方式を採ることが賢明である。

(5)「花文」では、歴代が作庭工事に使用した道具類も保存されており、それらを集めた展示施設も既に計画されている。貴重な試みといえる。造園道具類に関しては地域特性もある。今後、全国の老舗造園会社も「花文」に倣い、それぞれに残されている造園道具類を収集整理し、いずれこれらを一同に集めた実物の展示施設が欲しい。ただし、その場所の確保や経費を考えると現実的ではない。これに代わるものとして、伝統的な道具類をビデオに収め、ビデオライブラリーとして記録・整備する取り組みを、各企業を束ねる関係団体に切望したい。

おわりに──五代目が語る継承した鈍穴流作庭の奥義とは──

　本書の中で、その都度述べてきたが、本書の最後に改めて継承した鈍穴流作庭の奥義をなるべく多くの読者にも解るような内容に再整理し、本書の締め、「おわりに」としたい。

〈使用する庭園材料の見極め〉

　庭造りでは各種の材料を扱うが、庭木、庭石、沓脱石、飛石、燈籠をはじめとする石材加工品等などすべてに言えることは、その材料の使用にあたっての見極めに鈍穴流の特徴がある。庭石に関して、一般的には石の表裏や据付高さ（地面のラインを判断）が重要とされているが、その石をどこに用いるかは作庭者それぞれの判断によって異なる。「立石に使える石か」「捨石（景石）に使える石か」「捨石の添え石か」橋石・飛石・踏分石・雪見燈籠台石等の見極めが大切である。また「石の顔はどこか」「天付け（天端を水平に）で据える石か」「山形に据える石か」「添え石が必要な石か」などの判断も重要となる。

　大振りの庭木や燈籠は石組と並行して行うが、特に庭の真となる松などの配置や植え付けは、幹の曲がりや枝ぶり、石組との兼ね合いなどを、自然の摂理を重んじて見付（立ち止まって前方を眺める場所）からの眺めで正面を決めることになる。石と木との釣り合い、安定性、美観性も重視している。

〈庭園構成は常に「真、副、体」が基本〉

　鈍穴流の庭園構成について解り易く文章で表現するのは限界があるが、大まかなところを記述する。まず基本となるのが庭はすべて、華道の「立花」と同じく「真.副（添）.体」同じ意味で「天.地.人」に構成することである。
これは山水の庭に限らず掃き庭（花文では「平庭」のことを「はきにわ」とも言う）においても同じである。庭の正面（座敷の沓脱石）の場所から見て、庭全体は「真.副.体」を構成し、各石組や滝石組、燈籠も庭石と見立て組み合わせ、各々「真.副.体」を構成する。見付すなわち座敷や客間のほかに、踏分石や立ち止まって眺める位置を設えたところからの眺めは、全て「真.副.体」となる。「真.副.体」を三角形に例えると、庭には幾つもの三角形があり、庭全体でも三角形になる構成とする。「真.副.体」は石の「真.副.体」と木の「真.副.体」があり、上物の燈籠が「真」で石を燈籠の横や少し後ろに据える場合もあり、大振りの赤松が「真」で石を木の横や後ろに据える構成となることもある。低木の刈り込みを「副」や「体」として扱うこともある。「真」に値する燈籠かどうか、「真」に使える木かどうかの判断や見極めが大切で、大振りの木ならよいと言う大きさだけのものではない。一般的に幹の太い直幹の木が最善とされる。

燈籠を「真」にした石組と、同じ材料で燈籠を使わず石組した場合とでは、その位置は全く同じではなく、少し変わってくる。以上、述べてきた石組、配石の手法は鈍穴流の大きな特徴となるが、特に教えはあくまでも基本であり、施主からの材料支給品を使用する場合は既存の材料を上手に配置、見極めることが重要である。

〈沓脱石〉

　沓脱石（段差のある玄関や縁側から庭に出入りするため靴や下駄等の履物を代えるために置かれる表面の平らな石、単に沓石とも言う）に関しての特徴として、具体的な例を挙げる。

　鈍穴流では、沓脱石（沓石）を据える座敷（客間）の広さにより寸法は決められており、また座敷が二間（ふたま）続いた時の沓脱石の形や素材仕上げなども、口伝として伝えられており、時には10ヶ所以上も沓脱石が据えられている庭も存在する。
沓脱石は屋敷の大きさや建物や座敷の造りの質の高さ、家格などと、つろく（釣り合い、調和の意味）を取ることが、重要である。これは沓脱石に限らず、庭自体にもこのようなことが言える。石材の種類としては、鞍馬石や丹波鞍馬になったり、白系の川石になったりする。また形もたいせつで、その大きささえあれば良いものではない。通常、座敷の床の間側には鉢前を設えるので、あまり威張りのある沓脱石は鉢前に支障があるので、右勝手、左勝手（沓脱石の左右どちら側に鉢前がくるのか）を考慮に入れなくてはいけない。奥行のない狭い庭では庭を広くとるために、沓脱石の奥行を控えた幅の狭い石を据えるのは定石であり、切石を筏に組んで沓脱石にすることもある。沓脱石の据え付け高さは、地面から縁までの高さが基準になるが、基本の据え付け高さは口伝として伝えられている。

〈飛石〉

　鈍穴流の大きな特徴である飛石ついても、上中下三巻の「庭造秘伝書」に書かれている事柄のほかにも、多くのことが口伝として伝えられている。踏分石に伽藍石（礎石の模造品）を使うことが多いのも特徴の1つである。葛石（縁石や見切石、笠石や塀の土台石などに使う切石）の筏打ちや九十九折り（延段のこと）を伝いに折り込むのも、単純になりがちな飛石に変化をつけるためでもある。家格によって据え付け高さが異なることは、「庭造秘伝書」に記されているが、これ以外にも口伝として、飛石の形による「陰陽」の打ち様、石の素材や色目の決まり事など、鈍穴流独自の手法が伝えられている。

〈燈籠の正面の位置と組み方〉

　燈籠を組み立てた時の正面となる位置についての、鈍穴流ならではの据え方について説明する。

　雪見燈籠の笠の形は、丸形や八角形のものもあるが一般的に六角形のものが据えられることが多い。雪見燈籠の部材は、宝珠が円形、笠が六角形、火袋が六角形、中台が六角形そして脚が四角形で4本足である。鈍穴流の雪見燈籠の正面の位置は、正面から見て笠は六角形の一番長く見える位置となる。つまり笠の一辺と火袋、中台の一辺とを平行に組む。3尺の大きさの六角雪見は笠の一辺が1.5尺となるので、正面の位置は笠の寸法が3尺に見える位置となる。これは春日燈籠などの六角型灯籠と同じである。脚は4本の内、1本が正面（前面）になるように据えるのが正面で、雪見燈籠を眺める正位置からは、正面になるように組むのが鈍穴流の特徴である。また、奥行の無い庭では、家に対して平行に組むことが多い。

　織部燈籠では、燈籠の火袋の「日」と「月」の彫り物の方向は、東や南の方角に近いほうに「日」側を向け組む。勿論、正面は二方抜きしてある火口となるのは、言うまでもない。

〈塔の正面の位置と組み方〉

　層塔は寺院に限らず一般の住宅の庭にも据えることが多いが、七層や十三層塔の正面とする位置は、笠、塔身、基礎、基壇の四角形の真角を正面（前面）に向けた方向となる。広い庭では、塔を眺める正位置（沓脱石の据えられている座敷の縁が正位置とは限らない。）から正面になるように組むものである。この据え方は四方抜きの火袋の五重塔や七重塔も同じである。この組み方は、遠くから眺めた時により大きく見せるためである。

〈橋の架け方〉

　山水の庭に設える橋や早渡り（沢飛び、沢渡りのこと）にも他と異なる手法がある。上下五一（上下互い違い）に谷川の左右から差し出した野面石で橋と見立てる手法は際立って珍しい。渓流に配した早渡り石に、切石や厚みを控えた野面石を架ける手法や渓流に露出している石に、野面石2枚を筏に組んで橋にする手法も鈍穴流の特徴で意匠的にも変化に富んでいる。この橋の架け方は、手持ちの石橋の長さに合わせて泉水（池、流れ）を造ったのではなく、まず泉水の大きさを決め庭造りを始めていることに起因する。最初

に橋に使用できる石を見極め選別している。明治期は長尺の石橋の加工は困難であったことも、理由の一つである。

〈自然の摂理を重視〉

鈍穴流は、自然の摂理に従って、庭石や植木、燈籠など様々な材料を組み合わせ構成し、釣り合いと安定を求め続け、美しさを見出し形づくり、自然の情景を表現することが教えである。滝口近くに架かる石橋の設えや橋付近の石組、早渡りや飛石、植栽手法などは、自然の摂理に重きを置いている、解りやすい特徴といえる。石組に限らず、中門屋根の棟飾化粧の青竹は、南か東の方角に近い方向に竹の末口を配置する。など、詳細にわたる決まり事もある。

〈秘伝書と口伝〉

鈍穴流作庭の特徴は、上記以外にもたくさんあるが大部分が口伝として庭造りしている時に伝えられている。山村家に伝えられている「庭造秘伝書」では山水の庭造りの基本と、作庭を依頼された庭の大半が近江商人の邸宅をはじめとする在家のものであり、作事を通じて口伝できなかった茶室掛かりの庭に関する寸法の数々と神道の庭造りについての記述が中心となっている。

――最後に、本書を鈍穴流の開祖・勝元宗益先生ならびに「花文」を興し、育んでくれた初代（高祖父）、二代目（曾祖父）、三代目（祖父）、四代目（父）に捧げたい――

鈍穴流「花文」五代目
花文造園土木株式会社 代表取締役　**山村　文志郎**

付表(1)「花文」の略年表

年号		関係事項
文化7	1810	6.15 鈍穴流始祖、勝元宗益近江国坂田郡六荘村大字勝(現在の滋賀県長浜市勝町)に生まれる。
天保11	1840	師である辻宗範死後、宗益は京や近江のほか各地を歴訪、修練を重ねる。
弘化2	1845	1.22 与惣吉(二代目山村助三郎、初代山村文七郎)、初代助三郎(1805〜1876)の長男として神崎郡金堂村に生まれる。
江戸後期	年代不詳	宗益、紀行文「都より長浜迄 長浜乃関」を記す。
文久元	1861	文久年間に与惣吉(二代目助三郎)は金堂村で植木商を始める。
慶応元	1865	湖東地方を訪れた勝元宗益と共に庭づくりを始める。植木商「花屋助三郎」を名のる。慶応年間以前の文書は確認できていないので、この年を花文創業年としている。この頃宗益は庭景図五点を描いている。
慶応2	1866	10.28 与市(二代目文七郎)、初代文七郎の長男として誕生。
慶応3	1867	宗益、「慶応3年版平安人物誌」に精選される。
慶応3	1867	宗益の指示のもと初代文七郎は、珠玖清左衛門家(栗田村)、山上道場(円勝寺.山上村)、川口吉兵衛家・山田茂右衛門家(箕浦村)、高田友平家(池田村)などの庭園作庭。
明治元	1868	宗益、山村文七郎家に逗留し始める。明治期に入り「花屋文七郎」を名のり、「花文」が屋号となる。
明治元	1868	宗益 坂田郡西里田村の柴田源左衛門家 北村季賢家庭園作庭。
明治8	1875	宗益、自叙伝を編む。
明治12	1879	10月 宗益70歳の時、秘伝書三巻を編み、初代文七郎に鈍穴流家元を号する認可を授ける。
明治16	1883	与市(二代目文七郎)は、珠玖本家作庭時の口伝を宗益の教えとして、日記に記す。
明治22	1889	4.9 午後6時、宗益80歳の天寿を全うする。
明治22	1889	4.10 午後2時金堂村西村乙三郎家にて神葬式を施行し、石馬寺山の金堂村墓地に埋葬。
明治25	1892	3.4 初代文七郎48歳の若さで師匠の後を追うかの如く逝去。
明治26	1893	10.28 助市(三代目文七郎)、二代目文七郎の長男として誕生。
明治28	1895	愛知郡愛知川村の宮川彦一郎家庭園作庭。
明治28	1895	犬上郡豊郷村の伊藤忠兵衛家本宅の庭園作庭に着手。
明治38	1905	4月 京都市左京区南禅寺町に出張所を設置。
明治38	1905	南五個荘村金堂の外村宇兵衛家本宅の庭園を拡張。
明治41	1908	1.16 二代目文七郎と助市は、外村宇兵衛家南禅寺別荘の作庭に着手。(明治43年完成)
明治42	1909	愛知郡愛知川村の田中源治京都本店の庭園作庭。
大正4	1915	愛知郡秦川村の村西茂左衛門家庭園作庭。
大正6	1917	助市(三代目文七郎)は、北海道小樽区の犬上合資会社(犬上慶五郎)の作庭に着手。(大正7年庭園完成)
大正9	1920	9.6 勇治郎、塚本忠治郎と助市の姉志保の四男として、金堂に誕生。
大正10	1921	南五個荘村金堂の外村与左衛門家木屋町別邸(京都市木屋町)庭園作庭。
大正13	1924	勇治郎は叔父の山村助市と養子縁組。
大正14	1925	2.25 二代目文七郎が60歳で亡くなり。助市が三代目文七郎を襲名。
昭和4	1929	阿部喜兵衛が経営する大阪市住吉区住吉町の摂津酒造(株)内に出張所を置き、工場内の緑化開始。
昭和9	1934	若林乙吉が経営する大垣市笠縫町の若林製絲紡績(株)大垣工場内に出張所を置き、工場内の緑化を更に推進。
昭和9	1934	芦屋出張所開設。北海道(犬上慶五郎)、名古屋(外村宇兵衛)、大垣・山口・長浜(若林乙吉)、京都(外与、野瀬)、大阪(阿部市、外与)、神戸(伊藤忠、小泉、川口傳左衛門)、津(川口)など得意先が拡大。
昭和12	1937	三代目文七郎、豊郷尋常高等小学校校庭植栽工事を完成。
昭和13	1938	「花文庭園工務所」や「花文庭園工務店」を商号としている。
昭和13	1938	「造園研究會」(東京帝國大學農學部)に入会、同会は昭和16年12月に「社団法人日本造園學會」に名称変更する。「日本造園士會」に入会。

年号		関係事項
昭和13	1938	京都市南禅寺下河原町の野瀬七郎兵衛家京都別邸の庭園完成。
昭和14	1939	4月　三代目文七郎、滋賀縣土木建築業組合評議員。図-13-1、13-2
昭和16	1941	京都市左京区岡崎最勝寺町七　花文造園工務所京都出張所の商号で、茨木徳次郎氏の紹介により京都園藝業組合に加入。京都園藝業組合は昭和18年、京都府造園工事工業組合に名称変更。図-13-3、13-4
昭和17	1942	7月　三代目文七郎は滋賀縣造園組合の設立に参画、昭和19年1月には滋賀縣緑地工事統制組合となり相談役に就任。図-13-5、13-6
昭和18	1943	勇治郎は京都伏見第三十七部隊別府隊工班に入隊、しばらくしてビルマ戦線に配属。
昭和22	1947	勇治郎、ビルマの収容所抑留から解放され復員。
昭和23	1948	文志郎（花文五代目）、勇治郎の長男として誕生。
昭和39	1964	三代目文七郎、愛知郡愛東村の百済寺喜見院の庭園築造に着手。（昭和44年に庭園完成）
昭和45	1970	愛知郡愛知川町の成宮道太郎家、5年の歳月をかけ庭園完成。
昭和45	1970	2.16　三代目文七郎が77歳で亡くなる。
昭和46	1971	花文造園土木として滋賀県知事登録する。
昭和48	1973	社団法人滋賀県造園協会会員となる。
昭和51	1976	文志郎（花文五代目）、法人に改組し花文造園土木株式会社を設立し、勇治郎が代表取締役に就任。その後、勇治郎は四代目文七郎を襲名。
昭和51	1976	社団法人日本造園建設業協会会員となる。
昭和58	1983	四代目文七郎、ブラジル　リオグランデドスール州ポルトアレグレ市の「ブラッサシガ」庭園工事に花文社員一名と共に参画。
昭和61	1986	4月　四代目文七郎、甲賀郡甲西町の西應寺庭園完成。
昭和61	1986	8.30　四代目文七郎は65歳で亡くなり、長男文志郎が五代目を継承し花文造園土木株式会社の代表取締役に就任。
昭和62	1987	株式会社東洋石創（石材輸入、企画販売）を設立し、山村文志郎が代表取締役に就任。
平成13	2001	花文造園土木株式会社、ISO9001認証取得。
平成17	2005	特定非営利活動法人P.P.P.滋賀の設立に参画。
平成22	2010	五代目文志郎、社団法人滋賀県造園協会の会長就任。（期間：平成22年5月～平成28年5月）
平成22	2010	苑友會舘（近江商人松居久左衛門の旧宅）を、7年の歳月をかけ修復整備。

注） 関係事項の冒頭の6.15等の数字は6月15日を意味する

図-13-1：滋賀縣土木建築業組合員名簿（昭和14年）

図-13-2：滋賀縣土木建築業組合員 銘板

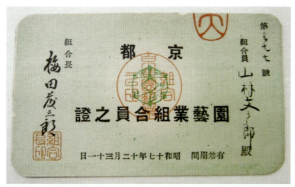
図-13-3：京都園藝業組合　会員證（昭和17年）

図-13-4：京都府造園工事工業組合　組合員名簿（昭和18年）

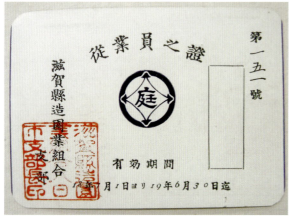
図-13-5：滋賀縣造園業組合　従業員證（昭和17年）

図-13-6：滋賀縣緑地工事統制組合　組合員名簿（昭和19年）

付表（2）公開され、現在見学できる鈍穴流「花文」の庭一覧

庭園名	住所	最寄り駅
宗益作：旧藤野喜兵衛邸・又十屋敷（現.豊会館）	滋賀県犬上郡豊郷町下枝56	近江鉄道豊郷駅下車　徒歩5分
宗益作：沙沙貴神社	近江八幡市安土町常楽寺1	JR琵琶湖線安土駅下車　徒歩15分
二代目作：外村宇兵衛邸（現.近江商人屋敷外村宇兵衛邸）	東近江市五個荘金堂町645	JR琵琶湖線能登川駅下車　近江鉄道バス金堂下車すぐ
二代目作：外村吉太郎邸（現.近江商人屋敷外村繁邸）	東近江市五個荘金堂町631	JR琵琶湖線能登川駅下車　近江鉄道バス金堂下車すぐ
三代目作：大城神社石垣	東近江市五個荘金堂町66	JR琵琶湖線能登川駅下車　近江鉄道バス金堂下車　徒歩5分
三代目作：小江神社石積	長浜市湖北町尾上72	JR北陸線高月駅下車　5.1km
三代目作：中江準五郎邸（現.近江商人屋敷中江準五郎邸）	東近江市五個荘金堂町643	JR琵琶湖線能登川駅下車　近江鉄道バス金堂下車すぐ
三代目作：中江富十郎邸（現.金堂まちなみ保存交流館）	東近江市五個荘金堂町904	JR琵琶湖線能登川駅下車　近江鉄道バス金堂下車すぐ
三代目作：百済寺喜見院庭園	東近江市百済寺町323	近江鉄道八日市駅下車　バス30分百済寺本坊前
四代目作：西應寺	湖南市菩提寺1677	JR草津線石部駅下車　徒歩約35分
五代目：陽明園（中国庭園）	高島市安曇川町青柳1150-1	JR湖西線安曇川駅下車　徒歩15分
五代目：JR彦根駅前広場石積	彦根市古沢町40-2	JR琵琶湖線彦根駅下車
五代目：びわこ文化公園夕照の庭　滝口の石積他流れの上流部	大津市瀬田南大萱町1740-1	JR琵琶湖線瀬田駅下車　バス10分
五代目：手織りの里金剛苑（金剛庵の庭は三代目作）	滋賀県愛知郡愛荘町蚊野外514	JR琵琶湖線能登川駅下車　車30分
五代目：苑友會舘（毎年9月23日前後に開催の「ぶらりまちかど美術館博物館」で1日のみ公開）	東近江市五個荘竜田町387	JR琵琶湖線能登川駅下車　近江鉄道バス金堂下車　徒歩15分

謝辞

　本書の完成までには、多くの方に指導・協力を頂いた。そのお陰もあり、わが国で唯一の「開祖が明らかで、流儀の秘伝書も存在し、五代、160年近くにわたり現在まで脈々と継承されている庭園流派・鈍穴流「花文」の真実も概ね掘り起こすことができた。記して深甚の謝意を表したい。

　本書の作成にあたっては多くの有識者の著作を参考にさせて頂いた。特に引用させて頂いた箇所の文献名については巻末に一覧するだけではなく、該当する引用箇所の前に、その都度、著者名・文献名・発行者・発行年等を記させて頂いた。

　勝元宗益の『庭造図絵秘伝』等三巻の内容紹介にあたっては滋賀県立大学環境建築デザイン学科の村上修一教授らの研究成果を参考にさせて頂き、また、その解読等については東近江市教育委員会歴史文化振興課の助力を賜った。「鈍穴の庭、歴代『花文』の代表的庭園作品選」で使用した数箇所の庭園平面図については、村上修一教授との共同研究者である堤雄一郎氏の修士論文の中で作成されたもの、あるいは「五個荘町金堂　伝統的建造物群保存対策調査報告、五個荘町教育委員会、1982」に掲載されていたものを転載させて頂いた。

　今まで、その所在の判らなかった近江商人・外村宇兵衛の嵯峨別荘については、京都市右京中央図書館と京都地方法務局嵯峨出張所の職員の方から重要な示唆を受け、その所在確認にあたっては、日本郵船歴史博物館、翠嵐ラグジュアリーコレクションホテル京都の佐藤佳子マーケティング部長、宝厳院の住職でもあり臨済宗天龍寺派大本山天龍寺の宗務総長の田原義宣氏、大阪産業大学デザイン工学部建築・環境デザイン学科の中川等准教授、認定NPO法人古材文化の会の協力を得た。

　なお、本書全般にわたっては近代庭園史を専門とする東京農業大学造園科学科の粟野隆准教授に折々、指導頂き、参考資料の提供を受けた。また、京都造形芸術大学教授の尼﨑博正氏からは有益な示唆に富む助言を頂いた。

　原稿資料の編集実務については和田士朗氏に多大な労を煩わせた。（株）誠文堂新光社の降旗千夏子氏には出版業務全般の便宜を図って頂いた。

　以上の方々には、重ねて御礼を申し上げたい。

編著者　近藤三雄

引用ならびに参考文献

1. 京都新聞滋賀本社企画編集：滋賀の美　庭　京都新聞社、1985
2. 庭・別冊16　滋賀すまいの庭、建築資料研究社、1980
3. 特定非営利活動法人まちづくり役場ながはまの庭プロジェクト、ながはまのお庭、2011
4. 前島康彦：樹芸百五十年、（株）富士植木、1986
5. 平野恵：十九世紀日本の園芸文化、思文閣出版、2006
6. 小笠原左衛門尉亮軒：江戸の花競べ　園芸文化の到来、青幻舎、2008
7. 飛田範夫：江戸の庭園　将軍から庶民まで、京都大学学術出版会、2009
8. 長浜市教育委員会編、長浜先人誌第一輯、1950
9. 平安人物誌　第九版、尚書堂、1867
10. 坂田郡教育委員会編、近江國坂田郡志、1941
11. 龍居松之助：造庭秘伝書解説、日本造園土2巻1号、1939
12. 駒井克哉・村上修一：『庭造図絵秘伝』等3著作にみられる鈍穴の作庭論について、ランドスケープ研究（オンライン論文集）Vol. 1、2008
13. 堤雄一郎・村上修一：『庭造図絵秘伝』及び実作にみる鈍穴こと勝元宗益（1810〜1889年）の石組意匠、ランドスケープ研究（オンライン論文集）Vol. 3、2010
14. 神山藍：山水理論と庭造法の関係性について一考察・『築山庭造伝』を対象として、景観・デザイン研究講演集No.13、2011
15. 鈴木里佳・三浦彩子：『嵯峨流庭古法秘伝之書』の異本に関する研究、日本建築学会計画系論文集第76巻　第670号、2011
16. 小野健吉：日本庭園の歴史と文化、吉川弘文館、2015
17. 長浜市史第7巻、長浜市役所、2003
18. 森蘊：小堀遠州、吉川弘文館、1967
19. 橋本章：宗範と宗益―湖北に生まれた造庭の達人たち―、みーな99号、2008
20. 堤雄一郎：鈍穴の絵図および実作庭園における石組の特徴、滋賀県立大学大学院修士論文
21. 渡部巌：近江の名園、光村推古書院、2009
22. 五個荘町金堂　伝統的建造物群保存対策調査報告書、五個荘町教育委員会、1982
23. 京都市文化市民局文化芸術部都市推進室文化財保護課編：京都市内未指定文化財庭園報告書第一冊　岡崎・南禅寺界隈の庭の調査、2012
24. 御幸百年史、御幸ホールディングス、2005
25. 外村繁：草筏、砂子屋書店、1938
26. 中川等：京都の近代和風建築、京都市文化財公開セミナー講演要旨、2008
27. 白幡洋三郎：彩色みやこ名勝図会、京都新聞社、2009
28. 宝厳院書院等建造物調査報告書、古材バンクの会、2009
29. 安井清：伝統建築と日本人の知恵、草思社、2007
30. 伊藤忠兵衛翁回想録、伊藤忠商事、1974
31. 河野齢三：日本高山植物図説、朋文堂、1931
32. 山崎鯛介　他：日本の美しい小学校、エクスナレッジ、2016
33. 日本の庭、毎日新聞社、1975
34. 全国庭園ガイドブック、京都林泉協会、1966
35. 湖国百選　庭、滋賀県、1992
36. 近江の名園、光村推古書院、2009
37. 海外の日本庭園特集、造園修景No.104、日本造園修景協会、2008
38. 鈴木博之：庭師小川治兵衛とその時代、東京大学出版会、2013
39. Q&Aでわかる近江商人、NPO法人三方よし研究所、2010
40. 五個荘町史　第二巻（近世・近現代）、五個荘町役場、1994
41. 秦荘の歴史　第三巻（近代・現代）、愛荘町、2008
42. 近江愛知川町の歴史　第二巻（近世・近現代編）、愛荘町、2010
43. 東近江市史　能登川の歴史　第3巻（近代・現代編）、滋賀県東近江市、2014
44. 重森完途：日本庭園における流派の研究、龍居庭園研究所、1993
45. 「次代の文化を創造する新進芸術家育成事業」文化財庭園保存技術者協議会、2017
46. 造園修景大事典、同朋舎出版、1980
47. 近藤三雄・平野正裕：絵図と写真でたどる明治の園芸と緑化、誠文堂新光社、2017
48. 明治大正国勢総覧、東洋経済新報社、1927
49. 上原敬二：造園大辞典、加島書店、1978
50. 上原敬二：樹木大図説、有明書房、1959
51. 石川県農林水産部：能登のあて、1997
52. 東京帝国大学農学部造園学教室内造園研究会：造園研究第27号、1938
53. 日本造園士第一巻、第二号、日本造園士会、1938
54. 学術協会出版部、趣味の建築と庭園創刊号、1938
55. 渡部泰助編：全国著名園芸家総覧14版、大阪興信社営業所、1938
56. NPO法人金堂まちなみ保存会：五個荘金堂まちづくりのあゆみ、2008
57. 五個荘町・（株）空間創研：金堂地区街並景観保全整備基本計画、1996
58. 東京農業大学造園科学科編：造園用語辞典　第三版、彰国社、2011

Staff

装丁・デザイン／望月昭秀＋境田真奈美（NILSON）
編集／和田士朗（knowm）

慶応元年、近江に咲いた造園業の源流と展開・魅力を探る
秘伝・鈍穴流「花文」の庭

NDC622

2019年4月13日　発行

編著者	近藤三雄
著者	山村文志郎　山村眞司
発行者	小川雄一
発行所	株式会社 誠文堂新光社
	〒113-0033 東京都文京区本郷3-3-11
	（編集）電話03-5800-5779
	（販売）電話03-5800-5780
	http://www.seibundo-shinkosha.net/
印刷所	株式会社 大熊整美堂
製本所	和光堂 株式会社

©2019, Hanabun.
Printed in Japan
検印省略
禁・無断転載

落丁・乱丁の場合はお取り替えいたします。

本書のコピー、スキャン、デジタル化等の無断複製は、著作権法上での例外を除き、禁じられています。本書を代行業者等の第三者に依頼してスキャンやデジタル化することは、たとえ個人や家庭内での利用であっても著作権法上認められません。

本書に掲載された記事の著作権は著者に帰属します。
これらを無断で使用し、展示・販売・レンタル・講習会等を行うことを禁じます。

JCOPY〈（一社）出版者著作権管理機構 委託出版物〉
本書を無断で複製複写（コピー）することは、著作権法上での例外を除き、禁じられています。
本書をコピーされる場合は、そのつど事前に、（一社）出版者著作権管理機構（電話03-5244-5088／FAX 03-5244-5089／e-mail:info@jcopy.or.jp）の許諾を得てください。

ISBN978-4-416-61812-7